NO CARBON

Fanny Parise

NO CARBON

Apprivoiser nos contraintes
pour garantir notre futur

Payot

Retrouvez l'ensemble des parutions
des Éditions Payot & Rivages sur

www.payot-rivages.fr

Avec la contribution de Louise Giovannangelli.

À tous ceux qui, après ces pages,
auront encore l'audace de croire
que mes réflexions peuvent se fondre
dans les méandres du capitalisme responsable.

Et à mes chers proches,
qui ne sont pas seulement les miroirs
de mes ambivalences, mais les vigies
qui me rappellent que,
malgré mes études anthropologiques,
nous avons encore bien du chemin à parcourir.

AVANT-PROPOS

À la fin d'une émission sur la chaîne Twitch de Franceinfo, où je suis intervenue aux côtés de l'activiste Julia Faure, qui milite pour le climat et pour une mode durable, cette dernière m'explique à propos de sa nouvelle notoriété :

> Notre société a besoin de nouveaux héros culturels, de personnes qui prennent publiquement la parole pour dénoncer le système capitaliste.

Une autre fois, j'ai été invitée à venir témoigner à la barre du Tribunal pour les générations futures, une manifestation organisée par le média *Usbek & Rica*, dans le cadre d'une conférence-événement pour les 30 ans de BSR, un cabinet de conseil en développement durable auprès des entreprises. Cette conférence avait pour objectif d'interroger les concepts de croissance et de décroissance afin de répondre à cette question : « Faut-il en finir avec la croissance ? » À la barre de ce procès fictif, je suis intervenue aux côtés notamment d'un économiste, Timothée Parrique, et d'un ingénieur, Vincent Liegey, qui prônent la décroissance[1]. Face à la liesse générale provoquée par nos prises de parole respectives qui remettent en cause la viabilité du système capitaliste, et donc de celui de BSR, je repensais à ce que m'avait dit l'activiste au sujet des héros culturels. Et si elle avait raison ? Et si notre société avait besoin de ces discours engagés, car engageants, pour accompagner, faciliter ou accélérer le changement ?

Du moins c'est ce qui semble être le plus agréable à penser, parce qu'il ne faut pas se mentir : c'est *hyper cool* d'être écouté, d'avoir un discours qui est valorisé dans la société, alors qu'il était, il y a encore peu, raillé par le plus grand nombre. Cette évolution de la considération sociétale accordée aux chercheurs et aux activistes du post-capitalisme, c'est-à-dire à ceux qui participent à la démocratisation des réflexions liées au renouveau des modes de vie et des modèles socio-économiques – avec pour ambition soit de remplacer le capitalisme, soit de questionner la viabilité des initiatives écoresponsables mises en place par les grandes entreprises –, je l'ai constatée au fil de mes années de recherche. Car être une anthropologue des mondes contemporains qui prêche, dans les médias et dans les grandes entreprises, la bonne parole de la libre pensée, en questionnant l'impact de nos imaginaires consuméristes sur notre vie quotidienne, n'a pas toujours été un job reluisant. Il y a une quinzaine d'années, lorsqu'on me demandait d'intervenir comme conférencière en entreprises ou de réaliser des études anthropologiques sous financements privés, rares étaient mes interlocuteurs à prendre au sérieux mes travaux de recherche. À cette époque, émettre, ne serait-ce que l'hypothèse, que d'autres manières de vivre existaient et pouvaient être pertinentes pour repenser notre modèle de société, était perçu au mieux comme un sujet « rafraîchissant » ; au pire comme une bonne berceuse pour ceux qui n'écoutent pas du tout ; mais surtout, dans la plupart des cas, comme un discours de *beatnik*[2] qui prêtait à sourire, et même à moqueries.

Ce qui m'a le plus marquée, c'est sans doute la métamorphose de la perception que l'on a fait de l'utilité de mes propos. Sans que je m'en aperçoive, je suis devenue au fil des années une interlocutrice crédible sur les problématiques liées au capitalisme et à sa réinvention, et non plus uniquement une observatrice extérieure que l'on ne prend pas au sérieux. Certaines grandes entreprises tentent de « m'embarquer », en tant que faire-valoir de leurs politiques de développement durable, à travers la mise en avant de certaines collaborations médiatiques ou scientifiques ; tandis que d'autres intègrent mes analyses anthropologiques à leurs stratégies d'innovation. L'expression d'« anthropologue embarquée » s'est popularisée lorsque l'armée américaine s'est mise à « embarquer » des anthropologues afin de mieux comprendre les cultures locales irakiennes et afghanes[3], en intégrant des « renseignements ethnographiques » au sein de leurs stratégies militaires. Mais, est-ce que les anthropologues doivent prendre part, activement et directement, aux stratégies des différentes infrastructures de nos sociétés ? Toutes les études anthropologiques sont-elles légitimes ? L'anthropologue doit-il agir uniquement pour le bien commun, obéir aux lois du marché, ou bien être au service d'un pays ?

Même s'il n'y a pas de réponse unique à ces interrogations, il me semble que l'anthropologue doit faire preuve de neutralité et de bienveillance en proposant une interprétation de la réalité qui permet aux autres de questionner le réel pour se le réapproprier. C'est, du moins, le choix que j'ai fait. Car à y regarder de plus près, ce n'est jamais par hasard, ou par pur humanisme, que l'on prend au sérieux les analyses d'une chercheuse qui remet en cause le fonctionnement d'un système sur lequel reposent nos modes de vie. La figure du héros culturel, aussi valorisante soit-elle, semble davantage être une construction collective qui permet, en créant des fantoches de la résistance au sein du système capitaliste, de légitimer la permanence de nos infrastructures.

Bref, nous ne sommes pas des héros culturels, mais des « idiots utiles » d'un système qui se meurt et qui veut nous donner l'illusion du contraire.

En tant qu'idiote utile, je me suis interrogée sur ce qui me semblait être, à première vue, un paradoxe. Même si l'idée selon laquelle notre modèle de société nous conduit à notre perte est en passe de s'ériger comme une vérité partagée, une partie importante de la société occidentale semble également persuadée qu'il est possible de maintenir nos modes de vie, presque comme si de rien n'était. Ce qui m'apparaissait comme un paradoxe, se révèle plutôt être un mécanisme de défense, si je me réfère à la tension que le chercheur fribourgeois Sebastian Dieguez souligne entre le croire et la « croivance » :

> Croire, c'est tenir quelque chose pour vrai. Croiver, c'est se figurer que l'on croit quelque chose, croire que l'on croit à quelque chose[4].

Croire, dans le contexte actuel, c'est admettre avec conviction que nos modes de vie occidentaux, fondés sur l'hyperconsommation et l'exploitation effrénée des ressources naturelles, sont en contradiction flagrante avec les impératifs sociaux et écologiques de notre époque. C'est reconnaître que notre système économique, fondé sur une croissance perpétuelle et l'accumulation de richesses, est incompatible avec la préservation de notre environnement et le bien-être de l'ensemble de l'humanité. La « croivance » s'immisce dans ce contexte en faisant naître l'illusion que le capitalisme, s'il est responsable, serait la solution unique pour résoudre les défis socio-écologiques de notre époque. Ainsi, nous sommes poussés à croire que nos modes de vie peuvent perdurer sans changements radicaux, tant que nous adoptons des pratiques plus écoresponsables au sein de notre modèle économique actuel.

D'ailleurs, voici la question qui m'a été le plus posée en 2022, que ce soit par les journalistes, les cabinets de conseil ou les grandes entreprises : « D'après vous, qu'est-ce qu'une entreprise doit faire pour devenir un acteur majeur de la transition ? » Ma réponse, à chaque fois, a suscité de vives réactions, notamment en raison de l'incompréhension qu'elle provoque de la part de mes interlocuteurs. Pourquoi une entreprise *devrait*-elle être un acteur majeur de la transition ? Je n'ai pas envie d'être « sauvée » par Bouygues, par Ikea ou consœurs, même si je n'ai fondamentalement rien contre ces entreprises et leurs collaborateurs. En période de bouleversements, il apparaît important de questionner la place qu'elles sont en train de prendre dans la métamorphose de notre monde. Si l'on ne peut pas remettre en cause la pertinence de leur existence et de leur rôle, cela pose un problème. À mesure qu'elles deviennent des sociétés à mission ou à impact, elles semblent s'ériger en nouvelles Églises. Elles ne proposent qu'une voie unique, la continuité du chemin consumériste qui annihile et invisibilise toutes les bifurcations sociétales possibles. Si ce sont les Églises de la transition, je préfère devenir une hérétique car je suis convaincue que le capitalisme ne peut pas être responsable.

C'est en partant de ce postulat que je me suis lancée dans la rédaction de cet ouvrage. En tant qu'anthropologue, mon rôle est d'étudier et de questionner les systèmes de croyances et de croivances qui sous-tendent nos sociétés en exposant les contradictions et les tensions qui les traversent. L'enjeu est de taille, car à mesure que cette croivance qui présuppose qu'il n'y a pas d'autres systèmes possibles que le capitalisme s'installe, notre esprit critique s'étiole. Il est temps de briser ce déni et d'oser imaginer d'autres voies pour notre civilisation. Nous devons être prêts à remettre en question notre perception du monde et à explorer des alternatives économiques et sociales, et surtout, à repenser notre relation à la nature et aux autres êtres vivants. Seuls une prise de conscience collective et un engagement sincère en faveur du changement pourront nous permettre de relever les défis de notre époque et de bâtir un monde plus juste, solidaire et respectueux de la vie sur Terre.

En écrivant ces lignes, je renonce à être une anthropologue qui participe à alimenter cette mascarade, au détriment potentiel de certaines sources de financement, mais au profit de ma souveraineté morale. La souveraineté morale se réfère à la capacité d'un individu, d'un groupe ou d'une société à exercer une autorité éthique et à maintenir des valeurs et des principes qui guident leur conduite et leurs décisions. Cette notion englobe la responsabilité personnelle et collective de respecter et de promouvoir des normes morales, des droits de l'homme et des principes de justice sociale. La souveraineté morale est également liée à la notion de pouvoir et d'autorité, car elle concerne la capacité des individus et des groupes à exercer un contrôle sur leur propre destinée et à déterminer le cours de leur vie en fonction de leurs convictions et de leurs aspirations. Dans ce sens, la souveraineté morale est un élément essentiel de la liberté et de l'autonomie individuelle et collective.

Suivant ce principe, je me suis intéressée tant aux différentes formes de domination, le plus souvent invisibles, auxquelles nous sommes confrontés au sein de notre société, qu'aux mécanismes de résistance au pouvoir, ou aux initiatives qui s'emploient à limiter le risque de voir apparaître des institutions autoritaires. Si nous souhaitons nous opposer au colonialisme vert[5] – les énergies renouvelables *(par exemple, deux parcs éoliens en Norvège installés en illégalité avec les droits du peuple saami)*[6] n'échappent pas plus au mépris des droits humains que ce fut et c'est encore le cas des énergies fossiles –, ou participer à la reconnaissance des droits des non-humains (animaux, forêts, lacs)[7], c'est-à-dire étendre certaines protections juridiques et éthiques au-delà de la sphère humaine, nous devons développer des outils de pensées critiques et nous intéresser aux autres sociétés.

Afin de faire face à la plasticité du capitalisme, qu'il soit présenté comme responsable[8] ou non, il est impératif d'entreprendre ce que l'on nomme un détour anthropologique, c'est-à-dire l'adoption d'une perspective novatrice et une prise de distance permettant d'appréhender notre monde sous un angle différent. Comme la transition socio-écologique implique l'émergence de nouvelles restrictions : réduire sa consommation de viande, privilégier les modes de transport doux plutôt que les véhicules thermiques, diminuer la température de son habitat, renoncer à certains traitements médicaux, repenser la procréation, etc. ; c'est l'occasion de questionner notre mode de vie. Et si, en modifiant notre perception de la réalité, nous nous apercevions que ces contraintes n'en étaient pas réellement, et qu'elles nous offraient plutôt l'opportunité de simplifier notre vie quotidienne ?

Ce que je propose, c'est de réorienter notre compréhension du moment de société dans lequel nous nous trouvons par le biais de l'anthropologie.

Au lieu de simplement observer le présent et le quotidien, ou de chercher à comprendre le fonctionnement des sociétés passées ou lointaines, je suggère que nous explorions le futur. Non pas dans le but de le prédire, mais pour visualiser à quoi il pourrait ressembler en fonction du chemin que nous empruntons actuellement.

INTRODUCTION

Dans les recoins de notre société

Cet ouvrage a une histoire. L'histoire d'une exploration anthropologique aux confins de nos sociétés occidentales contemporaines, c'est-à-dire une histoire qui s'intéresse aux recoins de notre société, à tout ce que le collectif met de côté, de manière consciente ou inconsciente. Les recoins du terrain sont des espaces qui n'intéressent pas grand monde, mais qui sont pourtant essentiels à la compréhension du fonctionnement de notre société. Ces espaces sont protéiformes : ils peuvent être réels (poubelles, fonds de placards, etc.), psychosociologiques (émotions refoulées, registre de l'intime ou du honteux, etc.), ou encore symboliques (peurs collectives, tabous, etc.).

Tout ce qui se passe au sein de ces espaces spécifiques est relégué par la société au second plan, même si c'est là que se jouent de grandes choses. Une attention nouvelle sur ce qui semble être, en apparence, anodin permet de porter un nouveau regard sur la société, de raconter une histoire alternative à celles qu'on nous raconte aujourd'hui (médias, politiques, etc.), pour construire la société de demain. Par exemple, il s'agit d'identifier et d'affronter ce que nous essayons souvent de cacher parce que cela nous dérange, comme les conditions de travail de ceux qui confectionnent les vêtements de *fast fashion* que nous avons dans nos placards. Il est également question de défier la tendance à distancer ce qui est inconfortable en trouvant des solutions de facilité, telles que le recours à un livreur mal rémunéré pour nos courses, plutôt que de les faire soi-même. Enfin, nous devons remettre en question notre tendance à nous raconter des récits rassurants pour préserver notre confort, comme l'idée que la voiture électrique remplacera sans encombre la voiture thermique, sans nécessiter de modification de nos habitudes.

Cette histoire alternative, c'est celle d'un monde comme le nôtre, mais où l'on se focalise sur les contraintes. En les regardant en face, on découvre une autre réalité de notre société. Une réalité au premier abord déconcertante, mais qui ouvre de nouvelles perspectives.

En anthropologie, une contrainte est une force sociale, culturelle ou institutionnelle qui limite ou détermine les comportements, les croyances et les choix d'un individu ou d'un groupe, souvent de manière implicite ou non reconnue. La contrainte, en perturbant et complexifiant notre quotidien, est indissociable de la notion de norme. Lorsqu'une contrainte est institutionnalisée et intégrée dans les pratiques courantes d'une société, elle devient une norme. Ainsi, une norme n'est autre qu'une ancienne contrainte ayant été acceptée et adoptée par la majorité des individus au sein d'une communauté. Cette dynamique entre contrainte et norme révèle la façon dont les sociétés évoluent et s'adaptent aux changements. Les contraintes émergentes, qu'elles soient sociales, économiques ou écologiques, mettent à l'épreuve les individus et les obligent à remettre en question leurs habitudes et leurs valeurs.

Cette transformation des contraintes en normes démontre la capacité d'adaptation et de résilience des sociétés humaines face aux défis et aux changements. L'adoption et l'institutionnalisation de nouvelles normes permettent de créer un cadre de référence commun, facilitant ainsi la cohésion et la coopération entre les individus. Paradoxalement, bien que la tâche première d'un anthropologue soit d'examiner la manière dont les individus ou les groupes s'adaptent aux contraintes de leur environnement (social, culturel, écologique), les productions académiques n'abordent pas spécifiquement ce sujet. Elles se concentrent davantage sur les obligations sociales qui en découlent. Quelle que soit la culture ou l'époque étudiée, l'adaptation est un enjeu crucial pour la survie, que ce soit d'un point de vue physiologique, psychologique ou sociétal. Face à des défis environnementaux, économiques ou sociaux, les sociétés doivent développer des réponses appropriées. Ici, la contrainte est perçue comme une force qui pousse à changer les comportements pour répondre à ces défis. Bien que l'inconfort soit particulièrement tangible durant les périodes de transition, telle que celle que nous traversons actuellement (baisse du niveau de vie[1] et diminution de l'espérance de vie[2] en Occident, par exemple), il permet de mettre en lumière les bouleversements à venir et de révéler ce qui unit une population, plutôt que ce qui la divise.

La validité du modèle de société occidentale et thermo-industrielle est remise en cause dans un contexte où les ressources naturelles sont de plus en plus sollicitées et la durabilité de notre modèle socio-économique est contestée. La notion de thermo-industrielle fait référence à l'exploitation intensive des énergies fossiles et des ressources naturelles pour alimenter la croissance économique et le progrès technologique. Face à cette situation, des propositions telles que le rationnement et les permis carbone individuels sont avancées pour tenter de préserver notre mode de vie et garantir un avenir désirable aux générations futures[3].

Enjeu de notre siècle, la perception d'un futur agréable sans carbone est devenue une priorité majeure dans notre société actuelle, en raison de l'urgence sociale, environnementale et climatique que nous traversons. Cette perception repose sur l'idée que la transition vers une économie bas carbone est non seulement nécessaire pour lutter contre le changement climatique, mais aussi désirable et susceptible d'offrir de nombreux avantages en termes de qualité de vie, de bien-être et de justice sociale. Pourtant, dans une société marquée par la démesure technologique et la croissance perpétuelle, il est crucial de questionner ces idéaux et de mettre en lumière les piliers d'une société décarbonée, afin de rendre les contraintes plus désirables et de les envisager comme un nouveau projet commun avant qu'elles ne s'imposent de manière irréversible à nous.

La thèse centrale de ce livre pourrait être que la véritable révolution de notre temps ne serait pas d'ordre technique, axée sur la décarbonation. Au contraire, elle pourrait résider dans notre perception des contraintes quotidiennes. Ces contraintes, loin d'être des obstacles, pourraient être valorisées et servir de fondements à un nouveau système de valeurs. Ces valeurs, d'essence anthropologique, pourraient nous permettre de repenser notre société dans son ensemble. Ainsi, l'innovation majeure de notre époque ne serait pas technologique, mais bel et bien culturelle et sociétale. En changeant de regard sur nos contraintes, nous pourrions contribuer à la construction d'un monde plus durable.

L'ouvrage se profile comme une exploration des enjeux d'une révolution anthropologique, visant à comprendre comment l'émergence potentielle d'un nouveau tabou, le tabou carbonique, pourrait rendre les contraintes actuelles et à venir plus acceptables. Il dresse un tableau détaillé des restrictions et limitations qui forment notre quotidien, offrant une perspective anthropologique sur les systèmes de valeurs actuels et leur potentiel évolutif. Cependant, ce travail ne se contente pas d'un examen du présent. Il se projette vers l'avenir, traçant une monographie des contraintes potentielles et des nouvelles valeurs qui pourraient émerger. Plus encore, il met en lumière le fait que cette société en gestation existe presque déjà, grâce à une multitude d'indices et de signaux faibles que j'ai pu étudier. Ainsi, cet essai est une invitation à repenser nos contraintes, non pas comme des obstacles, mais comme des opportunités pour façonner un futur plus durable et résilient.

PREMIÈRE PARTIE

La révolution anthropologique

Révolution anthropologique : *reconfiguration culturelle et sociétale, vis-à-vis de notre relation, quasi magique, à l'énergie.*

L'idée d'une magie de l'énergie a dominé pendant l'ère industrielle, une croyance collective suggérant que l'énergie, principalement extraite du charbon, du pétrole et du gaz naturel, pourrait fournir une source quasi inépuisable, ouvrant ainsi la voie à des possibilités inédites de croissance économique et d'avancées technologiques.

Dans l'essor économique et technologique, ce n'est pas le carbone, mais l'énergie libérée qui a été le véritable propulseur. Le carbone est l'effet secondaire malheureux de cette libération d'énergie. Ainsi, pour vraiment aborder l'urgence socio-écologique, nous devons repenser notre rapport à l'énergie en elle-même, plutôt qu'à la seule dimension du carbone, ce qui nécessite une réorientation fondamentale de la société[1]*.*

La révolution anthropologique symbolise cette réorientation, un déplacement des valeurs, comportements et systèmes sociaux, motivé par une nouvelle interprétation de notre rapport à l'énergie, et par extension au carbone. Cette vision réévalue les contraintes, non plus comme des limites, mais comme des catalyseurs de transformation et d'innovation.

Ce que j'appelle la révolution anthropologique pourrait ainsi devenir le fondement d'une nouvelle société, qui réinterprète et réinvente les contraintes actuelles pour construire les bases d'une nouvelle manière de percevoir le monde qui nous entoure.

Perspectives anthropologiques

En anthropologie, une contrainte peut être interprétée comme une force, une pression ou une limite qui s'exerce sur une communauté, influençant sa structure, ses comportements et ses croyances. Les contraintes peuvent revêtir diverses formes, allant des facteurs environnementaux (comme la disponibilité de l'eau ou la fertilité des sols) aux limitations économiques, technologiques ou culturelles.

Dans *Âge de pierre, âge d'abondance*[1], l'anthropologue américain Marshall Sahlins développe l'idée selon laquelle les contraintes environnementales, comme la disponibilité des ressources alimentaires, ont joué un rôle crucial dans la manière dont les sociétés de chasseurs-cueilleurs se sont structurées et ont vécu. Il argumente que ces contraintes ont façonné leurs pratiques économiques, leurs structures sociales et leurs croyances culturelles. De la même manière, le géographe américain Jared Diamond, dans *Collapse : How Societies Choose to Fail or Succeed*[2], analyse la manière dont des contraintes variées, incluant des facteurs environnementaux, économiques et politiques, ont conduit à l'effondrement de sociétés historiques, comme celle des Mayas ou de l'Île de Pâques. Jared Diamond souligne que la façon dont une société répond à ces contraintes peut déterminer sa survie ou son échec.

Parallèlement aux contraintes, il y a les normes, généralement conçues comme des règles ou des standards socialement partagés, qui guident le comportement des individus. Les normes sont formelles (explicitement codifiées par des lois ou des règlements) ou informelles (des attentes ou des habitudes sociales tacites). Dans bien des cas, les normes émergent en réponse à des contraintes pour aider une société à gérer ou à naviguer avec ces dernières. Par exemple, une société qui fait face à la contrainte de la rareté de l'eau développera sans doute des normes strictes concernant son utilisation et sa distribution pour garantir une utilisation équitable et durable de cette ressource. Comme l'explique l'anthropologue américain Clifford Geertz dans *The Interpretation of Cultures*[3], les normes et les contraintes ne sont pas simplement des réponses automatiques à des pressions externes. Elles sont également le produit de processus sociaux complexes, d'interprétations culturelles et de significations symboliques. Ainsi, une norme est respectée non seulement parce qu'elle répond à une contrainte pratique, mais aussi parce qu'elle est associée à des valeurs morales ou religieuses importantes au sein de la communauté.

La transition n'a pas commencé

Les contraintes structurelles du capitalisme, notamment la croissance perpétuelle, les inégalités économiques et la marchandisation omniprésente, ont façonné notre monde d'une manière qui est devenue de plus en plus insoutenable. Comme Clifford Geertz l'a observé, ces normes et contraintes ne sont pas simplement des réponses à des pressions externes, mais le produit d'une société.

Quand le système craque

La croissance perpétuelle, par exemple, n'est pas seulement une nécessité économique, mais aussi une valeur culturelle forte, associée à des notions de progrès et de succès.

Les inégalités économiques, bien qu'elles soient souvent justifiées dans le discours capitaliste par l'idée du mérite et de la récompense, sont également remises en question à mesure que les effets déstabilisants de la disparité de richesse se font ressentir. La nécessité de créer des sociétés plus justes et plus équitables pousse à remettre en question et à réévaluer ces normes[4]. La marchandisation de nombreuses sphères de la vie, quant à elle, est en tension avec les valeurs croissantes d'équité sociale, de communauté et de bien-être holistique. Alors que le capitalisme pousse à la marchandisation de tout, de notre environnement à nos données personnelles, de nombreuses voix s'élèvent pour défendre l'idée que certaines choses ont une valeur intrinsèque qui ne peut, ou ne doit, être réduite à un prix de marché[5].

Dans ce contexte de pressions socio-écologiques croissantes, les contraintes structurelles du capitalisme sont donc soumises à une tension et à une remise en question intense. Cette dynamique se manifeste dans l'émergence de l'idée d'une transition vers une société bas carbone, qui représente une nouvelle contrainte dans les sociétés capitalistes et occidentales. Elle incarne une nécessité toujours plus pressante de modifier nos modes de production et de consommation pour atténuer l'impact environnemental du réchauffement climatique.

Cette contrainte du bas carbone peut être perçue comme une construction socioculturelle qui vise à maintenir un statu quo plutôt qu'à promouvoir un véritable changement. Comme l'a souligné l'anthropologue indien Arjun Appadurai dans *The Future as Cultural Fact*[6], les visions du futur sont souvent utilisées comme des outils pour soutenir les structures de pouvoir existantes. Dans ce cas, la vision d'une transition sans heurt vers une société bas carbone peut servir à dissimuler l'ampleur des changements nécessaires pour atteindre une véritable durabilité, et ainsi à éviter une remise en cause plus profonde des structures économiques et sociales existantes[7].

En même temps, cette contrainte bas carbone apparaît comme un catalyseur pour une prise de conscience plus large de notre relation à l'environnement et de notre place dans le monde. Cela rejoint l'idée de l'anthropologue britannique Tim Ingold, dans *The Perception of the Environment*, selon laquelle les contraintes environnementales peuvent être une opportunité pour repenser notre engagement dans le monde et pour développer de nouvelles formes de vie plus durables[8]. Cependant, comme l'explique l'anthropologue américaine Anna Tsing dans *Le Champignon de la fin du monde*, le passage à une telle société nécessite un véritable changement de paradigme[9]. Cela implique un bouleversement si profond de nos modes de vie et de pensée que nous peinons parfois à le reconnaître.

Le bouleversement qui vient

La capacité de notre système à se réformer, sans bouleversements majeurs de nos routines quotidiennes, de nos infrastructures, et surtout de nos imaginaires, n'existe pas ou plus. La transition socio-écologique n'aurait même pas encore été amorcée[10], car malgré le fait que des avancées significatives aient été réalisées dans certains domaines, tels que les énergies renouvelables, la réduction des émissions de gaz à effet de serre et la promotion d'un mode de vie plus durable, ces avancées sont souvent limitées et insuffisantes pour répondre aux défis socio-environnementaux auxquels nous sommes confrontés[11].

Cette thèse est notamment défendue par certains chercheurs et activistes, comme les collapsologues Pablo Servigne et Raphaël Stevens[12], qui affirment que la transition socio-écologique n'a pas encore commencé et qu'il est urgent de prendre des mesures radicales pour faire face aux défis socio-environnementaux. Jean Gadrey, lui, un économiste français et membre du collectif des Économistes atterrés, a également souligné dans plusieurs ouvrages, comme *Adieu à la croissance. Bien vivre dans un monde solidaire*[13], que la transition socio-écologique est encore largement à construire, et qu'elle nécessite une transformation profonde de nos modes de production, de consommation et de vie. Dernier exemple, avec les travaux de l'ingénieur français Philippe Bihouix, qui défend également l'idée que la transition socio-écologique n'a pas encore commencé de manière véritablement systémique, et qu'il est urgent de réfléchir à de nouvelles stratégies pour faire face aux défis socio-environnementaux[14].

L'utopie du capitalisme responsable prône pourtant le contraire. Il s'agit d'une idéologie qui, d'un point de vue anthropologique, s'apparente à un mythe, et qui vise à concilier profitabilité économique et transition sociale et écologique[15]. Cette idéologie s'appuie sur des valeurs sociales et écologiques en vogue actuellement (la psycho-spiritualité et le développement personnel, la cause animale, l'engagement sociétal et la justice sociale, l'équité des genres et l'écologie), et mobilise de manière indifférenciée la notion de progressisme, également appelé bien-pensance, et le mythe du progrès qui prône une approche techno-solutionniste de la transition.

À l'ombre de cette utopie, la réalité n'est pas reluisante. Les entreprises continuent de prospérer. Entre janvier et mars 2023, un record de 326,7 milliards de dollars de dividendes a été versé aux actionnaires du monde entier, selon un rapport du gestionnaire d'actifs Janus Henderson. Les secteurs bancaire, pétrolier et automobile, malgré leur contribution significative à la crise climatique, continuent à engranger des profits considérables[16]. Autre exemple, nous avons TotalEnergies qui, en cette même année, a intenté une action en justice contre l'organisation non gouvernementale Greenpeace. Cette dernière reprochait à l'entreprise de minimiser son impact carbone[17]. Parallèlement à ces événements, le P-DG de TotalEnergies s'est vu décerner la prestigieuse Légion d'honneur, créant un contraste saisissant entre la crise environnementale et la reconnaissance institutionnelle[18]. Des scandales, également, éclaboussent régulièrement les entreprises dites à impact, comme ce fut le cas avec Patagonia, une marque considérée comme un modèle d'écoresponsabilité, qui a récemment été accusée d'exploiter des travailleurs textiles[19].

L'omniprésence de la question sociale et écologique dans notre société détonne avec le traitement politique réservé aux militants et activistes pour le climat. À travers le monde, les mouvements environnementaux, tels que Les Soulèvements de la Terre ou Scientist Rebellion, se retrouvent confrontés à la répression politique et à l'étiquetage péjoratif d'écoterroristes ou de terroristes intellectuels. Malgré ces obstacles, de nouvelles formes de lutte émergent, privilégiant l'action directe pour défendre l'environnement.

Du déni à l'acceptation : une population aux prises avec le défi socio-écologique

Au sein de ce paysage contrasté, la population se retrouve au carrefour de ces multiples réalités. Mes recherches anthropologiques de ces dix dernières années, axées sur la consommation et l'évolution des modes de vie, révèlent des changements significatifs : nombreuses sont les routines et pratiques quotidiennes qui ont été modifiées et la perception du monde par les individus s'est radicalement transformée. Des événements tangibles tels que la fermeture de stations de ski attribuée au réchauffement climatique, l'annonce de la fin de l'ère de la voiture thermique, ou encore l'augmentation de la fréquence et de l'intensité des sécheresses ont conduit à une prise de conscience concrète et palpable. Les individus perçoivent désormais l'impact du changement climatique sur leur vie de tous les jours, témoignant ainsi de l'ampleur du bouleversement en cours.

En réaction à cette situation, on remarque une tendance à idéaliser le passé, surtout en ce qui concerne les relations entre l'homme et son milieu naturel. Cette idéalisation peut servir à justifier le statu quo et masquer les impacts réels des activités humaines sur l'environnement. On observe ce phénomène via une quête d'authenticité et de connexion avec le passé, à travers certaines pratiques axées sur le savoir-faire traditionnel et/ou le foyer qui connaissent un regain d'intérêt. Un effet pervers de cette recherche d'authenticité est l'émergence d'offres écoresponsables qui exploitent l'esthétique authentique pour inciter les individus à consommer davantage. Les entreprises profitent de cette tendance en commercialisant des produits et services qui se présentent comme respectueux de l'environnement et en phase avec les valeurs traditionnelles. Cette stratégie de marketing, souvent appelée *greenwashing*, peut conduire à une consommation accrue, tout en donnant aux consommateurs l'impression de faire des choix éthiques et responsables[20].

Dans ce passé idéalisé, l'être humain est perçu comme ayant vécu en harmonie avec la nature, une nature qui est aujourd'hui considérée comme fragile, mais également menaçante pour nos modes de vie. L'aspiration à retrouver cette harmonie avec la nature et à renouer avec un paradis perdu est profondément enracinée dans la conscience humaine. Elle exprime le désir de se reconnecter avec notre environnement et d'adopter un mode de vie plus durable et respectueux de la Terre. Cette idéalisation du passé se manifeste notamment par la glorification des chasseurs-cueilleurs, souvent présentés comme vivant en parfaite symbiose avec leur environnement. Leur connaissance approfondie de leur environnement leur permettait d'utiliser les ressources naturelles sans les épuiser ni les dégrader de manière significative. Il est important de rappeler que même ces sociétés modifient leur environnement et ont un impact sur la biodiversité, bien qu'ils préservent généralement une plus grande diversité d'espèces animales et végétales que les sociétés industrielles.

Dès lors, le constat semble sans appel : tout reste à faire pour un changement concret de mode de vie, et donc de modèle de société. Cette transformation profonde nécessite de naviguer à travers diverses étapes psychologiques et culturelles. Selon le modèle de changement de la psychiatre suisse Elisabeth Kübler-Ross, initialement développé pour comprendre le processus de deuil, ces étapes peuvent comprendre le déni, la colère, la négociation, la dépression et l'acceptation[21].

Ces étapes ne sont pas nécessairement linéaires et les individus se déplacent entre elles de manière non séquentielle. D'abord, il y a le déni. Pour de nombreux individus et sociétés, la réalité des contraintes imposées par le capitalisme et la nécessité d'une transition socio-écologique sont encore niées ou minimisées. Ce déni peut prendre de nombreuses formes, allant du rejet pur et simple des preuves scientifiques à une confiance excessive dans les solutions technologiques pour résoudre les problèmes sans avoir à changer les modes de vie ou les systèmes économiques[22]. La deuxième étape est celle de la colère. Alors que la réalité de la crise environnementale et des inégalités socio-économiques devient plus difficile à ignorer, la colère se développe à l'égard de ceux qui sont perçus comme responsables. Cette colère peut être dirigée contre les gouvernements, les grandes entreprises, ou même contre d'autres groupes sociaux. La troisième étape, la négociation, se manifeste par des tentatives de trouver des solutions de compromis ou des réformes qui permettraient de préserver l'essentiel du système actuel tout en atténuant ses pires effets[23]. Ensuite vient la dépression, qui résulte de la prise de conscience de l'ampleur des défis à relever et de l'insuffisance des réponses actuelles[24]. Enfin, l'acceptation conduit à une reconnaissance de la nécessité d'un changement profond et à un engagement en faveur de nouvelles voies vers une société plus durable et plus équitable.

Il apparaît donc nécessaire de comprendre ces étapes non pas simplement comme des obstacles à surmonter, mais comme des éléments essentiels du processus de transformation vers une nouvelle forme de société. Car comme le souligne l'anthropologue britannique Mary Douglas, toute transformation sociale majeure implique de naviguer à travers des tensions entre différentes valeurs et systèmes symboliques[25].

L'anthropologie : le hors-champ de notre quotidien

Si l'on devait résumer la mission première de l'anthropologie, ce serait sûrement l'étude des stratégies d'adaptation d'une personne ou d'un groupe d'individus aux contraintes de son environnement. Car peu importent les cultures et les époques que l'anthropologue étudie, à chaque fois, s'adapter représente un enjeu de survie tant physiologique que psychologique et sociétale pour la population qu'il ou elle étudie. Dans de nombreuses situations, les sociétés sont confrontées à des changements environnementaux, économiques ou sociaux qui menacent leur survie, et qui nécessitent des réponses adaptées pour faire face à ces défis. Dans ce contexte, la contrainte peut être considérée comme une pression qui force les membres de la société à modifier leurs comportements ou leurs pratiques pour répondre à ces défis.

Se concentrer sur les contraintes, c'est étudier ce qui est en dehors de notre vie quotidienne ordinaire, c'est-à-dire tous les éléments invisibles qui contribuent à façonner notre vie en société et notre humanité. Les contraintes, en tant que composantes souvent invisibles mais omniprésentes de notre réalité sociale, font partie de ce que l'on peut appeler les hors-champs. L'anthropologie s'efforce de déchiffrer ces contraintes, ces hors-champs. Ces contraintes sont à l'origine d'une multitude de normes sociales, culturelles et symboliques. Elles sont comme le fil invisible qui tisse la trame de nos sociétés, structurant nos comportements et nos interactions, créant des ordres et des désordres, des cohérences et des incohérences. Loin d'être uniquement des limites à notre liberté, ces contraintes sont des éléments essentiels qui façonnent notre existence sociale, qui déterminent notre manière d'agir et de réagir, qui tracent les frontières de ce qui est acceptable ou non, de ce qui est possible ou non. En examinant les contraintes et en se plongeant dans les hors-champs de notre société, l'anthropologie nous offre donc une autre lecture de notre réalité sociale, une lecture qui met en lumière les dynamiques souvent invisibles mais fondamentales qui sous-tendent notre organisation sociale. Elle nous invite à voir au-delà de l'évident, à questionner le familier, et à chercher la signification et la fonction de ce qui peut sembler contraignant, voire oppressant. Et c'est par ce détour, cette exploration des hors-champs, que nous pouvons acquérir une compréhension plus complète et plus nuancée de notre société et de nous-mêmes.

Considérons que dans toutes les cultures, certaines contraintes fondamentales existent. Prenons l'exemple des rites de passage à l'âge adulte, courants dans diverses cultures du monde. Ces rites symbolisent la transition de l'enfance à la maturité. Non seulement ils reconnaissent et valident le passage du jeune à un nouveau statut social, mais en plus ils confèrent à ce dernier de nouvelles responsabilités d'adulte clairement définies.

En rassemblant la communauté pour célébrer ces étapes importantes, ils renforcent la cohésion sociale et assurent une continuité des traditions et des normes. Bien qu'ils restreignent certaines libertés individuelles à travers des normes et des attentes spécifiques, ces rites jouent un rôle essentiel dans le maintien de l'équilibre social et le renforcement des liens communautaires. La contrainte d'alliance, quant à elle, est une nécessité sociale qui permet de maintenir une cohésion sociale malgré les distances géographiques et les obstacles à la communication. Le Kula, un système d'échange cérémoniel pratiqué par certaines populations de la Mélanésie, est une illustration éloquente de cette contrainte. L'anthropologue français Marcel Mauss, dans son exploration de ce système, a montré la manière dont des objets symboliques – des colliers et des bracelets en coquillages – circulent de main en main, d'île en île, créant et renforçant les liens sociaux entre les communautés. La contrainte de réciprocité, une autre expression majeure des contraintes anthropologiques, sert à modérer les comportements égoïstes et à prévenir l'exploitation. Cette contrainte est remarquablement illustrée par le système de don et de contre-don. Marcel Mauss a démontré que le don n'est pas seulement un acte de générosité, mais un acte d'obligation sociale qui instaure un réseau d'obligations réciproques entre les membres d'une communauté. Ce processus renforce la cohésion sociale et crée un tissu complexe de dettes et d'obligations qui régulent les interactions sociales[26]. Enfin, la contrainte d'adaptation nécessite des ajustements constants de la part des individus et des sociétés face à l'évolution de leur environnement. Les modifications de l'environnement, qu'elles soient dues à des facteurs naturels ou induits par l'homme, peuvent exiger des réponses culturelles pour garantir la survie et le bien-être des individus. Ainsi, certaines sociétés développent des tabous alimentaires ou des pratiques rituelles pour répondre à des défis écologiques particuliers. Dans les environnements désertiques, les techniques pour trouver et conserver l'eau, ou des coutumes favorisant l'économie de partage, sont des réponses adaptatives à une contrainte environnementale.

Ainsi, l'anthropologie nous aide à comprendre comment, face aux nécessités de la survie et du bien-être social, les communautés humaines établissent des normes et des comportements. Ces derniers ne sont pas uniquement des réactions à ces contraintes, mais aussi les pierres angulaires qui permettent aux sociétés de s'organiser, de se définir et de prospérer.

À partir de cette observation, une question de réflexion émerge pour guider notre pensée : comment avons-nous réussi, à travers les contraintes et pressions imposées par le capitalisme, à tant nous déconnecter de la réalité au point que tout changement nous semble insurmontable ? Pour répondre à cette question, peut-être faut-il commencer par la première étape nécessaire à tout bouleversement anthropologique : observer la réalité telle qu'elle est, plutôt que telle que nous souhaiterions qu'elle soit.

L'émergence de nouvelles perspectives sociétales

De nos jours, l'émergence de nouvelles perspectives sociétales peut être comparée aux murmurations des étourneaux dans leur vol. Tout comme ces oiseaux qui se déplacent et changent de forme de manière coordonnée et en harmonie, ces nouvelles perspectives requièrent une vision d'ensemble pour être pleinement comprises. De la même manière que les murmurations des étourneaux révèlent un comportement collectif complexe et interconnecté, l'anthropologie permet d'appréhender les phénomènes sociétaux en tenant compte des liens et influences réciproques entre les différentes dimensions culturelles, économiques, politiques et écologiques.

Par conséquent, il est essentiel d'adopter une approche méthodologique consistant à prendre plusieurs « instantanés » de la société, en se concentrant sur des aspects spécifiques ou des moments particuliers[27]. Chaque « instantané » met en lumière une facette de la réalité sociale, et bien qu'il ne capture pas l'ensemble du tableau, il contribue à enrichir notre compréhension des dynamiques en jeu. Par exemple, les travaux de Arjun Appadurai sur les « scapes » culturels, politiques et économiques offrent un aperçu des différentes dimensions qui façonnent le monde globalisé. Ces images fragmentées ne doivent pas être perçues comme isolées les unes des autres, mais plutôt comme des éléments interconnectés d'un ensemble plus vaste[28]. Notre défi consiste donc à reconstruire le puzzle complexe que forment ces différents « instantanés » de la société et à identifier les liens, les interactions et les impacts indirects qui unissent ces fragments[29]. Cela implique d'adopter une vision holistique, en tenant compte des dimensions culturelles, économiques, politiques et écologiques qui façonnent les expériences humaines[30].

La roue de la contrainte

Une première série d'« instantanés » offre des aperçus de futurs possibles pour notre société, esquissant les contours d'une société post-carbone encore à inventer. Afin de saisir pleinement ces transformations, il convient d'examiner la réalité à travers le prisme des cinq dimensions sociétales, formant ce que l'on peut appeler la « roue de la contrainte ». Ces dimensions sont considérées comme des invariants anthropologiques, c'est-à-dire des éléments fondamentaux présents dans toutes les cultures, qui s'expriment différemment selon les contextes sociaux, culturels et climatiques.

Un invariant anthropologique est un trait commun à toutes les sociétés humaines, indépendamment de leur organisation, de leur époque ou de leur environnement. Ces invariants concernent des aspects sociaux, culturels, politiques, économiques ou écologiques[31].

La roue de la contrainte permet d'étudier l'impact des enjeux socio-écologiques à toutes les échelles de la société. Cet outil offre une perspective pour observer, comprendre et analyser les initiatives existantes qui contribuent à la transformation sociale et écologique. Pour qu'une société se modifie véritablement et s'adapte aux enjeux socio-écologiques, il est crucial que le changement soit induit dans chacune des dimensions de la roue de la contrainte. Peu importe d'où vient le changement, il doit entraîner une adaptation globale de la roue, englobant toutes les dimensions. Autrement dit, pour qu'une révolution anthropologique soit possible, il n'est pas suffisant de s'intéresser uniquement aux contraintes socio-écologiques, mais à toutes les contraintes d'une société. Des contraintes qui peuvent, ensuite, être lues sous le prisme socio-écologique.

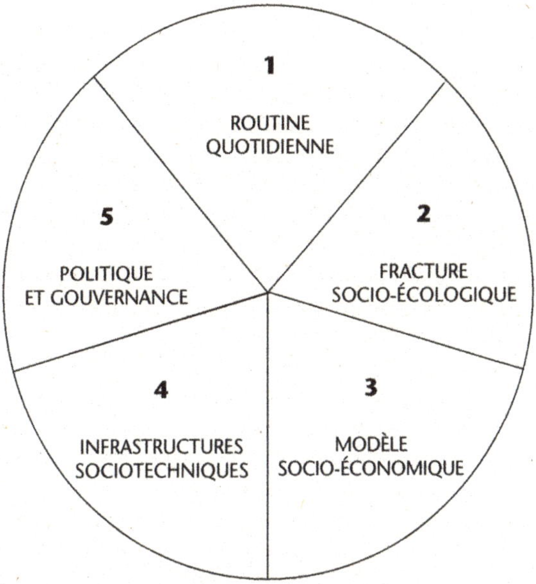

La roue de la contrainte

La roue de la contrainte offre un outil d'analyse permettant d'objectiver et d'évaluer l'impact réel des enjeux complexes auxquels notre société est confrontée aujourd'hui. En se distanciant, dans un premier temps, du discours et des ressentis des individus, la roue de la contrainte nous incite à nous concentrer sur les pratiques et les initiatives concrètes qui constituent un terrain d'observation anthropologique solide. Ainsi, la roue de la contrainte peut être considérée comme une ethnographie des changements émergents au sein de notre société. Bien que ces bouleversements ne soient pas toujours immédiatement visibles, ils agissent néanmoins comme une lame de fond, remodelant progressivement les structures socioculturelles et environnementales auxquelles nous sommes habitués. En étudiant ces transformations à travers la roue de la contrainte, nous pouvons mieux comprendre et anticiper les défis et opportunités qui nous attendent dans la construction d'un avenir plus durable et résilient.

Un exemple d'initiative qui illustre cette approche est le mouvement de la permaculture, qui prend en compte l'ensemble des dimensions socio-écologiques en promouvant des systèmes agricoles durables et résilients, basés sur la coopération entre les êtres humains et leur environnement[32]. La permaculture reflète une transformation dans la manière dont les individus interagissent avec leur environnement, modifiant ainsi les structures économiques, politiques et culturelles pour favoriser une société plus respectueuse des ressources naturelles et des limites écologiques.

La permaculture influence les pratiques agricoles quotidiennes en encourageant l'utilisation de techniques durables, telles que la polyculture, la conservation de l'eau et la régénération des sols. Les individus adoptant la permaculture changent leurs habitudes pour mieux préserver les écosystèmes (Routine quotidienne). La permaculture aide à réduire la fracture socio-écologique en favorisant l'équité et la justice dans l'accès aux ressources naturelles et en réduisant les inégalités entre les populations urbaines et rurales (Fracture socio-écologique). La permaculture remet également en question les modèles agricoles industriels en prônant une économie circulaire et la valorisation des ressources locales (Modèle socio-économique). Elle encourage le développement d'infrastructures durables, telles que les énergies renouvelables, les systèmes de collecte d'eau de pluie ou les habitats écologiques (Infrastructures sociotechniques). Enfin, la permaculture implique une réorientation des politiques publiques vers la protection de l'environnement, la résilience des systèmes alimentaires et l'équité sociale (Politique et gouvernance).

Même si la permaculture présente des avantages significatifs d'un point de vue socio-écologique, elle doit également faire face à des limites et des freins spécifiques. Les pratiques agricoles de la permaculture peuvent être plus complexes et laborieuses que celles de l'agriculture conventionnelle, ce qui rend difficile son adoption généralisée (Routine quotidienne). La permaculture est parfois perçue comme élitiste ou inabordable pour certaines populations, en particulier celles qui ont un accès limité aux ressources, aux formations ou aux financements nécessaires (Fracture socio-écologique). Le passage à des systèmes de production plus durables peut entraîner des coûts initiaux importants et des rendements moins prévisibles, ce qui limite l'attractivité de la permaculture pour les acteurs économiques (Modèle socio-économique). L'intégration de la permaculture dans les systèmes agricoles actuels nécessite des changements importants dans les infrastructures, tels que la modification des équipements ou des systèmes d'irrigation, ce qui représente des défis techniques et financiers importants (Infrastructures sociotechniques). Enfin, la permaculture est confrontée à des obstacles politiques et réglementaires, en particulier face aux lobbies de l'agriculture industrielle et aux régulations et normes actuelles qui peuvent ne pas être adaptées pour soutenir les pratiques de permaculture (Politique et gouvernance).

D'un point de vue théorique, la première dimension de la roue de la contrainte concerne les routines quotidiennes et la transformation de la consommation dans notre vie de tous les jours. Ainsi, la réduction de la consommation de viande, motivée par des préoccupations écologiques ou des contraintes financières, entraîne de nouvelles pratiques alimentaires, un rapport renouvelé à l'animal et une réflexion éthique et politique sur les stratégies économiques et la commensalité. D'autres exemples incluent le renoncement aux soins pour des raisons de naturalité ou de budget, la vente de sa voiture pour des raisons idéologiques ou financières, et la réflexion sur les conséquences financières et/ou écologiques de la procréation. Cette première dimension se décompose en deux axes. Le premier axe examine l'économie de la fonctionnalité (privilégiant l'usage plutôt que la possession), les pratiques de réassurance (comme le DIY, la réparation et le désencombrement) et la décroissance (réduction volontaire de la consommation). Le second axe interroge les reconfigurations de nos perceptions des choses, en particulier à travers de nouvelles stratégies de conception des objets de grande consommation et l'évolution de la perception de leurs valeurs. Ainsi, cette première dimension de la roue de la contrainte met en lumière les multiples facettes des changements dans nos routines quotidiennes et la manière dont ils façonnent notre rapport aux objets, aux autres et à notre environnement.

La deuxième dimension de la roue de la contrainte concerne la fracture non seulement sociale, mais également écologique provoquée par l'urgence environnementale. Les normes de consommation écoresponsable, souvent établies par les classes supérieures occidentales, ne correspondent pas nécessairement au mode de vie des personnes issues des classes moyennes ou populaires[33]. Cette inégalité sociétale met en évidence l'importance des classes géosociales, un concept qui reflète les disparités auxquelles les populations d'un territoire et, plus largement, de la planète doivent faire face à la suite des bouleversements de notre époque[34]. Par exemple, l'accès à des aliments biologiques et locaux peut être limité pour les personnes vivant dans des zones défavorisées en raison du coût ou de la disponibilité[35]. De même, les options de transport écologique, telles que les vélos électriques ou les voitures hybrides, sont hors de portée financière pour de nombreux ménages[36].

Les modèles socio-économiques émergents peuvent être catégorisés de différentes manières, tels que les modèles alternatifs, réformistes ou résistants. La troisième dimension de la roue de la contrainte se concentre sur l'émergence de ces nouveaux modèles, offrant souvent une vision optimiste de l'avenir à travers des formes d'organisation sociale et de structuration alternatives de nos sociétés. Certains chercheurs, comme Anna Tsing, explorent les conséquences de l'effondrement d'un monde social stable, celui du « capitalisme industriel, du progrès scientifique et de l'État-providence »[37]. En s'intéressant à ces modèles radicaux, nous pouvons mieux comprendre les possibilités qui se présentent pour repenser nos sociétés et explorer les solutions potentielles pour faire face aux défis socio-écologiques actuels. Ces modèles, bien qu'encore marginaux, peuvent servir d'inspiration pour la transformation de nos systèmes politiques, économiques et sociaux, et encourager un mouvement vers une société plus durable et équitable.

La quatrième dimension de la roue de la contrainte se concentre, elle, sur les infrastructures sociotechniques et leur relation avec les changements climatiques, énergétiques et sociaux. Les travaux des historiens français Jean-Baptiste Fressoz et Fabien Locher permettent notamment d'appréhender ces liens à travers l'histoire. Ils démontrent comment la transformation du climat a été au cœur des débats fondamentaux sur la colonisation, Dieu, l'État, la nature et le capitalisme depuis le début de l'époque moderne[38]. Leurs recherches mettent en évidence l'importance des infrastructures sociotechniques dans la compréhension des répercussions sociétales d'un changement énergétique majeur. Les choix technologiques et les pratiques énergétiques ont des implications profondes sur la manière dont les sociétés s'adaptent et réagissent aux défis environnementaux. En étudiant les infrastructures sociotechniques, nous pouvons mieux comprendre leur rôle dans la transformation vers des systèmes énergétiques plus durables et leur impact sur les dynamiques sociales et économiques. Cela souligne l'importance de repenser et d'innover en matière d'infrastructures sociotechniques pour soutenir les transformations écologiques et sociales nécessaires à la création d'une société plus résiliente et durable. Des projets concrets incluent l'adoption généralisée des énergies renouvelables, l'amélioration de l'efficacité énergétique dans les bâtiments et les transports, et la mise en place de réseaux électriques intelligents pour faciliter la gestion de la demande et de l'offre d'énergie.

La cinquième et dernière dimension de la roue de la contrainte porte sur la politique et la gouvernance, et explore de nouvelles manières de concevoir la société. Plusieurs travaux remettent en question l'utopie du capitalisme responsable en soulignant la diversité des façons de créer et de maintenir des sociétés. L'anthropologue français Philippe Descola, par exemple, a coécrit avec le chercheur en sciences sociales Alessandro Pignocchi *Ethnographie des mondes à venir*[39], où il aborde la notion de société composite. Ce concept met l'accent sur les différentes manières dont les sociétés peuvent être structurées et organisées, plutôt que de se conformer à un modèle unique imposé par le capitalisme. Dans un autre ouvrage, *Au commencement était... Une nouvelle histoire de l'humanité*[40], l'anthropologue américain David Graeber et l'archéologue anglais David Wengrow offrent un regard novateur sur l'évolution des sociétés humaines. Ils remettent en question la trajectoire unique que les sociétés thermo-industrielles proposent à la population et suggèrent de repenser les modèles de gouvernance et les structures politiques pour créer des sociétés plus équilibrées et durables. Ils soulignent la nécessité d'un débat démocratique inclusif et d'expérimenter de nouvelles approches politiques pour construire des sociétés résilientes, adaptées aux enjeux environnementaux et sociaux auxquels nous sommes confrontés.

Mais les chercheurs ne sont pas les seuls à proposer de nouvelles perspectives sociétales. Essayistes, conférenciers et podcasteurs participent également à démocratiser l'idée selon laquelle la fin de la « société d'abondance », prédite par le président français Emmanuel Macron[41] en août 2022, n'annonce en rien des heures sombres, mais semble davantage signer le début de la fin de notre dépendance à l'hyperconsommation. L'essayiste Julien Vidal dans *2030 glorieuses : utopies vivantes*[42], nous explique ainsi qu'il ne faut pas avoir peur de l'avenir, car un futur enthousiasmant serait en gestation. Julien Devaureix, l'auteur du podcast Sismique, décrypte dans son ouvrage *Le monde change et on n'y comprend rien !*[43], les enjeux actuels de notre société. Une manière de se réapproprier le présent et de faire des choix de vie plus éclairés. Et l'ingénieur Vincent Liegey cosigne avec la journaliste Isabelle Brokman *Sobriété (La vraie) : mode d'emploi*[44], où ils livrent tant des réflexions que des conseils de mise en pratique d'un nouveau mode de vie, présenté comme réellement sobre.

Le tour du monde du capitalisme

Les fragments émergents de nouvelles sociétés ne peuvent être saisis pleinement que par une approche systémique de nos modèles actuels et futurs de société. Cela nécessite une deuxième série d'« instantanés » qui se concentre sur la capture de la réalité dans une perspective multidimensionnelle[45]. Une perspective diachronique permet d'examiner les changements et les évolutions à travers le temps, offrant ainsi un contexte historique pour comprendre les enjeux actuels. Dans le cas de la Révolution industrielle, cette approche nous aide à saisir en quoi cette période a profondément transformé notre mode de vie, notre relation avec la nature et le rôle de l'énergie dans nos sociétés, notamment en entraînant une urbanisation rapide et une augmentation spectaculaire de la consommation de ressources naturelles et d'énergie, principalement sous forme de combustibles fossiles (charbon, pétrole et gaz naturel). Cela a eu des conséquences majeures sur l'environnement, notamment la déforestation, la pollution et le changement climatique. La dépendance croissante aux énergies fossiles a également façonné nos infrastructures et nos systèmes économiques, créant des défis considérables pour la transition vers un monde sans carbone[46].

Examiner les processus et les dynamiques qui se déroulent loin de notre environnement immédiat, mais qui sont étroitement liés à notre mode de vie, nous permet de prendre conscience de l'interdépendance globale des économies et des sociétés[47]. Les chaînes d'approvisionnement mondiales impliquent souvent l'extraction des matières premières et la production d'objets de consommation dans des régions éloignées, avec des impacts environnementaux et sociaux significatifs. Par exemple, la production de smartphones et d'autres appareils électroniques nécessite l'extraction de minerais rares, tels que le coltan, principalement en République démocratique du Congo. L'extraction de ces minerais est souvent la cause de problèmes environnementaux, tels que la déforestation et la pollution des sols et de l'eau, ainsi que de problèmes sociaux et géopolitiques, tels que le travail des enfants et les conflits armés[48].

Il s'agit d'observer et de comprendre la réalité via la notion de valeur étendue. La valeur étendue se réfère à la valeur produite tout au long du cycle de vie d'un produit ou d'un service, en intégrant les impacts sociaux, environnementaux et culturels. Cette notion englobe l'extraction des matières premières, la fabrication, le transport, la communication, la distribution, la promotion, l'achat, la consommation et le recyclage. En d'autres termes, elle s'intéresse au processus global et aux externalités – notamment négatives – qui en découlent[49].

Capitalism Basterds

Dans chaque société, un discours dominant sert à établir et maintenir des entités abstraites (États, nations, politiques, etc.) qui rendent possible la cohésion du groupe. Ce discours façonne la vie quotidienne et s'inscrit dans le cadre de l'intersubjectivité. L'intersubjectivité concerne les croyances, les valeurs et les normes partagées qui structurent la réalité sociale[1]. Dans le récit contemporain occidental, la consommation est centrale. Nous travaillons pour produire davantage, et notre travail nous procure du temps libre pour consommer ce que nous avons créé. Il faut produire toujours plus pour satisfaire la demande de consommation, induisant des problématiques sociales et environnementales toujours plus importantes. Étant donné que le travail peut être épuisant et aliénant, nous cherchons à maximiser notre temps libre pour consommer encore plus. Bien que nous disposions de plus de temps libre que jamais, nous semblons toujours en manquer[2]. Le temps et notre attention sont devenus des marchandises précieuses[3]. Lorsque ce récit dominant commence à s'effriter et à perdre sa légitimité, des tensions émergent immanquablement.

L'observation et la compréhension des contraintes offrent une opportunité précieuse de saisir la réalité telle qu'elle se présente, plutôt que de l'imaginer à travers le prisme de nos désirs ou de nos idéaux. Cette approche se veut ancrée dans le concret, loin de toute distorsion. À l'opposé, le capitalisme, qu'il se pare d'attributs responsables ou non, tend à nous déconnecter de cette réalité. Il construit un univers où l'économie s'éloigne de sa dimension matérielle et tangible, nous poussant à perdre contact avec le monde tel qu'il est. Le capitalisme s'est étendu au monde entier. Ce système économique a immergé notre société dans une uchronie, une réalité alternative où la croissance économique, la consommation et la recherche de profits sont les principales priorités.

Cette uchronie, un concept qui renvoie à un temps qui n'a jamais existé mais qui semble réel à cause de notre immersion collective, a créé une illusion de prospérité infinie, dissimulant les coûts véritables et les effets délétères de notre mode de vie occidental sur les autres et sur l'environnement. Cette uchronie a généré une illusion de bien-être et de progrès sans limites, tout en occultant les coûts réels et les impacts négatifs des modes de vie occidentaux sur les autres et le monde vivant.

C'est dans ce contexte que la notion de parenthèse transgressive intervient, faisant référence à une période où les normes et les valeurs établies sont temporairement suspendues ou ignorées. Dans le cadre du capitalisme, cette parenthèse transgressive se manifeste par la négligence des impacts sociaux et environnementaux des actions économiques. Cette forme d'insouciance est souvent résumée par l'expression « après nous le déluge », qui traduit une attitude désinvolte et irresponsable envers les conséquences futures de nos actions présentes. Les sociétés occidentales ont, en effet, prospéré en exploitant les ressources naturelles et les travailleurs, sans se soucier des conséquences à long terme pour la planète et les autres êtres vivants.

Le film américain de Quentin Tarantino, *Inglorious Basterds*[4], peut être interprété comme une métaphore de cette prise de conscience et de la fin de l'uchronie capitaliste. De la même manière que les protagonistes du film combattent les forces oppressives pour mettre fin au conflit, la société remet en cause les valeurs et les priorités du capitalisme, en dépit des résistances de certains acteurs, comme en témoigne, par exemple, le concept de capitalisme responsable. En introduisant, par analogie, l'idée de Capitalism Basterds, que j'ai élaborée, nous pouvons mettre en lumière les forces et les acteurs du capitalisme qui ont participé à la création de cette uchronie et à l'occultation des conséquences néfastes de nos décisions économiques. Ces Capitalism Basterds symbolisent notamment les entreprises et les institutions qui ont poursuivi aveuglément la croissance économique et la maximisation du profit, sans tenir compte de l'exploitation des ressources naturelles, des travailleurs et des communautés locales. Cette prise de conscience nous oblige à percevoir notre réalité différemment et, surtout, à se projeter autrement dans le futur de nos sociétés occidentales.

Le travail, la consommation, les loisirs et la régulation ont pendant plusieurs décennies constitué les piliers du mode de vie occidental, un mode de vie qui est aujourd'hui remis en question. Les théories prônant la fin de la société du loisir évoquent principalement trois grands changements à l'horizon : la décentralisation du travail en tant que noyau de notre identité, l'ascension de l'individualisme et du nomadisme, et une transformation profonde de la consommation[5].

Emblèmes de la société de consommation, les aspirations matérielles qui ont caractérisé les classes moyennes au siècle dernier semblent à présent reléguées au passé. Nous assistons à la fin d'un monde et à l'émergence d'une nouvelle manière de vivre ensemble. Il est essentiel d'examiner ces deux facettes de la réalité : celle qui s'éteint sous nos yeux et celle qui commence à prendre forme, bien que de manière plus discrète. La fin de cette parenthèse nous conduit à une réalité que l'on ne veut pas voir : la société de la classe de loisirs n'existe presque déjà plus.

Un monde du travail en mutation

L'anthropologue britannique James Suzman examine l'évolution de notre compréhension et de notre relation au travail à travers les époques[6]. Il affirme que la place du travail dans la société a été influencée par des facteurs culturels, économiques et environnementaux, et que les sociétés de chasseurs-cueilleurs avaient un rapport au travail bien différent de celui que nous connaissons aujourd'hui. Dans ces sociétés, le travail était généralement moins intensif et spécialisé, et les individus consacraient moins de temps à travailler pour subvenir à leurs besoins. Le temps libre était consacré aux relations sociales, à l'éducation des enfants et aux loisirs. Cependant, avec la révolution agricole et la sédentarisation, les individus ont commencé à investir davantage de temps et d'énergie dans le travail pour assurer leur subsistance. James Suzman souligne également que, dans les sociétés dites « modernes » car occidentales, le travail est devenu un élément central de l'identité individuelle et un moyen d'établir le statut social.

À travers l'histoire, les innovations technologiques ont progressivement transformé la manière dont nous travaillons, en augmentant la productivité et en modifiant la répartition des tâches. Cette évolution a conduit à une valorisation excessive de la productivité et de l'efficacité, au détriment d'autres aspects de la vie, tels que les relations sociales, la santé et le bien-être. D'après lui, la conception actuelle de l'effort et de la récompense s'appuie sur l'idée que le travail acharné et la performance individuelle doivent être récompensés par des gains matériels et une reconnaissance sociale. Cette vision du travail a encouragé la compétition, la spécialisation et la hiérarchisation des professions, contribuant ainsi à l'accentuation des inégalités sociales et économiques[7]. D'un point de vue environnemental, cette obsession de la productivité et de la croissance a conduit à une exploitation excessive des ressources naturelles et à une dégradation de l'environnement. James Suzman soutient que pour résoudre ces problèmes, il est nécessaire de repenser notre rapport au travail et de réévaluer les valeurs qui sous-tendent notre conception de l'effort et de la récompense.

James C. Scott, lui, a étudié la manière dont les structures sociales et politiques influencent la place du travail dans la société[8]. James C. Scott soutient que la création des États et la centralisation du pouvoir ont contribué à renforcer les inégalités et à exploiter la main-d'œuvre. Il explore notamment le lien entre l'essor de l'agriculture du blé et la domination étatique. Selon James C. Scott, la culture du blé, une plante facilement stockable et taxable, a joué un rôle crucial dans l'émergence des premiers États. Cette forme d'agriculture a favorisé la sédentarisation des populations et la mise en place de systèmes de contrôle et de surveillance étatiques. La centralisation des ressources alimentaires a également permis aux élites de contrôler les surplus et de les utiliser pour financer des projets d'infrastructure, des armées et des bureaucraties, renforçant ainsi leur pouvoir et leur domination sur les populations[9].

La manière dont nous percevons et vivons le travail est en pleine mutation, et cela a des conséquences sur notre rapport au loisir et à la vie en général. Le travail, en tant que pilier central de nos sociétés, subit des transformations majeures à travers notamment des changements législatifs et des revendications pour un renouveau et une réorientation des pratiques professionnelles. En 2023, la réforme des retraites, par exemple, soulève des interrogations sur la durée de la vie active et les conditions de fin de carrière. Parallèlement, l'émergence de la semaine de travail de quatre jours dans certains pays montre une volonté de repenser l'organisation du temps de travail et d'imaginer d'autres formes d'activités non marchandes qui viendraient réorganiser la vie personnelle, avec diminution effective du temps de travail. De plus, des propositions comme le revenu universel remettent en question les fondements mêmes de notre rapport au travail en offrant une sécurité financière de base, indépendamment de l'emploi occupé[10]. Ce concept pourrait permettre aux individus de se réorienter, de se former ou de s'engager dans des activités bénévoles sans craindre de ne pas subvenir à leurs besoins. Cette remise en question du travail traditionnel se manifeste également par le phénomène de la « grande démission », qui voit de nombreux individus quitter leur emploi, souvent en raison d'un malaise croissant face aux exigences du monde professionnel[11].

Vers la fin des classes de loisirs ?

En établissant un parallèle entre le rôle du blé et la consommation dans nos sociétés contemporaines, on peut observer que la consommation de biens, de services et d'expériences agit comme un pilier pour maintenir les infrastructures sociétales, en permettant de financer divers projets, des institutions et des services publics.

La Révolution industrielle a entraîné un accroissement considérable de la production de biens de consommation, et particulièrement de loisirs. Les innovations technologiques ont rendu possible la production de biens de loisirs à grande échelle, tels que les livres, les journaux, les jouets, les instruments de musique, les appareils photo, les radios et les télévisions. Les salaires plus élevés et les horaires de travail plus courts ont également permis aux travailleurs d'avoir plus de temps libre pour s'adonner à des activités de loisirs. La consommation de loisirs est donc devenue un élément clé de l'économie de marché, avec un impact considérable sur les modes de vie et les comportements sociaux.

Travail, consommation et loisirs

Plusieurs théories en sciences sociales ont été développées pour comprendre ce phénomène, dont la théorie de la société de consommation du philosophe français Jean Baudrillard[12] et la théorie de la distinction du sociologue français Pierre Bourdieu[13]. Jean Baudrillard soutient que, dans notre société, la consommation de biens de loisirs est devenue une fin en soi, et que les individus cherchent à satisfaire leurs désirs en acquérant des biens plutôt qu'en les utilisant. Selon Pierre Bourdieu, les pratiques de loisirs sont une forme de distinction sociale : les individus utilisent leur consommation pour affirmer leur position dans la hiérarchie sociale. Ces théories ont contribué à expliquer pourquoi la consommation de loisirs est devenue si importante dans les sociétés contemporaines et comment elle est liée à la dynamique de la société de consommation.

Le sociologue français Jean Viard étudie ainsi comment la réduction du temps de travail et la hausse du temps libre ont transformé nos modes de vie et nos aspirations en France. Il détaille l'évolution technologique et les avancées sociales qui ont permis de libérer du temps pour les individus, mais aussi la manière dont cette libération a été utilisée et transformée en fonction de la culture, des régions et des générations. Selon lui, la diminution du temps de travail et l'augmentation du temps libre sont en train de transformer en profondeur notre manière de vivre, de travailler et de consommer[14]. Autre exemple avec David Graeber, qui a quant à lui travaillé sur la question du temps libre et de la valeur du travail. Il montre que de nombreux emplois sont absurdes et sans valeur réelle, et que cela contribue à une société de surconsommation où le temps libre est utilisé pour des activités souvent inutiles et polluantes[15]. Dernier exemple avec le sociologue allemand Hartmut Rosa, qui a étudié les relations entre accélération, modernité et loisirs, montrant comment la pression du temps et l'obligation de performance ont des conséquences sur notre capacité à profiter de nos loisirs et à avoir des relations de qualité avec les autres et avec l'environnement[16].

Le privilège carbone

Le concept de privilège carbone est souvent utilisé dans une perspective sociologique pour analyser les inégalités socio-environnementales et les différents impacts que le changement climatique peut avoir sur les populations en fonction de leur position sociale. Le privilège carbone permet aussi d'identifier l'influence de la classe sociale d'une personne sur sa manière d'être affectée économiquement et culturellement, ou non, par la contrainte de restriction en carbone, et plus largement par l'énergie. Parmi les chercheurs qui ont travaillé sur cette question, Julie Sze, sociologue américaine, a étudié les inégalités environnementales dans les quartiers défavorisés des États-Unis, et Ulrich Beck, sociologue allemand, a développé le concept de « société du risque » pour comprendre la manière dont les risques environnementaux peuvent renforcer les inégalités sociales.

Il existe un lien étroit entre privilège carbone, temps libre et loisirs. Le privilège carbone est proportionnel au temps libre : plus on a de temps libre, plus on consomme de loisirs et plus notre coût socio-énergétique augmente. Dans le contexte actuel, il convient d'interroger la place que nous accordons aux loisirs dans nos vies et dans notre société. D'un côté, les loisirs peuvent être considérés comme un moyen d'échapper aux pressions du monde professionnel et de trouver une forme de liberté individuelle. Mais d'un autre côté, les loisirs sont souvent intégrés à la logique de la société de consommation, qui encourage la surconsommation de biens et de services souvent néfastes pour l'environnement (sports mécaniques comme la Formule 1, tourisme de masse, croisière, golf, etc.).

La notion de privilège carbone interroge la viabilité de certaines pratiques consuméristes liées au mode de vie des classes supérieures occidentales, telles que les voyages en avion. Les compagnies aériennes low cost, qui se sont développées ces dernières décennies, ont démocratisé cette pratique, entraînant une augmentation de la pollution et des conséquences écologiques désastreuses. Parfois, prendre l'avion coûte moins cher que le train pour certains trajets. Les voyages en avion, sources majeures d'émissions de gaz à effet de serre, demeurent souvent accessibles uniquement aux personnes disposant de revenus élevés, engendrant ainsi une inégalité en termes d'empreinte carbone. Les loisirs et les habitudes de consommation ont également une grande influence sur l'empreinte carbone. Les personnes ayant des revenus élevés ont souvent plus de loisirs et de moyens pour consommer des produits de luxe, tels que les voitures de sport, les yachts ou les produits électroniques haut de gamme. Ces produits ont une empreinte carbone élevée et contribuent à l'augmentation des émissions de gaz à effet de serre.

Avec la révolution anthropologique, le privilège carbone se révèle être un handicap : car ce sont les classes supérieures qui vont voir leurs modes de vie les plus impactés par les changements de société à venir. Dans son ouvrage *Fin du monde et petits fours*[17], le politologue français Édouard Morena met justement l'accent sur cette tension entre privilège carbone et avènement d'une société de la limite. Il s'intéresse plus particulièrement aux ultrariches qui s'engagent pour le climat, et qui d'après lui, le font avant tout pour préserver leurs privilèges sociaux. Par le biais de leurs investissements et leurs prises de position publique, ils façonnent l'environnement réglementaire en leur faveur. Ainsi, leurs actions, tout en apparaissant comme étant au service de la cause climatique, semblent principalement orientées vers la perpétuation de leurs privilèges.

Le défi de la régulation

Le défi de la régulation est central dans la manière dont un État peut harmoniser les intérêts parfois divergents des différents acteurs – individus, entreprises, institutions – tout en répondant aux défis socio-écologiques urgents de notre temps. Observons le phénomène culturel de la maison individuelle, un artefact puissant du désir occidental. Encadrée par un jardin clôturé, un garage biplace et une chambre pour chaque enfant, elle est vénérée comme le pinacle du succès dans l'anthroposphère capitaliste. On a inculqué aux masses que la possession de ce type d'habitat est le nec plus ultra du bonheur et de la stabilité financière. Cependant, la crise environnementale offre un tout nouveau visage à ce mode de vie plébiscité par les classes moyennes…

En effet, le modèle de la maison individuelle coûte non seulement très cher financièrement, mais aussi énergétiquement – chauffer une maison individuelle demande bien plus d'énergie que de chauffer une même surface au sein d'un immeuble –, environnementalement – chaque pavillon avec jardin est un empiètement sur la nature pour peu de personnes logées proportionnellement – et socialement. Pourtant, malgré cette réalité aujourd'hui conscientisée, ce modèle persiste à fasciner un grand nombre d'entre nous[18]. Plusieurs raisons peuvent expliquer cette fascination, notamment la glorification de ce mode de vie par l'industrie du divertissement, comme dans la série télévisée *Desperate Housewives*, ou encore le rappel de l'idéal de la société agraire du siècle précédent : un logement au cœur de l'existence sociale. Un centre domestique, véritable espace de production-consommation structurant notre vie quotidienne.

Emmanuel Macron, dans son discours du 11 mai 2023, a souligné l'importance de la régulation comme moyen pour un État d'équilibrer les intérêts parfois divergents de divers acteurs – individus, entreprises, institutions – tout en répondant aux urgents défis socio-écologiques de notre ère. Cette pensée nous amène à envisager l'urbanisme de demain. À partir de 2030, l'acte de construction de nouveaux édifices, qu'il s'agisse d'habitations collectives ou individuelles, rencontrera une complexité accrue en raison des contraintes sociales et environnementales. Par exemple, la loi française ZAN (Zéro artificialisation nette) promeut des formes d'habitat plus respectueuses de l'environnement, comme les écoquartiers ou l'habitat participatif[19].

Ce changement de paradigme s'apparente à un bouleversement dans la façon dont nous concevons l'urbanisme et l'habitat. Il implique un passage d'une logique de construction et de consommation à une logique de préservation et de valorisation du patrimoine bâti et des ressources naturelles. Au fil des révisions du PLU (Plan local d'urbanisme) jusqu'en 2050, la législation prévoit de rendre progressivement toute nouvelle construction impossible, mettant ainsi un terme au rêve de maisons individuelles[20].

En extrapolant cette idée à d'autres objets de consommation courante, tels que les véhicules ou les téléphones, nous pourrions assister à une évolution similaire : au lieu de produire constamment de nouveaux modèles, nous serions amenés à réutiliser et réparer les éléments des anciens modèles pour en créer de nouveaux, ou bien à entretenir et réparer les objets existants, puisque le concept de « neuf » deviendrait de plus en plus rare.

L'enjeu de notre siècle

L'enjeu crucial de notre siècle est précisément de reconsidérer la valeur que nous avons attribuée aux objets matériels et, par extension, à notre vie quotidienne. Pour ce faire, nous devons interroger la notion de possession qui se trouve au centre de l'évolution des structures anthropologiques en réponse aux nouvelles contraintes socio-écologiques. Comme l'ont souligné Marcel Mauss[1] ou Pierre Bourdieu[2] notamment, les systèmes de possession sont profondément ancrés dans les cultures et les pratiques sociales, et leur transformation peut entraîner des changements significatifs dans notre quotidien. Les structures anthropologiques de la possession se métamorphosent en réponse aux contraintes actuelles, donnant lieu à de nouvelles configurations où la possession devient plus éphémère et où les individus sont amenés à repenser leur rapport aux objets.

La nouvelle valeur des choses

L'observation et l'analyse de cette mutation s'inscrivent dans le cadre d'une anthropologie des structures, inspirée des travaux de Claude

Lévi-Strauss[3], selon laquelle les êtres humains sont partie intégrante d'un réseau de relations symboliques dont ils ne sont pas conscients. Cette approche permet d'examiner les changements dans les structures de possession et de comprendre la manière dont ces transformations influencent nos modes de vie et nos interactions sociales. Cette perspective, qui s'appuie notamment sur les travaux de David Graeber[4], met en évidence les nouvelles valeurs émergentes et les conséquences de leur intégration dans nos systèmes de possession et nos pratiques quotidiennes. Par exemple, les mouvements liés à l'économie collaborative, ou au zéro déchet, remettent en question la propriété et la consommation traditionnelles : on partage, on emprunte, on recycle. On demande une perceuse à un voisin au lieu d'en acquérir une, ou on achète en vrac pour éviter les déchets d'emballage. Cependant, il est important de reconnaître que ces nouvelles configurations ne sont pas nécessairement exemptes de problèmes et de défis. Comme l'ont souligné certains anthropologues, tels que Arjun Appadurai[5] et l'américain Igor Kopytoff[6], l'évolution des systèmes de possession peut également donner lieu à de nouvelles inégalités, des tensions sociales et des dilemmes éthiques.

La valeur d'hier n'est plus celle de demain

Au fil des transformations socio-écologiques, de nouvelles formes d'échanges émergent : celles-ci reposent sur des valeurs telles que le partage, l'utilité, la circulation et la coopération. Ces échanges représentent des tentatives de symbiose entre les pratiques cérémonielles traditionnelles, étudiées notamment par Marcel Mauss dans son ouvrage sur le don[7], et les transactions marchandes propres aux sociétés modernes. Ces nouvelles formes d'échanges et ces valeurs s'inscrivent dans un contexte où deux croyances, deux modèles de société, sont en concurrence et se confrontent.

D'un côté, nous avons les pratiques consuméristes, les désirs de possession et les valeurs individualistes qui caractérisent une grande partie des sociétés occidentales. De l'autre, nous assistons à l'émergence d'un modèle alternatif, qui met l'accent sur la durabilité et le respect des ressources naturelles et humaines. Cette confrontation engendre une transformation profonde de nos modes de vie, qui se traduit par une redéfinition de nos relations aux objets, aux autres et à l'environnement. Le renouveau de la domination émerge de la confrontation entre deux forces représentant ces deux modèles de société, où les membres de chaque modèle cherchent à imposer leur vision respective, y compris l'évolution de la valeur des choses. Par exemple, la valeur d'achat d'un bien, son prix, est souvent liée à des symboles de statut et de réussite dans un contexte capitaliste. En revanche, la valeur d'usage se concentre sur l'utilité réelle d'un bien, indépendamment de son coût. Ces deux conceptions induisent des imaginaires sociaux différents. S'engager excessivement dans l'un ou l'autre peut limiter notre vision des possibilités, en faisant accepter un système de valeurs comme unique et supérieur, et par conséquent, restreindre l'exploration d'autres choix de vie et d'organisation sociale.

Cette dynamique peut entraîner des tensions et des déséquilibres dans les relations de pouvoir, accentuant les inégalités et renforçant la domination d'un groupe sur l'autre, tout en redéfinissant la manière dont les biens et les services sont valorisés dans le processus de changement socio-écologique. Par exemple, la consommation écoresponsable, bien qu'elle soit présentée comme écologiquement bénéfique, est souvent coûteuse et donc inaccessible pour beaucoup. Cela crée une tension entre les classes sociales, avec une violence symbolique où ceux qui se permettent ces choix sont vus comme plus vertueux, marginalisant ceux qui ne peuvent ou ne veulent pas, non seulement par manque de connaissances ou de temps, mais également par contraintes économiques. Cette dynamique peut exacerber les inégalités existantes, faisant de l'écoresponsabilité un luxe plutôt qu'un choix universellement accessible.

À ce sujet, la nouvelle théorie de la valeur proposée par David Graeber[8] remet en question les fondements économiques et sociologiques traditionnels de la valeur, en mettant l'accent sur le sens des choses et les relations sociales. Plus précisément, David Graeber critique les théories classiques de la valeur, qui reposent principalement sur la rareté des ressources et la quantité de travail nécessaire à la production de biens. Au lieu de cela, il propose de considérer la valeur comme un phénomène social et culturel, enraciné dans les relations humaines et les significations attribuées aux objets. Cette approche met en avant l'importance des récits, des croyances et des émotions dans la création de la valeur, plutôt que de se concentrer uniquement sur les aspects matériels et quantitatifs.

	Théorie classique de la valeur	**Nouvelle théorie de la valeur**
Principes de base	La valeur est déterminée principalement par la rareté des ressources et la quantité de travail nécessaire à la production de biens	La valeur est un phénomène social et culturel, enraciné dans les relations humaines et les significations attribuées aux objets
Exemple de pratique de consommation	Achat de vêtements produits en masse (H&M)	Achat de vêtements éthiques et durables (Loom)
Extraction	Exploitation intensive des ressources naturelles, souvent sans tenir compte des impacts environnementaux (ex. : mines de cuivre en Amérique du Sud)	Extraction responsable et durable des ressources en respectant l'environnement et les communautés locales (ex. Fairphone et son approvisionnement en minerais)
Production	Production à grande échelle visant à minimiser les coûts et à maximiser les profits. Conditions de travail parfois précaires (ex. : ateliers de confection au Bangladesh)	Production locale ou éthique, respectueuse des droits des travailleurs et de l'environnement (ex. : Veja et sa production de chaussures équitables)
Distribution	Distribution mondialisée, avec une chaîne d'approvisionnement complexe et peu transparente	Distribution locale ou favorisant la transparence et la traçabilité (ex. : les magasins de produits en vrac, comme Day by Day, ou la relocalisation avec la marque de jean 1083)
Consommation	Consommation orientée vers l'accumulation de biens et la maximisation du statut social	Consommation axée sur la signification des biens, les relations sociales et l'engagement éthique et écologique
Fin de vie des produits	Gaspillage et mise en décharge, avec peu de considération pour le recyclage ou la réutilisation (ex. : obsolescence programmée des produits électroniques)	Valorisation de la réparation, du recyclage et de la réutilisation (ex. : Repair Café, l'initiative d'Eileen Fisher de récupération de vêtements)

La nouvelle théorie de la valeur met en lumière la diversité des formes de valeur qui émergent dans nos sociétés contemporaines, allant au-delà des simples transactions marchandes pour inclure, par exemple, des échanges fondés sur le partage, la coopération et la réciprocité. Ces nouvelles formes de valeur reflètent un changement culturel et social majeur, qui semble remettre en question les modèles économiques dominants et les relations de pouvoir qui en découlent.

Maintenir le capitalisme et réduire les externalités anthropologiques négatives

En explorant certaines approches qui commencent à se démocratiser sans nécessairement remettre en cause le capitalisme responsable dans son ensemble, nous pouvons mieux comprendre les défis liés aux valeurs et aux structures de possession émergentes à chaque étape du cycle de vie d'un produit :

- L'économie de la fonctionnalité repose sur l'idée de vendre l'usage d'un bien plutôt que le bien lui-même. Cette approche vise à réduire la consommation de ressources et à encourager une utilisation plus efficiente des produits[9].
- L'économie de la mutualisation, elle, est basée sur le partage des ressources, des compétences et des connaissances entre les acteurs économiques[10]. Elle favorise la coopération et la solidarité pour créer de la valeur collective.
- Quant à l'économie circulaire, elle vise à réduire les déchets et l'utilisation des ressources en créant des boucles de production et de consommation fermées, où les déchets d'un processus deviennent les intrants d'un autre[11].

Ces modèles proposent de réduire les externalités anthropologiques négatives, qui font référence aux conséquences non anticipées et non souhaitées d'un modèle économique sur les relations sociales, les pratiques culturelles, les systèmes de valeurs et les écosystèmes naturels. Cependant, certains engendrent également de nouvelles problématiques socio-environnementales. Par exemple, l'effet rebond, aussi appelé effet de rebond, se produit lorsqu'une réduction de la consommation d'énergie d'une technologie entraîne une augmentation de la consommation ou de l'utilisation de cette même ressource ou d'une autre ressource. Ainsi, la technologie LED aurait pu permettre une réduction considérable de l'énergie nécessaire à l'éclairage public et publicitaire, mais la réduction du coût a entraîné une augmentation encore plus considérable de l'utilisation des LED (généralisation des panneaux publicitaires lumineux dans l'espace public) si bien que le bilan global de ce progrès technologique est une dette énergétique plus grande dans les pays occidentaux… Les économies réalisées grâce à la réduction de la consommation sont finalement utilisées pour acheter d'autres biens ou services qui nécessitent à leur tour l'utilisation de ressources supplémentaires. L'effet rebond est redoutable en matière de pollution notamment, car les progrès technologiques envisageables ne peuvent pas empêcher une augmentation globale de la consommation qui ruine dès lors la dimension écologique, et donc positive du technosolutionnisme, réduite à néant par l'augmentation irraisonnée de la consommation.

	Capitalisme responsable[12]	**Économie de la fonctionnalité**	**Économie de la mutualisation**	**Économie circulaire**[13]
Principes de base	Prioriser l'éthique et la durabilité[14] dans la production et la consommation	Valoriser l'utilisation plutôt que la possession[15]	Favoriser le partage et la coopération[16]	Minimiser les déchets et optimiser l'utilisation des ressources
Exemple de pratique de consommation	Acheter des produits issus du commerce équitable	Louer une voiture plutôt que d'en posséder une	Utiliser une plateforme de partage d'objets	Acheter des produits fabriqués à partir de matériaux recyclés
Extraction	Minimiser les impacts environnementaux (ex. : certification FSC pour le bois)	Réduire la demande en matières premières grâce à des produits modulables et réutilisables	Économie des ressources grâce au partage	Utiliser des matériaux recyclés
Production	Intégrer des normes éthiques et environnementales strictes	Concevoir des produits durables et modulables	Produire des biens en tenant compte de leur partage potentiel	Fabriquer des produits écoconçus et réparables
Distribution	Promouvoir des chaînes d'approvisionnement éthiques et durables	Proposer des services de location ou d'abonnement	Mettre en place des plateformes de partage	Encourager la réparation et la revente
Consommation	Choisir des produits durables, éthiques et locaux	Privilégier les services plutôt que les biens	Participer à des initiatives de partage et d'échange	Préférer des produits réparables et recyclables
Fin de vie des produits	Responsabiliser les entreprises dans la gestion des déchets et le recyclage	Faciliter la réparation et la maintenance des produits	Promouvoir la réutilisation et le recyclage collaboratif	Optimiser le recyclage et la valorisation des déchets

Penser la radicalité

En face du capitalisme responsable, la décroissance et l'économie stationnaire appellent des changements beaucoup plus radicaux au sein de notre société. La décroissance est un mouvement qui prône une réduction volontaire et planifiée de la production et de la consommation, afin de parvenir à un équilibre écologique et social durable[17]. L'économiste et philosophe français Serge Latouche est l'une des figures de proue de ce mouvement, et il a souligné l'importance de repenser nos valeurs et notre rapport à la nature, en s'inspirant des modes de vie traditionnels et des savoirs locaux[18]. L'économie stationnaire, quant à elle, vise à mettre en place des politiques économiques et sociales qui permettent de maintenir un niveau de production et de consommation stable, sans croissance ni décroissance. Ce modèle économique met l'accent sur la redistribution des ressources, la réduction des inégalités et la préservation de l'environnement[19].

Comme l'illustre le tableau ci-après, ces deux modèles économiques impliquent un changement majeur dans notre façon de concevoir la consommation et l'organisation sociétale associée, notamment en raison de la réduction volontaire du nombre de marchandises en circulation, et la diminution de la dépendance consumériste aux grandes entreprises.

Les modèles économiques les plus susceptibles de perturber le capitalisme traditionnel sont également ceux qui dépendent fortement des institutions politiques. En s'appuyant sur les théories des sociologues Michel Crozier et Erhard Friedberg, qui ont développé une approche de l'analyse organisationnelle

	Décroissance	Économie stationnaire
Principes de base	Réduire la consommation de biens matériels et promouvoir l'importance des relations sociales	Favoriser une consommation modérée et stable, en accord avec les limites écologiques et les besoins sociaux
Exemple de pratique de consommation	Acheter moins et privilégier les produits locaux et durables	Consommer selon les quotas définis par une planification économique
Extraction	Réduire l'extraction des ressources non renouvelables	Planifier l'extraction en fonction des besoins sociaux et écologiques
Production	Favoriser la production locale et artisanale	Centraliser et planifier la production selon les objectifs écologiques et sociaux
Distribution	Soutenir les circuits courts et les monnaies locales	Organiser la distribution selon la planification économique
Consommation	Réduire la consommation de biens matériels	Consommer selon les quotas définis par la planification
Fin de vie des produits	Inciter à la réparation, à la réutilisation et au partage	Gérer de manière centralisée et planifiée les ressources, les déchets et l'économie circulaire

connue sous le nom d'Analyse stratégique en sociologie des organisations[20], nous pouvons comprendre la manière dont la structure et la dynamique des modèles économiques peuvent influencer et être influencées par les relations de pouvoir. En identifiant les contraintes principales, les zones d'incertitude, les acteurs qui possèdent ce qui a de la valeur, les enjeux et freins de domination, ainsi que les tensions sociales et écologiques sous-jacentes, nous pouvons comprendre comment les modèles économiques opèrent, comment ils évoluent, et quelles sont leurs implications pour les sociétés et les individus.

Les contraintes principales pour ces modèles économiques sont, par exemple, les structures institutionnelles existantes, les intérêts économiques enracinés ou les normes sociétales. Les zones d'incertitude concernent la faisabilité de l'adoption à grande échelle de ces modèles économiques, leurs impacts sur les structures socio-économiques existantes, ou les défis associés à la transformation des systèmes de valeurs dominants. Quant à la levée des contraintes, cela pourrait se faire par des actions politiques, des innovations sociales ou des changements de mentalités. Les acteurs qui possèdent ce qui a de la valeur dans ces contextes sont les détenteurs de capital, les élites politiques, ou tout groupe ayant un pouvoir de persuasion ou de mobilisation significatif. Les enjeux de ces modèles économiques peuvent inclure la répartition du pouvoir et des ressources, les relations de domination, et l'accès aux biens et services. Les freins de domination, quant à eux, incluent les structures de pouvoir existantes, les obstacles institutionnels ou les résistances culturelles. Enfin, les tensions sociales et écologiques sous-jacentes qui influencent ces modèles économiques peuvent être liées à l'exploitation des ressources naturelles, à l'inégalité sociale, à l'instabilité politique, et aux conflits autour de la répartition des ressources et des bénéfices.

	Capitalisme responsable	**Économie de la fonctionnalité**	**Économie de la mutualisation**	**Économie circulaire**	**Décroissance**	**Économie stationnaire**
Contraintes principales	Maintenir la rentabilité	Adapter le modèle économique	Instaurer la confiance	Mettre en place une logistique adaptée	Réduire la dépendance à la croissance	Planifier de manière efficace et équitable
Zones d'incertitude	Pérennité des engagements	Viabilité à long terme	Durabilité des plateformes	Coût de la mise en œuvre	Impact économique	Flexibilité et réactivité aux changements
Levée des contraintes	Transparence et éducation	Innovation et modularité	Coopération et régulation	Technologies et incitations	Réorientation culturelle et politique	Participation et gouvernance démocratique
Acteurs qui possèdent ce qui a de la valeur	Entreprises responsables	Prestataires de services	Membres de la communauté	Producteurs écoconçus	Collectivités locales	État et institutions planificatrices
Enjeux et freins de dominations	Résistance au changement	Complexité technique	Centralisation des données	Limites de la recyclabilité	Résistance économique	Centralisation du pouvoir
Tensions sociales et écologiques sous-jacentes	*Greenwashing* et inégalités	Inégalités d'accès aux services	Partage inéquitable des ressources	Gestion des déchets et matériaux	Perte de compétitivité	Bureaucratie et inefficacités possibles

Chaque modèle économique opère sous une contrainte principale. Cette contrainte, pour être socialement valorisée, doit se situer dans un environnement propice qui encourage son acceptation au sein de la société. C'est précisément là que réside l'importance de reconsidérer la valeur que nous attribuons aux choses dans notre société, pour que ces contraintes ne soient plus perçues comme des obstacles, mais plutôt comme des leviers de changement.

La contrainte économique et le meilleur des mondes consuméristes

Même si ces modèles économiques peuvent sembler offrir une alternative séduisante au paradigme capitaliste dominant et incarner une certaine forme de changement, nous devons être conscients que le monde ne changera pas si facilement ni si rapidement. Les structures de pouvoir et les inégalités socio-économiques inhérentes à notre société actuelle persistent. Elles ne disparaissent pas simplement, mais se réinventent et s'adaptent à ces nouveaux contextes. Ainsi, ceux qui ont le plus de pouvoir et de ressources dans le système capitaliste ont encore la capacité de choisir ou d'imposer leurs contraintes à d'autres, même dans le contexte d'une révolution anthropologique potentielle.

L'impact concret des modèles économiques sur notre monde

Dans cette perspective, le tableau ci-contre cherche à mettre en lumière les enjeux inhérents à chaque modèle et à évaluer dans quelle mesure ils parviennent à concilier les aspirations des individus (citoyens, usagers, utilisateurs, consommateurs) avec la nécessité d'un appui institutionnel pour favoriser une transformation économique durable et socialement équilibrée.

D'un point de vue anthropologique, le capitalisme responsable cherche à intégrer des dimensions sociales et environnementales à la valeur financière classique. Ainsi, des entreprises comme Patagonia mettent l'accent sur la durabilité et la responsabilité sociale tout en maintenant un modèle économique en croissance. Toutefois, ils préservent une dynamique de possession individuelle et une structure de pouvoir hiérarchique.

Avec ces modèles, on nous présente une société où la consommation n'a pas disparu, mais a seulement évolué[21]. Par exemple, l'économie de la mutualisation génère des inégalités d'accès aux ressources et aux produits, exacerber les divisions sociales si certaines plateformes de partage sont mal conçues ou mal régulées[22], et même encourager la surconsommation si les utilisateurs ne sont pas conscients de l'impact environnemental de leur consommation partagée[23]. Autre exemple avec l'économie de la fonctionnalité qui favorise l'obsolescence programmée, car les produits sont conçus pour durer moins longtemps, incitant les consommateurs à renouveler fréquemment leurs abonnements[24]. De plus,

	Capitalisme responsable	**Économie de la fonctionnalité**	**Économie de la mutualisation**	**Économie circulaire**	**Décroissance**	**Planification pour atteindre une économie stationnaire**
Formes de la valeur	Monétaire et marchande	Valeur d'usage	Valeur d'usage et de partage	Valeur écologique	Valeur intrinsèque	Valeur sociale et environnementale
Dynamique de possession	Propriété individuelle	Accès temporaire aux ressources	Propriété collective	Cycle de vie prolongé	Propriété réduite (individuelle ou collective)	Régulation étatique
Risques de dépossession	Précarité économique	Dépendance aux prestataires, obsolescence programmée	Perte de contrôle, inégalité d'accès	Obsolescence programmée	Désinvestissement matériel	Centralisation des décisions
Remise en question des systèmes de pouvoir	Faible, maintient le statu quo	Modéré, reconfiguration des acteurs économiques	Modéré, répartition du pouvoir	Modéré, valorisation de l'écologie	Forte, critique du capitalisme	Forte, refonte du système économique
Opportunités d'autonomie et d'organisation sociétale plus horizontale	Limitées : coopératives, initiatives locales	Augmentation du partage et de la coopération, réseaux locaux	Renforcement des liens communautaires, gouvernance partagée	Sensibilisation à l'écologie, initiatives locales	Autonomie locale, simplicité volontaire, coopération et solidarité	Décentralisation possible, gestion démocratique des ressources, initiatives locales

cette approche peut renforcer la dépendance envers les entreprises et les fournisseurs de services, réduisant l'autonomie des consommateurs[25]. Enfin, l'économie circulaire, elle, entraîne des contraintes environnementales si les processus de recyclage et de réutilisation consomment davantage d'énergie et de ressources que les processus de production traditionnels[26]. De plus, elle peut créer des défis sociaux, tels que la perte d'emplois dans les industries liées à la production et la distribution de biens neufs[27].

Dans les modèles économiques basés sur la mutualisation et la fonctionnalité, les entreprises peuvent se retrouver dépendantes des autres acteurs de l'écosystème, notamment des consommateurs et des fournisseurs de services. Cette dépendance a des conséquences positives, mais entraîne aussi des défis à relever pour assurer la pérennité et l'adaptabilité des entreprises. Dans le cas de la mutualisation des contenants alimentaires, par exemple, les entreprises qui fabriquent ces contenants sont tributaires de la demande des consommateurs. En même temps, elles dépendent aussi des acteurs qui gèrent l'hébergement, la circulation et le nettoyage de ces contenants. Ce mode de fonctionnement semble positif pour toutes les parties prenantes : les fabricants produisent de nouveaux contenants, d'autres acteurs gèrent la logistique, et les consommateurs continuent à consommer sans changer leurs habitudes.

Cependant, si la mutualisation conduit progressivement à une diminution de la demande de contenants, les entreprises devront adapter leur production et peut-être même la réduire en fonction du marché. Cette adaptation peut entraîner des conséquences économiques et sociales pour les entreprises, telles que la perte d'emplois, la diminution des revenus et l'incertitude sur la viabilité à long terme de leur modèle économique. De plus, les entreprises engagées dans des modèles de mutualisation ou de fonctionnalité deviennent parfois dépendantes des autres acteurs pour des questions de logistique, de régulation ou de technologie. Cette dépendance limite alors leur autonomie et leur capacité à innover et à s'adapter rapidement aux évolutions du marché.

Dans le cadre du capitalisme responsable, certains modèles mutualistes sont également intégrés. Prenons l'exemple de McDonald's, qui a fait le choix d'adopter des pratiques plus durables en matière de gestion des emballages. Depuis début 2023 en France, l'enseigne de restauration rapide teste la vaisselle réutilisable dans ses restaurants : l'iconique barquette de frites en carton rouge avec son liseré jaune est ainsi devenue un joli objet en plastique rouge, qui reprend tous les « codes traditionnels McDo » et qui est lavable et réutilisable environ cinquante fois. Les nouveaux produits ont eu un succès immédiat car environ 30 % de cette nouvelle vaisselle est volée par les clients, en souvenir[28], même si l'impact écologique positif reste à démontrer (durée de vie limitée des produits, transport et nettoyage, etc.)[29]. Plusieurs obstacles doivent encore être surmontés, notamment les défis logistiques, le respect des normes d'hygiène, l'acceptation des consommateurs et la mise en place de régulations adéquates. Il convient de noter que l'adoption de ces systèmes sans imposer de contraintes majeures aux consommateurs peut entraver leur capacité à s'adapter aux changements indispensables aux enjeux socio-écologiques.

Sans oublier que l'économie de la fonctionnalité peut engendrer de nouvelles tensions sociales entre ceux qui bénéficient de l'économie servicielle et les autres, moins visibles, qui doivent faire en sorte que tout fonctionne. Cette situation crée une division entre les travailleurs des services (responsable commercial, community manager, etc.), souvent mieux rémunérés et valorisés, et ceux dits du « back-office », qui assurent le bon fonctionnement des infrastructures et des services sans être directement en contact avec les clients. Ces travailleurs invisibles, tels que les techniciens de maintenance, les agents d'entretien ou les opérateurs logistiques, sont essentiels pour assurer la continuité des services dont nous dépendons au quotidien. Pourtant, ils sont souvent moins bien rémunérés et moins valorisés que leurs homologues du secteur des services. Cette situation mène souvent, à terme, à une polarisation de la société et à une lutte des classes entre les travailleurs des services et ceux du « back-office »[30].

L'imposition inégale des contraintes structurelles

Ce sont ceux qui détiennent le pouvoir qui, en réalité, définissent les nouvelles normes de société et, par conséquent, font disparaître les contraintes évoquées précédemment. En se penchant sur la redistribution des forces en termes de possession, on comprend mieux les dynamiques de pouvoir et l'impact que ces modèles économiques et ces changements de perception de la valeur des choses ont sur l'ensemble de la société.

Pouvoir	Rôle des États	Rôle des politiques	Rôle des ONG	Rôle des entreprises	Rôle des citoyens	Zones d'incertitudes associées
Définition des règles d'accès aux matières premières	Établir des régulations et des quotas d'accès	Établir des régulations et des quotas d'accès	Sensibiliser et informer sur les enjeux	Se conformer aux régulations et pratiques durables	Militer pour un accès équitable et durable aux ressources	Capacité à se réformer, à changer ses habitudes rapidement
Définir la valeur des choses	Fixer des prix justes et des taxes	Encourager des politiques fiscales équitables	Promouvoir une consommation responsable	Proposer des produits et services à valeur ajoutée	S'orienter vers une consommation plus consciente	Viabilité socio-économique
Savoir-faire et expertise des modèles économiques	Financer et soutenir la recherche et l'innovation	Promouvoir des politiques de transition	Partager les meilleures pratiques et les connaissances	Innover et adopter des modèles durables	S'engager dans l'apprentissage et l'éducation	Acceptation collective du renoncement
Capitalisation sur les infrastructures existantes	Investir dans la modernisation et l'adaptation	Soutenir des projets d'infrastructures	Identifier les opportunités de réutilisation	Adapter et réutiliser les infrastructures existantes	Utiliser les infrastructures de manière responsable	Avoir accès aux marchandises (matières premières, choses)
Développement d'infrastructures décentralisées	Soutenir et financer des projets locaux	Encourager la décentralisation énergétique	Accompagner les initiatives locales	Participer à la création d'infrastructures locales	S'impliquer dans des projets communautaires	Capacité et volonté d'être indépendant vs être adossé au système dominant

Le tableau précédent fournit une vue d'ensemble des interactions et des rôles des différents acteurs clés impliqués dans la transformation vers un système socio-écologique soutenable et résilient. Chaque acteur possède des responsabilités et des fonctions déterminantes. Les États, par exemple, sont chargés de la régulation et du soutien financier, les politiques proposent et favorisent les lois de transition, tandis que les ONG sensibilisent le public aux enjeux et encouragent une consommation responsable. Les entreprises doivent adhérer aux régulations et aux pratiques durables, tandis que les citoyens sont appelés à se mobiliser pour un accès équitable aux ressources et à se tourner vers de nouvelles pratiques de consommation.

Cependant, les acteurs présentés dans le tableau ne possèdent pas tous les mêmes poids et capacités d'influence, autrement dit, les super-pouvoirs ne sont pas équitablement distribués. Prenons l'exemple de l'accès aux matières premières. David Graeber nous expose les dynamiques complexes de pouvoir en jeu. Tous les acteurs ont un rôle, mais leur influence peut varier grandement. Le cas de l'industrie du cobalt en est un modèle parfait. Bien que des régulations soient en place pour garantir une exploitation responsable, l'application de ces régulations est souvent difficile[31]. Les ONG jouent un rôle majeur dans la sensibilisation, mais leur influence est limitée par leur manque de pouvoir législatif. Les entreprises, pour leur part, cherchent le plus souvent à minimiser les coûts en contournant les régulations[32]. Quant à la question des habitudes, le changement est souvent difficile à opérer. Même si certains sont conscients des enjeux, les contraintes comme les prix, la disponibilité des produits et les pressions sociales font prévaloir les choix les plus pratiques et économiques. Concernant la capitalisation sur les infrastructures existantes, les travaux de Bruno Latour nous montrent que les acteurs ont des rôles variés et souvent inégaux. Ces disparités peuvent entraver l'efficacité des stratégies d'optimisation des infrastructures. Le commerce équitable dans l'industrie du café illustre ce point. Malgré une sensibilisation croissante, certains obstacles comme le coût plus élevé des produits équitables ou leur disponibilité limitée découragent le choix de la consommation responsable.

En définitive, les dynamiques de pouvoir entre les acteurs clés – États, politiques, ONG, entreprises et citoyens – façonnent de manière inégale les nouvelles normes de société, compliquant de fait, tant l'acceptation collective du renoncement, qu'un changement plus global des habitudes de vie occidentales. Gardons dans notre champ de vision les zones d'incertitude associées à ce processus de transformation et à la répartition de ces nouveaux super-pouvoirs, car celui qui maîtrise la zone d'incertitude est le seul à être véritablement puissant.

Les fondements d'une nouvelle manière de faire société

Faire le deuil de la société telle que nous la connaissons est une étape cruciale pour accepter que le monde change et pour être prêt à embrasser ces bouleversements. En termes de contraintes, le prisme anthropologique nous invite à reconsidérer l'interaction entre les impératifs capitalistes et les urgences socio-environnementales. Ces deux systèmes de contraintes, loin d'être en opposition, s'entrecroisent et se reflètent. L'inévitabilité de cette convergence ouvre la voie à la contemplation d'une alternative viable à notre modèle économique actuel, une alternative qui soit à la fois équitable sur le plan social et respectueuse des limites écologiques de notre Terre.

La fin d'un modèle unique

Même s'il est difficile de prévoir l'avenir de notre société, regarder le passé nous permet de relativiser l'ampleur des changements à venir, tout en nous faisant prendre conscience de la complexité du dessein qui nous attend. Ainsi, tous les changements qui ont accompagné l'après-guerre ont participé tant à la destruction du vivant, qu'à l'amélioration des conditions de vie d'une grande partie de la population occidentale[1]. À ce sujet, l'analyste politique Marian L. Tupy et le professeur associé de gestion des entreprises à l'université Brigham Young-Hawaii Gale L. Pooley affirment même dans leur ouvrage *Super Abundance*[2] que l'humanité a connu une amélioration continue de ses conditions de vie grâce à la croissance démographique, aux innovations technologiques et à l'abondance des ressources naturelles. Les auteurs soutiennent que les perspectives futures sont également positives, avec des avancées technologiques qui permettront de surmonter les défis écologiques et économiques actuels.

Dès lors, face à la question des contraintes, une interrogation se pose : si les générations précédentes ont su s'acclimater à la société de consommation qui a émergé dans la seconde moitié du XXe siècle, ne sommes-nous pas, nous aussi, capables de nous adapter à un monde post-carbone, respectueux des contraintes sociales et environnementales qui se font de plus en plus pressantes ?

L'époque d'une monolithique et uniforme société touche à sa fin, condition *sine qua non* pour induire des transformations sociétales profondes. Ce postulat nous invite à une introspection collective sur la façon dont notre interaction avec les contraintes émergentes orientera notre destin commun. Face à l'amoncellement des contraintes, trois scénarios qui sont en réalité des récits de nos réactions potentielles face à l'urgence socio-écologique se dessinent. Ils tracent trois chemins distincts, d'une sagesse variable, que nous pourrions emprunter en fonction de notre habilité à percevoir ces contraintes sous un angle systémique.

L'effondrement

Ce scénario envisage le déclin et l'effondrement du système capitaliste dominant, non pas par un rejet volontaire, mais par une incapacité à reconnaître et à intégrer des contraintes sociales et environnementales critiques dans son fonctionnement. Cela se traduit par une cécité persistante envers la gravité des défis écologiques et sociaux auxquels nous sommes confrontés, empêchant ainsi la refonte nécessaire de notre modèle économique et social. Dans ce contexte, les contraintes deviennent insurmontables et provoquent l'effondrement de l'architecture économique et sociale telle que nous la connaissons, entraînant des conséquences potentiellement désastreuses pour l'ensemble de la société et pour notre planète.

Plus précisément, l'effondrement est une hypothèse dans laquelle les systèmes économiques, sociaux et politiques subissent des ruptures majeures entraînant des crises localisées menant à une crise généralisée. Les chaînes d'approvisionnement et les infrastructures essentielles sont alors gravement affectées, les gouvernements sont incapables de faire face aux crises, et il en résulte un chaos économique et social à grande échelle. Les travaux, notamment de Pablo Servigne, ont largement contribué à populariser ce scénario[3] : il met en évidence les limites de notre système et les risques d'un effondrement systémique global. L'économiste français Victor Court affirme à ce sujet, que la désagrégation de l'État n'a jamais entraîné ipso facto une plongée dans la barbarie. Sans nier la violence et la prédation de ce scénario, il explique, que dans certains effondrements passés, « abandonner l'État pouvait au contraire être vécu comme une émancipation puisque cela impliquait de ne plus être contraint au paiement des impôts, au travail forcé, à la conscription ou à une mort au combat[4] ».

L'effondrement est un sujet d'actualité qui plaît car il met en lumière les fragilités de notre société et incite à repenser notre mode de vie et nos priorités. La prise de conscience des enjeux environnementaux et sociaux contribue également à l'intérêt croissant pour cette théorie. De plus, le contexte de crises successives (économiques, écologiques, sanitaires) renforce la pertinence du sujet et suscite l'attention du grand public. Cependant, les théories de l'effondrement sont également controversées. Certains critiques estiment que ces scénarios sont trop catastrophistes et ne prennent pas suffisamment en compte la capacité d'adaptation et de résilience des sociétés humaines. D'autres considèrent que l'effondrement est un concept trop vague et imprécis pour être utilisé de manière constructive dans la recherche de solutions.

Le délitement

Le scénario du délitement peut être vu comme un comportement d'évitement face aux contraintes imminentes. Il incarne la posture de l'autruche, où les sociétés, en choisissant d'ignorer ou de minimiser les défis et les contraintes à venir, se retrouvent désemparées lorsque ces contraintes se matérialisent en crises ou en changements majeurs. Dans un tel contexte, la réponse à ces crises est souvent dictée par les lois du « chacun pour soi » et de la survie du plus apte, plutôt que par une action collective et coordonnée. Les individus ou groupes qui réussissent à s'adapter rapidement et efficacement à ces nouvelles contraintes émergentes prennent le pouvoir, souvent au détriment des autres. Cette situation risque d'engendrer une société fragmentée, marquée par l'inégalité, l'instabilité et la concurrence pour l'accès aux ressources limitées.

Le délitement correspond à un affaiblissement progressif et continu des structures sociales, économiques et politiques. Dans ce scénario, les inégalités sociales et économiques s'aggravent, les infrastructures et les services sociaux se détériorent, et les tensions sociales augmentent. Un exemple de délitement peut être observé dans certains pays en développement, où la croissance économique rapide s'accompagne d'une répartition inégale des richesses et d'une dégradation de l'environnement[5].

Dans ce modèle, il n'y a pas d'effondrement brutal, mais plutôt un désagrégement progressif des sociétés. Victor Court montre que de nombreux exemples de désagrégations lentes existent, où les institutions et l'État sont principalement touchés, sans pour autant rendre les populations malheureuses[6]. Selon ce schéma, les sociétés s'adaptent en réaction à des changements de contexte. Certains États résistent et s'adaptent, tandis que d'autres échouent. Lorsqu'un État montre des signes de faiblesse, son gouvernement se désagrège progressivement, la population s'autonomise ou s'enfuit, et finalement, son territoire est absorbé par d'autres nations voisines. Les violences liées à ce processus dépendent de l'intensité des perturbations climatiques et de la capacité d'adaptation des États.

La cohabitation

Le scénario de la cohabitation reflète l'idée que différentes contraintes prévalent selon les conditions spécifiques de chaque territoire. Cette prédominance de l'une ou l'autre de certaines contraintes – qu'elles soient économiques, énergétiques ou écologiques – est le fruit de l'interaction unique entre les conditions environnementales, les ressources disponibles et les caractéristiques socioculturelles des populations locales. En conséquence, les réponses apportées à ces contraintes peuvent varier considérablement d'un lieu à l'autre, donnant naissance à une mosaïque de modes de vie et de systèmes économiques coexistant au sein d'un même monde. Chaque territoire devient alors le théâtre de ses propres défis et solutions, créant un paysage mondial diversifié mais interconnecté.

La cohabitation, ou société composite[7], est un scénario dans lequel différents modèles de vie et de gouvernance coexistent au sein d'un même territoire. Les recherches en géographie, notamment celles portant sur l'archipélisation des territoires, abordent également cette idée de fragmentation et de cohabitation de diverses entités sur un même espace géographique[8]. Philippe Descola aborde, dans ses travaux, la notion de société composite et plaide pour une diversité des manières de faire société[9], lorsqu'il évoque la possibilité d'une « cosmopolitique nouvelle mondial d'États sobres et fonctionnant selon le principe d'une démocratie continue, c'est-à-dire établie sur la participation personnelle des citoyens à l'action publique[10] ». D'après lui, les États pourraient même prendre part à la défense des communs ayant un statut de personnes morales (les grands fleuves, les glaciers, etc.). Il cite notamment l'Italie du Moyen Âge comme modèle de fonctionnement inspirant. L'Italie médiévale présentait une mosaïque complexe de structures politiques et sociales, comprenant des principautés, des cités-États, des royaumes, des républiques, des milices et des réseaux mercantiles. Les entités interagissaient et coexistaient de manière fluctuante, façonnées par des intérêts économiques, politiques et culturels divers : autrement dit les contraintes façonnent les entités. Les relations entre ces acteurs étaient en constante évolution, donnant lieu à des alliances et des rivalités. De manière similaire, les États du Sud-Est asiatique étudiés par l'anthropologue américain James C. Scott ont révélé un fonctionnement comparable. Ces États sont également composés d'entités politiques variées, parfois en conflit, mais aussi capables de coopérer. Cette complexité et cette fluidité politique ont façonné les dynamiques de pouvoir et les interactions entre les différentes structures, contribuant à la richesse culturelle et à la diversité de ces régions[11].

Philippe Descola souligne que la coexistence de différents modes de vie et de gouvernance peut engendrer des synergies et des échanges fructueux, tout en permettant une adaptation plus souple aux enjeux socio-écologiques. Le scénario de la cohabitation offre donc un tableau plus nuancé de notre avenir potentiel, où l'unité ne signifie pas nécessairement l'uniformité, et où la diversité est source de résilience et d'adaptation.

Et si le capitalisme n'était qu'une option parmi d'autres ?

L'avenir, contrairement à une ligne tracée prédéterminée, est plus semblable à un carrefour de voies potentielles. La direction que nous prendrons sera dictée par notre capacité à comprendre les contraintes non pas comme des obstacles isolés, mais comme un entrelacement de forces interconnectées. C'est en ce sens que la contrainte est perçue comme le point d'intersection entre plusieurs systèmes de valeurs, notamment entre celui du capitalisme, et les autres qui restent à inventer.

Se plonger dans une anthropologie des contraintes, c'est ouvrir des portes pour repenser la diversité culturelle et identifier les nouvelles structures sociales en devenir. C'est une manière d'aborder le futur, en prenant conscience de la richesse et de la complexité de notre société, et même de notre humanité.

Cependant, malgré les données recueillies et les diverses recherches sur ces scénarios (tableau ci-contre), il est essentiel de souligner qu'il est impossible de déterminer avec certitude lequel se révélera le plus probable à court, moyen ou long terme. Cela dépendra d'une multitude de facteurs, rendant l'avenir intrinsèquement incertain et imprévisible.

Néanmoins, à court terme, le scénario le plus plausible semble être le délitement de la société, en raison de l'aggravation des crises socio-écologiques et politiques et de l'escalade des tensions entre diverses structures sociétales. Cela découlerait principalement de la méconnaissance des impacts potentiels des contraintes, et de la non-instauration de nouvelles contraintes, tout comme de la poursuite effrénée du capitalisme. Cependant, la concrétisation

Scénarios	Risques/ Conséquences	Guerre (accès aux ressources)	Catastrophes naturelles (accès aux ressources)	Fracture (sociale, écologique, climatique, politique)
Délitement	– Aggravation des inégalités sociales et économiques – Affaiblissement des infrastructures et services sociaux – Tensions sociales croissantes	– Risque modéré : compétition pour les ressources limitées, mais pas de conflit ouvert – Pression sur les ressources locales en raison de l'inaction écologique	– Augmentation des catastrophes naturelles liées au changement climatique – Dégradation des écosystèmes	– Polarisation croissante entre riches et pauvres – Défiance envers les institutions politiques et dégradation de la cohésion sociale
Effondrement	– Ruptures majeures dans les chaînes d'approvisionnement et infrastructures essentielles – Incapacité des gouvernements à faire face aux crises – Effondrement économique et social à grande échelle	– Risque élevé : conflits pour les ressources devenant critiques pour la survie des nations – Accroissement des tensions géopolitiques	– Catastrophes naturelles dévastatrices – Dégradation irréversible des écosystèmes	– Effondrement des structures politiques – Crises humanitaires et migrations massives
Cohabitation	– Multiplicité de modèles de vie et de gouvernance – Fragmentation des territoires – Inégalités entre les différentes zones géographiques et sociales	– Risque variable : coopération et conflits locaux pour les ressources, en fonction des contextes – Dépendance des ressources entre les différentes zones géographiques	– Adaptation locale aux catastrophes naturelles, avec des résultats variables en fonction des ressources et des capacités disponibles	– Différences marquées entre les zones ayant réussi à s'adapter et celles restées en marge du changement – Tensions politiques entre les différentes zones géographiques et sociales

de ce scénario dépendra de la capacité des gouvernements et des citoyens à coopérer et à instaurer des politiques appropriées.

À moyen terme, on pourrait observer une combinaison de modèles, où certaines régions tenteraient la cohabitation, tandis que d'autres continueraient à subir l'effondrement ou le délitement. Cela représenterait une solution intermédiaire reflétant la diversité de l'intégration des contraintes parmi les territoires ou les États. Les avancées technologiques, les politiques gouvernementales et les mouvements sociaux auront un rôle déterminant dans l'établissement de la trajectoire future de nos sociétés.

Sur le long terme, si des efforts concertés sont entrepris pour favoriser la durabilité et la justice sociale, le scénario de la cohabitation pourrait devenir plus probable. Dans cette optique, différentes structures sociétales coexisteraient, échangeant des biens et des services de manière plus équitable et durable. Il apparaît comme le modèle le plus cohérent, ou tout du moins celui qui permet de nous projeter le plus aisément dans un monde de nouvelles contraintes. Dans cette société où la valeur des choses est changeante, c'est précisément là que la révolution anthropologique pourrait se produire.

Quel que soit le scénario ou la combinaison de scénarios à venir, réinventer nos modes de vie ne nécessite pas seulement de repenser nos modèles de société, mais avant tout de changer le regard que l'on porte sur notre vie et sur le monde qui nous entoure. Par exemple, la philosophe française Cynthia Fleury avec sa charte du Verstohlen[12], propose une ode à la furtivité dans *Ce qui ne peut être volé*[13]. Il s'agit d'un texte qu'elle a coécrit et qui pose les bases intellectuelles d'une nouvelle forme de combat politique afin non pas de fuir la société, mais de « créer dans les entrelacs des abandons, des fatigues, des blessures et des vexations, le renouveau nécessaire à l'élaboration des futures légitimités, celles qui continueront de guider les grandes et petites histoires, individuelles et civilisationnelles[14] ». Cette résistance traduit une crise de la croyance en nos institutions, et donc dans le politique. D'autres chercheurs, comme David Graeber étudient différentes formes de résistance qui, dans des contextes socioculturels spécifiques, permettent d'identifier des modèles de société variés. Des sociétés qui reposent sur d'autres modes de gouvernance que la nôtre : sociétés sans État, chefferie, pouvoir matriarcal, etc.

La diversité caractérise l'histoire de notre humanité. C'est un enjeu de survie, pour nous comme pour toutes les autres espèces vivantes de notre planète. C'est l'enseignement le plus élémentaire de l'anthropologie. À tel point que le premier cours que j'ai eu à mon arrivée à l'université s'appelait : *Diversité des cultures et unité de l'Homme*[15]. Même si l'Homme a toujours transformé son environnement, depuis le début de la Révolution industrielle, la diversité est en danger. Le paléontologue français Pascal Picq l'a très bien montré, dès 2013, dans son ouvrage *De Darwin à Lévi-Strauss. L'homme et la diversité en danger*[16]. Charles Darwin comme Claude Lévi-Strauss, à cent ans d'écart, se font les deux témoins conscients de la perte de diversité qu'engendre l'expansion humaine. Une perte de diversité à la fois naturelle (biodiversité), domestique (agriculture) et culturelle (langage, mode de vie, cultures autochtones) qui met en danger l'ensemble des êtres vivants de notre planète.

Dans la situation actuelle, que l'on peut qualifier de crise des contraintes[17], il convient de ne pas parler uniquement de diversité génétique, sociale ou culturelle, mais également de diversité des structures de la société. Car ne penser qu'en termes d'État-nation et/ou de pouvoir unique questionne la viabilité du futur de nos sociétés. Face aux échecs des systèmes globalisants du XXe siècle, il devient nécessaire de questionner la pertinence non pas d'un mais de plusieurs systèmes. Échapper à une dictature verte, à la montée de l'autoritarisme ou à toute nouvelle forme de domination, nécessite d'aller observer différemment et ailleurs. Mais également d'identifier les éléments d'une pensée du « non-gouvernable » qui entend dépasser l'insurrection des consciences[18], ou encore la simple critique du capitalisme. Si nous ne le faisons pas pour nous, faisons-le pour les autres : nos descendants ou les cultures non occidentales ; afin de laisser la possibilité aux générations futures de choisir leurs voies de progrès.

*

Modifier notre relation au monde nécessite une diversité de modes de pensées. C'est pourquoi nous devons célébrer cette diversité culturelle, encourager l'esprit critique et promouvoir une politique d'émancipation radicale. Cependant, ne nous laissons pas séduire par les illusions portées par les nouveaux systèmes économiques et les nouvelles façons de structurer nos sociétés : l'évolution du monde ne signifie pas que les règles du jeu changeront complètement. Le pouvoir et les systèmes de domination évoluent, changent parfois de mains et participent même à redéfinir les structures de possession, mais ils continuent d'exister.

En observant les contraintes qui façonnent notre société actuelle, nous pouvons anticiper les défis à venir. En grattant le vernis social et culturel qui enrobe notre vision actuelle du monde, nous sommes capables de discerner le fondement essentiel sur lequel la révolution anthropologique pourrait s'ériger. L'acceptation des contraintes devient alors une étape cruciale, nous permettant de discerner la complexité de notre défi collectif.

DEUXIÈME PARTIE

Le tabou carbonique

Tabou carbonique : *norme culturelle qui pourrait être instaurée pour rendre inacceptables les comportements nuisibles à l'environnement, au climat et donc au vivant.*

Le tabou carbonique illustre la précarité de notre condition humaine. Il met en relief notre vulnérabilité face aux conséquences de nos propres actions et notre interdépendance avec l'écosystème qui nous entoure. Cette nouvelle norme sociale, qui doit émerger en réponse à une crise socio-environnementale mondiale, illustre la responsabilité collective dans la préservation de notre habitat terrestre. Elle signale un tournant dans l'évolution culturelle de l'humanité, un moment où l'instinct de survie et la responsabilité écologique s'unissent pour transformer les structures normatives de la société.

L'étude de l'émergence du tabou carbonique est une étape anthropologiquement fascinante dans la trajectoire de l'espèce humaine. C'est un tournant socioculturel inédit qui, s'il advient, signera une prise de conscience collective face à l'urgence écologique. L'instauration potentielle de cette norme attesterait de la capacité humaine à conceptualiser et à mettre en place des stratégies de survie à grande échelle, redéfinissant ainsi les codes culturels traditionnels de notre interaction avec l'environnement en Occident.

Le tabou carbonique pourrait être l'étincelle déclenchant un changement anthropologique majeur. Cette révolution anthropologique, cette métamorphose culturelle, a le potentiel de devenir la pierre angulaire d'une société réimaginée.

C'est l'espoir de passer d'une société de contraintes subies à une mue sociétale, culturelle, dans laquelle la contrainte est acceptée, conscientisée et fondée culturellement.

Contraintes et tabou

Le tabou carbonique, en instaurant une norme culturelle forte, aurait le potentiel de structurer des réponses pertinentes face à la crise sociale et climatique. Il offrirait un cadre simplifié pour aborder les changements nécessaires, en transformant les multiples contraintes d'une société en permacrise en une nouvelle ontologie, c'est-à-dire en une nouvelle manière de comprendre et d'interagir avec le monde. Cette perspective poserait l'existence future du tabou carbonique, envisageant que la société en fasse un tabou universel et mute en conséquence. Cette mutation orienterait tout ce qu'elle produit et abrite dans le sens culturel d'une décarbonation globale. Ainsi, les efforts de changements socio-écologiques pourraient être rendus plus accessibles et compréhensibles pour tous, offrant un terreau plus fertile pour leur acceptation et leur mise en œuvre.

L'anthropologie peut souvent se comparer à une danse sur une corde raide. Elle nomme les afflictions sociétales en illuminant les mécanismes inconscients qui façonnent nos modes de vie. Parfois, elle fait des hypothèses et se laisse guider par l'instinct pour déceler, dans les interstices de la banalité et de nos routines quotidiennes, des enjeux plus vastes. Un détour anthropologique pourrait mettre en perspective des éléments apparemment insignifiants et dispersés. Ce pari, qui est comme l'espérance fervente d'une anthropologie parfois teintée d'utopie, est celui du tabou carbonique. Le tabou carbonique est l'espoir d'un nouveau paradigme, d'une réorientation des valeurs et des comportements visant à préserver l'habitabilité de notre planète. C'est la manifestation d'une volonté collective de redéfinir et de restructurer notre société autour de l'urgence climatique.

Le tabou est un outil puissant pour orchestrer ce changement. Historiquement, le tabou a toujours été étroitement lié à la notion de contrainte. Les tabous incarnent et matérialisent les limites imposées par une culture, établissant un lien direct entre les croyances, les sentiments intimes des individus et l'organisation de la société. Ils dessinent les frontières de ce qui est socialement acceptable, en délimitant clairement les comportements à éviter.

Dans le contexte envisagé du tabou carbonique, les contraintes serviraient à canaliser nos actions vers un comportement plus respectueux et résilient de l'environnement, mais également des autres. Ce tabou, envisagé comme norme culturelle, condamnerait les actions et comportements nuisant à l'environnement, contribuant au réchauffement climatique et favorisant l'injustice sociale. Il s'agirait donc de bien plus qu'un simple interdit. Il serait un véhicule pour le changement social, une transition vers un nouveau paradigme où la préservation, non seulement de l'environnement, mais avant tout des conditions de vie sur Terre, deviendrait une valeur cardinale.

La fonction psycho-anthropologique du tabou

Le tabou sert de passerelle entre les contraintes individuelles et l'adhésion à des valeurs culturelles qui permettent de faire société : dans le cas du tabou carbonique, il s'agirait du pont entre les sentiments individuels d'urgence climatique et la restructuration de notre société pour maintenir l'habitabilité du monde.

Les penseurs du tabou

La sphère du tabou a été profondément explorée par une pléthore de chercheurs issus de multiples champs disciplinaires. Néanmoins, deux figures de proue se détachent dans cet univers intellectuel, éclairant notre compréhension du tabou avec leurs travaux respectifs : l'Autrichien et père de la psychanalyse, Sigmund Freud, et l'anthropologue français Claude Lévi-Strauss. Il convient de noter que leurs pensées ne se sont pas construites en vase clos. Au contraire, leurs travaux se sont nourris les uns les autres. Sigmund Freud et Claude Lévi-Strauss, bien qu'originaires de disciplines différentes, ont échangé et débattu, s'influençant mutuellement, pour affiner leur compréhension du tabou[1].

Sigmund Freud a examiné le tabou à travers le prisme de la psychanalyse. Il postule que les tabous naissent de la peur collective de l'inconscient, formant une frontière protectrice contre les pulsions de la psyché humaine. Ces contraintes, matérialisées par les tabous, agissent comme des mécanismes de défense face aux désirs inconscients et potentiellement déstabilisants. En ce sens, Sigmund Freud conçoit le tabou comme une tension entre les aspirations individuelles et les impératifs du vivre-ensemble[2].

Claude Lévi-Strauss, pour sa part, a envisagé les tabous sous un angle structuraliste. Il considère que ces interdits culturels façonnent l'architecture même de la société, créant une séparation essentielle entre ce qui est autorisé et ce qui est proscrit. Pour Claude Lévi-Strauss, les tabous sont une composante structurelle de la culture, servant de balises pour naviguer dans le labyrinthe complexe des interactions sociales. Ils fournissent un cadre de référence qui permet de maintenir l'harmonie et l'équilibre au sein de la communauté[3].

Ces perspectives, bien que divergentes, mettent toutes deux en lumière le rôle du tabou en tant que système de contraintes culturelles : Sigmund Freud le voit comme une médiation entre le moi et le surmoi, tandis que Claude Lévi-Strauss le perçoit comme une charpente invisible qui soutient la cohésion sociale.

Le tabou carbonique, en tant que norme culturelle qui rend inacceptables les comportements nuisibles à l'environnement, se situerait à l'intersection des idées de Sigmund Freud et de Claude Lévi-Strauss. Il incarnerait à la fois un mécanisme de défense contre une menace – la crise climatique – et un outil de structuration sociale – autour de la transition écologique. Du point de vue freudien, le tabou carbonique pourrait être perçu comme une réponse à une peur collective de l'autodestruction environnementale. Il fonctionne comme une contrainte qui empêche les actions susceptibles de nuire à notre écosystème, reflétant ainsi une forme de désir refoulé, c'est-à-dire notre propension à exploiter les ressources naturelles sans restriction. Dans le même temps, à la manière de Claude Lévi-Strauss, le tabou carbonique pourrait agir comme une structure sociale qui organise nos comportements et nos interactions avec l'environnement. Il établit une distinction claire entre les comportements acceptables et inacceptables en matière d'écologie, contribuant ainsi à la construction de nouvelles normes culturelles et sociales.

Le tabou carbonique se présente donc comme une forme de régulation du comportement humain face à la crise environnementale, qui combine la fonction psychologique de contrôle des désirs (dans une perspective freudienne) et la fonction sociale d'organisation de la société (dans une perspective lévi-straussienne). Il illustre la manière dont les sociétés humaines peuvent se mobiliser, à la fois sur le plan psychologique et social, pour répondre à une menace existentielle.

Des chercheurs tels que Mary Douglas[4] et le sociologue français Émile Durkheim[5] ont souligné l'importance du tabou comme mécanisme de régulation sociale et morale qui détermine les comportements, les attitudes et les valeurs des individus et des groupes. Les tabous sont des interdictions culturelles qui ont pour but de prévenir les transgressions potentiellement néfastes pour la société. Ils agissent comme des mécanismes de contrôle social et contribuent à maintenir l'équilibre entre les individus et leur environnement.

Les trois types de tabous anthropologiques

D'un point de vue anthropologique, il existe trois typologies principales de tabous. Tout d'abord, les tabous personnels, qui représentent des interdictions ou des restrictions qui s'appliquent à un individu spécifique en raison de ses croyances, de ses expériences ou de ses préférences personnelles. Ces tabous peuvent être liés à des convictions morales ou éthiques, à des traumatismes passés, à des phobies ou à des aversions personnelles (l'alimentation, les relations interpersonnelles ou les pratiques rituelles).

Ensuite, les tabous sociaux, eux, sont des interdictions ou des restrictions liées à des comportements, à des pratiques ou à des idées qui sont considérés comme inacceptables ou inappropriés dans un groupe, une société ou une culture donnée. Ces tabous sont souvent liés à des normes culturelles, des croyances religieuses ou des valeurs morales, et leur violation peut entraîner des sanctions sociales, comme l'ostracisme, la honte ou la réprobation de la part de la communauté (les relations familiales et sexuelles, les pratiques alimentaires, les rituels funéraires ou les comportements en public).

Enfin, les tabous universels représentent une interdiction ou une restriction qui est considérée comme inacceptable ou inappropriée dans presque toutes les sociétés et cultures du monde. Contrairement aux tabous sociaux et personnels, qui peuvent varier considérablement d'une culture à l'autre et d'un individu à l'autre, les tabous universels sont largement partagés et reconnus par l'ensemble de l'humanité. Les principaux tabous universels concernent l'inceste (interdiction des relations sexuelles entre membres proches de la famille), le cannibalisme (interdiction de manger la chair d'autres êtres humains), la nécrophilie (interdiction des relations sexuelles avec des cadavres) et le meurtre (interdiction de tuer d'autres êtres humains sans justification légale ou morale).

Aujourd'hui, le tabou carbonique demeure confiné dans certains milieux sociaux, notamment au sein des classes supérieures occidentales[6]. L'enjeu qui est mis en évidence ici est la transformation de ce tabou sectorisé en un tabou universellement accepté et adopté par la totalité de la société. Cette transition représente une transformation anthropologique profonde qui exige une refonte des structures de valeurs existantes. Il s'agit d'une traversée collective que nous devons initier, guidés par une aspiration partagée vers un avenir soutenable et équitable.

Les fondements du tabou carbonique

À chaque fois qu'un scandale écologique éclate, qu'une atteinte à la dignité humaine est mise en lumière ou qu'un événement quelconque vient secouer le discours du capitalisme responsable, c'est un fragment du monolithe capitaliste qui s'effrite. Dans les interstices, dans les failles du capitalisme tel que nous le connaissons, les fondations du tabou carbonique prennent racine. En effet, ces événements, loin de simplement affaiblir l'édifice du capitalisme, fournissent également un terreau fertile dans lequel germent les préceptes du tabou carbonique, stimulant une réflexion collective sur notre manière de vivre, de consommer et de respecter notre environnement.

La fin d'une société du tout illimité

Bien que le concept de tabou carbonique n'ait pas encore pleinement émergé, il offre une perspective pour redéfinir nos interactions avec le monde. Ce tabou propose un retour vers une société consciente de ses limites, contrastant avec les illusions d'abondance illimitée propagées par le capitalisme. Cette vision est le fruit d'une réflexion anthropologique sur le sens de la restriction et la finitude. Elle suggère un changement culturel significatif : passer d'un contexte marqué par la surconsommation et l'énergie débordante, héritage du XXe siècle, à une prise de conscience de nos contraintes et de la finitude des ressources. En somme, ce nouveau paradigme envisage une société définie par une relation équilibrée avec l'environnement plutôt que par la quête sans fin de l'accumulation.

La notion de limite est une construction culturelle qui varie d'une société à une autre, d'une aire géographique à une autre, ou encore d'une époque à une autre. Marshall Sahlins[7] l'a très bien montré, lorsqu'il décrit des sociétés traditionnelles qui ne connaissent pas la rareté des ressources, car elles sont en mesure de satisfaire l'ensemble de leurs besoins avec les moyens à leur disposition[8]. Il souligne dans ses travaux que les sociétés traditionnelles valorisent souvent d'autres formes de richesse que la seule richesse matérielle, telles que les relations sociales et la spiritualité.

L'idée d'une culture occidentale de la limite est liée à une réflexion sur les limites de la croissance économique et de la consommation de ressources naturelles, ainsi que sur les impacts de cette croissance sur l'environnement et les sociétés humaines. D'un point de vue anthropologique, cette culture de la limite s'inscrit dans une réflexion plus large sur les relations entre l'homme et la nature, et sur la manière dont les sociétés humaines peuvent être pensées en harmonie avec leur environnement. Les anthropologues qui travaillent sur les questions de modes de vie et de pratiques culturelles s'intéressent souvent aux sociétés non occidentales, dites traditionnelles, qui ont su s'adapter à leur environnement. Ces sociétés ont développé des modèles de subsistance et des structures sociales qui prennent en compte les limites écologiques, permettant ainsi une coexistence durable au sein de leur environnement.

Par exemple, le mouvement des villes en transition, initié par l'enseignant britannique en permaculture Rob Hopkins, est une initiative contemporaine qui vise à repenser nos modes de production et de consommation. Ce mouvement encourage la création de communautés locales résilientes, capables de s'adapter aux défis écologiques et économiques. Les villes en transition cherchent à promouvoir l'agriculture urbaine, l'économie circulaire et la réduction de la dépendance aux énergies fossiles, en s'appuyant sur la coopération et le partage des connaissances[9]. Les Inuits, eux, ont une culture qui valorise la sobriété et la modération pour survivre dans un environnement hostile, comme l'a étudié l'ethno-historien allemand Jean Malaurie[10]. Dernier exemple, avec les Aborigènes d'Australie, qui comme l'explique l'anthropologue américaine Deborah Bird Rose, ont une culture qui prône la relation harmonieuse entre les humains et la nature, la sobriété et la modération dans l'utilisation des ressources naturelles[11].

D'autres réflexions émergent également concernant les droits de la nature et des animaux. Ces questions mettent en exergue notre rapport au vivant et invitent à une réflexion profonde sur la place que nous accordons aux êtres non humains dans nos systèmes de valeurs et de droits. L'idée des droits de la nature s'appuie sur une perspective de biocentrisme ou écocentrisme, qui place toutes les formes de vie au centre de la valeur et de l'éthique. Des déclarations internationales, comme la Déclaration universelle des droits de la mère Terre adoptée lors de la Conférence mondiale des peuples sur le changement climatique et les droits de la mère Terre en 2010, témoignent de cette évolution de pensée[12]. Des pays comme l'Équateur ou la Bolivie ont même inscrit les droits de la nature dans leur constitution[13]. Parallèlement, le mouvement pour les droits des animaux a vu le jour au XXe siècle, défendant l'idée que les animaux, en tant qu'êtres sensibles, méritent une protection juridique contre la cruauté et l'exploitation. De nombreux philosophes et juristes tels que Peter Singer[14] ou Tom Regan[15] ont contribué à la théorisation de ces droits. Cette réflexion s'est traduite par la mise en place de lois pour la protection des animaux dans de nombreux pays, et par la reconnaissance des animaux comme « êtres sensibles » dans le droit de plusieurs pays européens.

Mais prendre en considération les limites socio-écologiques de notre environnement s'apparente souvent, pour beaucoup d'entre nous, à une baisse forcée de notre niveau de vie, qui est elle-même associée aux théories de la décroissance[16]. Cette simplification viserait, paradoxalement, à rendre plus complexe notre vie quotidienne (autoproduction, moins de déplacements, changement de régimes alimentaires, baisse de confort, etc.). Cette perception d'un mode de vie limité est corrélée au mythe de la rareté. Une notion qui a été développée en anthropologie économique pour décrire une croyance selon laquelle les ressources sont limitées et donc rares, ce qui justifie leur valorisation économique.

L'économie de marché et la croyance en la rareté des ressources ont conduit à une course à l'accumulation de richesses et de surplus, créant des inégalités économiques et sociales[17]. David Graeber souligne que les ressources ne sont pas nécessairement rares en soi, mais qu'elles sont souvent contrôlées par des élites économiques qui créent des pénuries artificielles pour justifier leur pouvoir et leur domination[18]. Comme l'explique le sociologue français Alain Caillé, la rareté, comme la limite que nous avons abordée précédemment, est une notion relative, qui varie en fonction des besoins et des usages sociaux. La rareté n'est donc pas une caractéristique intrinsèque des ressources naturelles, mais plutôt une construction sociale. Cette croyance en la rareté est utilisée pour justifier la logique de la concurrence et du profit, qui sous-tend l'économie de marché[19].

Un monde sans croissance mais pas sans progrès

L'économie de marché s'appuie sur deux notions qui vont de pair, celle de la croissance et celle du progrès. Initialement, ces concepts ont été formulés dans le sillage de la Révolution industrielle, s'inscrivant ainsi profondément dans l'imaginaire collectif des sociétés occidentales. Cependant, dans un monde confronté à une crise environnementale sans précédent, ces notions méritent d'être réévaluées.

Croissance et progrès

La croissance économique, mesurée conventionnellement par le produit intérieur brut (PIB), est souvent érigée comme une panacée. Cependant, son assimilation au progrès, conceptualisé comme une amélioration générale des conditions de vie, est contestée. Des penseurs tels que Tim Jackson[20] dans *Prospérité sans croissance* et Kate Raworth[21] avec son concept de *Donut Economics*, suggèrent que la croissance économique ne garantit pas le progrès, surtout si on prend en compte les limites de notre planète.

La croissance sans fin dans un monde fini est un oxymore, surtout lorsque cette croissance est étroitement liée à une consommation accrue de ressources naturelles et à la production de gaz à effet de serre. Ainsi, Tim Jackson et Kate Raworth plaident pour une redéfinition du progrès qui soit déconnectée de la croissance économique. Ils présentent une vision d'un monde où le progrès est mesuré non pas par la quantité de biens produits ou consommés, mais par des indicateurs de bien-être et de durabilité.

Ces idées trouvent un écho dans la notion de tabou carbonique. Ce dernier propose une rupture avec l'orthodoxie économique actuelle, en proposant une revalorisation de la limite et donc, de la contrainte. Il suggère que nous devrions passer d'une société de la croissance illimitée à une société qui reconnaît et respecte les limites de notre planète. Dans cette optique, la notion de progrès pourrait être repensée pour inclure des aspects tels que la durabilité environnementale, l'équité sociale et le bien-être général plutôt qu'uniquement la croissance économique.

C'est dans ce cadre rénové que le tabou carbonique pourrait s'inscrire, proposant une alternative viable à la poursuite sans fin de la croissance. Autrement dit, la transition vers une société que l'on qualifie souvent de post-croissance[22] ne signifie pas l'abandon du progrès, mais plutôt sa reformulation pour mieux répondre aux défis environnementaux et sociaux de notre époque. Mais, il s'agit d'un chantier difficile, car remettre en cause le progrès et la croissance, s'apparente à une remise en question globale du sens de nos vies quotidiennes.

La croissance économique est un pilier central du système capitaliste et est généralement considérée comme essentielle pour assurer la prospérité, le développement et l'amélioration du niveau de vie. Elle est souvent perçue comme un objectif incontournable pour les gouvernements et les institutions. Les gouvernements et les décideurs politiques, qui prennent part à l'économie de marché, s'appuient sur la croissance pour créer des emplois, financer les services publics et assurer la cohésion sociale. Questionner la croissance peut donc être perçu comme, à la fois une menace pour la stabilité et l'ordre social, mais également une menace pour la pérennité du modèle capitaliste qui repose sur l'extraction de toujours plus de matières premières pour assurer la croissance économique. De plus, la croissance économique est étroitement liée à la culture de la consommation qui prévaut dans de nombreuses sociétés occidentales. Les individus sont encouragés à consommer toujours plus, ce qui entraîne une augmentation de la production et de la croissance. Remettre en question la croissance implique donc de remettre en question les valeurs et les comportements associés à la consommation et au matérialisme. Enfin, la croissance économique est liée à l'idéologie du progrès, qui considère que l'humanité doit constamment s'améliorer et évoluer pour atteindre un avenir meilleur. Remettre en question la croissance revient à remettre en question cette idée dominante en Occident que le progrès est linéaire et ininterrompu[23].

Sacré et profane

En anthropologie, la dichotomie entre le sacré et le profane est un concept central, qui découle des travaux fondateurs d'Émile Durkheim[24]. Cette dichotomie fait référence à la distinction entre deux catégories fondamentales qui organisent la réalité et la perception du monde dans de nombreuses cultures et sociétés. Le sacré représente les éléments, les objets, les êtres, les lieux, les événements et les pratiques qui sont considérés comme ayant une signification spirituelle, religieuse ou transcendantale[25]. Ces éléments sacrés sont souvent associés à des divinités, des ancêtres, des esprits ou des forces surnaturelles, et sont généralement entourés de respect, de vénération et de tabous. Les rituels, les cérémonies et les pratiques religieuses sont des exemples de manifestations du sacré.

Au sein des sociétés occidentales, certains rituels consuméristes, tels que le Black Friday, peuvent être liés à la notion de sacré de plusieurs manières.

Ces rituels présentent une certaine ritualisation, avec des comportements répétitifs et prévisibles, tels que le fait de faire la queue devant les magasins, la recherche de bonnes affaires et l'excitation collective autour de l'événement. De manière similaire, les rituels sacrés impliquent souvent des actions et des comportements répétitifs qui renforcent les croyances et les valeurs partagées. Les rituels sacrés consuméristes ont un aspect également communal. Ils rassemblent les gens et créent un sentiment d'appartenance à un groupe partageant les mêmes valeurs et objectifs. De ce fait, les rituels servent souvent à renforcer et à mettre en avant certaines valeurs et croyances. Le Black Friday met l'accent sur la consommation, la possession matérielle et l'importance de la réussite économique.

Le profane, en revanche, représente les aspects ordinaires, quotidiens et séculiers de la vie. Ces éléments sont dénués de signification religieuse ou spirituelle et sont considérés comme appartenant au domaine du matériel, du pragmatique et du mondain. Les activités quotidiennes, comme manger, travailler ou se divertir, font généralement partie du domaine profane. Dans une société consumériste, les routines de consommation de la vie de tous les jours, comme commander en ligne sur Amazon, regarder Netflix ou acheter des vêtements de seconde main sur Vinted, sont profanes car elles relèvent de la vie quotidienne et ne sont pas directement liées à des croyances ou à des pratiques religieuses. Ces activités sont considérées comme normales et banales, et ne suscitent pas le même niveau de réflexion ou d'émerveillement que les expériences sacrées.

En pratique, même si le Black Friday et le fait de regarder Netflix tous les soirs ne sont pas associés à la même typologie de rituels, il n'en demeure pas moins qu'ils sont tous les deux associés à des pratiques consuméristes. Ce qui participe à brouiller les frontières entre ce qui est ordinaire et ce qui ne l'est pas, au profit d'une réalité unique, celle du capitalisme. Or, dans chaque société, la distinction entre sacré et profane sert de fondement à la régulation sociale, en établissant des normes et des règles de conduite.

En remettant en question les notions de croissance et de progrès, nous instaurons les prémisses d'une refonte des valeurs qui régissent notre société. Ce faisant, nous ouvrons la voie à l'émergence de nouveaux modèles de vie quotidienne, moins dépendants du consumérisme. La notion de tabou carbonique permettrait, en effet, de transcender la simple perspective économique, sociale ou environnementale. Elle implique une transformation plus profonde, un véritable basculement culturel qui pourrait redéfinir les notions de sacré et de profane dans notre société. Dans cette nouvelle vision du monde, ce qui était autrefois considéré comme normal, ou même désirable – la consommation sans entrave, l'accumulation de biens matériels, la croissance économique perpétuelle – pourrait devenir profane, voire tabou. À l'inverse, les valeurs de sobriété, de respect des limites naturelles, de préservation de l'environnement pourraient être sacralisées, érigées en nouveaux piliers de notre mode de vie.

Cette redéfinition du sacré et du profane serait alors une conséquence logique de la mise en œuvre du tabou carbonique. Elle serait la manifestation concrète d'un changement de paradigme, où la priorité ne serait plus donnée à l'accumulation de richesses matérielles, mais au respect des équilibres naturels, à la qualité de la vie, à la durabilité. Un monde sans croissance peut ne pas signifier un monde sans progrès, mais un monde où le progrès est redéfini, réorienté vers la préservation de notre planète et de notre avenir commun.

Dans ce contexte, le défi du tabou carbonique réside non seulement dans la nécessité de nous adapter à une nouvelle réalité environnementale, mais également dans notre capacité à repenser nos valeurs, nos comportements, nos traditions. Cette révolution culturelle est un préalable indispensable pour rendre possible une véritable transformation sociétale.

L'émergence d'un nouveau paradigme

Sur le chemin de cette exploration des piliers anthropologiques du tabou carbonique, l'interrogation de la limite, de la rareté et de la croissance agit comme une clef ouvrant une brèche de plus en plus importante dans le monolithe du capitalisme. Elle invite à une réflexion plus vaste sur la notion de force humaine déléguée et sur le coût socio-énergétique intrinsèque à chaque individu.

Rendre visible l'invisible

Dans un monde régi par le tabou carbonique, la dichotomie anthropologique entre le visible et le caché serait radicalement réinventée. En effet, notre société thermo-industrielle, bâtie sur l'utilisation intensive d'énergies fossiles, occulte habilement la source d'énergie qui rend possible nos modes de vie. De même, les conditions d'exploitation des matières premières nécessaires à nos biens de consommation courants sont largement invisibles pour la majorité d'entre nous. Ce système, en rendant invisibles ces éléments clés de notre existence, nous permet de maintenir une illusion de séparation entre notre vie quotidienne et son impact réel sur l'environnement et les autres êtres vivants. Cela facilite la perpétuation de modèles de consommation insoutenables et l'ignorance des coûts socio-énergétiques réels de nos actions.

Un monde guidé par le tabou carbonique bouleverserait ce paradigme en faisant du caché un aspect visible. Ce ne serait plus notre profession ou notre statut social qui définirait notre identité, mais notre coût socio-énergétique. L'impact que nous avons sur la planète et sur les autres vivants, autrefois relégué à l'arrière-plan, deviendrait un facteur déterminant de notre identité et de notre valeur dans la société. Cela mettrait en lumière l'interdépendance entre nos actions individuelles et la santé de notre planète, favorisant une prise de conscience collective et une responsabilité partagée face aux défis socio-écologiques.

La mise à distance entre l'amont de la filière industrielle de ces biens et leurs usages vient complexifier la prise en compte de l'impact de nos modes de vie occidentaux sur les autres et sur le vivant. Comme elle est invisible, l'énergie semble magique. Elle donne l'impression que l'on peut vivre sans prendre en compte tout ce qui est caché, et tout ce qui permet sa production et son acheminement. D'ailleurs, tout est une question d'énergie. Les énergies naturelles (l'énergie solaire, l'énergie éolienne, l'énergie hydraulique, la biomasse, la géothermie, etc.) et les énergies humaines et animales sont utilisées depuis des milliers d'années. Par exemple, les animaux ont été utilisés pour le transport, la traction, la production d'énergie mécanique, tandis que les êtres humains ont utilisé leur propre force pour effectuer des travaux manuels, tels que la construction de bâtiments ou l'agriculture. Ces énergies ont été largement remplacées par des sources d'énergie non renouvelables telles que les combustibles fossiles (charbon, pétrole, gaz naturel) lors de la Révolution industrielle.

L'enjeu auquel nous sommes confrontés aujourd'hui est d'une ampleur sans précédent : nous devons non seulement repenser notre rapport à l'énergie en privilégiant des sources d'énergie propres, similaires à celles que nous utilisions par le passé ou rendues possibles par les innovations technologiques contemporaines, mais aussi répondre à une demande énergétique sans cesse croissante. En effet, l'essor des machines fonctionnant grâce aux énergies polluantes a démultiplié nos besoins en énergie de façon exponentielle. Ainsi, nous devons simultanément trouver des moyens de produire de l'énergie propre à une échelle jamais atteinte auparavant tout en réduisant notre dépendance aux énergies fossiles. Ce double défi implique de repenser notre consommation, notre technologie et notre infrastructure à tous les niveaux de la société.

Si l'on souhaite parvenir à protéger l'environnement tout en préservant nos modes de vie occidentaux contemporains, il est essentiel d'examiner et de considérer le coût socio-énergétique de chaque individu. Cela implique de considérer non seulement la consommation d'énergie directe d'une personne (telle que l'énergie utilisée pour chauffer sa maison ou alimenter sa voiture), mais également l'ensemble des dépenses énergétiques associées aux activités qui permettent à cette personne de vivre et de s'intégrer dans la société. Cela inclut les coûts énergétiques liés à la production et au transport des biens et des services consommés par l'individu, ainsi que ceux liés aux infrastructures nécessaires pour permettre à l'individu d'accéder à ces biens et ces services (les routes, les réseaux de distribution d'électricité, etc.).

Le coût socio-énergétique d'une personne est lié à sa position géographique et sociale : plus une personne a une position dominante, plus son coût socio-énergétique va être important[26]. À l'inverse, plus une personne va avoir un coût socio-énergétique bas, plus elle va être susceptible de subir les répercussions sociales et écologiques du mode de vie de ceux qui ont un coût socio-énergétique beaucoup plus élevé que le sien. Rendre visible le coût socio-énergétique d'une personne est donc important, car d'une part il permet d'identifier sa position géosociale, et d'autre part d'objectiver l'ensemble des facteurs qui concourent à rendre visible sa part de responsabilité, et surtout ses leviers d'actions face à l'urgence socioclimatique.

Dès lors, il convient d'interroger la soutenabilité du mode de vie d'une personne à travers différentes variables : ce qu'elle subit et ce qui n'est pas de son fait ; ce qu'elle fait subir sans le savoir ; et ce qu'elle fait subir de manière consciente. Ces trois axes permettent de questionner les conditions d'une révolution anthropologique juste pour l'ensemble des personnes, quelles que soient leurs classes géosociales. Les habitants d'une région polluée en raison de l'industrie locale subiront des conséquences sur leur santé et leur bien-être, sans avoir directement contribué à la pollution de leur lieu de vie. Les travaux de Philippe Descola montrent ainsi la manière dont les communautés autochtones sont souvent les premières touchées par les conséquences des activités extractives et industrielles menées par d'autres groupes sociaux et économiques[27]. Ou encore, certains individus contribuent, sans le savoir, à des problèmes socio-écologiques en raison de leur mode de vie et de leurs choix de consommation, en achetant par exemple des vêtements fabriqués dans des conditions de travail précaires ou l'utilisation de produits contenant des ingrédients nocifs pour l'environnement. Arjun Appadurai a étudié la façon dont les biens et les objets matériels circulent à travers les classes géosociales et comment cela peut avoir des conséquences imprévues sur les personnes et les environnements impliqués[28].

Dès lors, il apparaît nécessaire de redéfinir les limites du coût socio-énergétique individuel à travers le prisme d'une justice climatique exigeant une réflexion collective. Cela revient à mettre en lumière les aspects actuellement invisibles de notre consommation énergétique. En effet, nous sommes confrontés à une dichotomie profonde entre ce qui est visible, c'est-à-dire la consommation énergétique directe, et ce qui est caché, soit l'impact plus large de nos choix de consommation sur le climat, le vivant et les autres. En soulevant ce voile, nous pouvons espérer orienter la société vers une répartition plus équitable de l'impact énergétique et climatique.

La force humaine déléguée

Ceux qui ont un coût socio-énergétique élevé vont devoir faire face à de nombreux renoncements, ce qui nous amène à nous intéresser à la notion de force humaine déléguée. Elle est employée pour décrire la manière dont les êtres humains ont externalisé leur force physique en utilisant des machines et des technologies pour accomplir des tâches autrefois accomplies par la force physique humaine. Ce terme a été popularisé par l'ingénieur et économiste français Jules Dupuit au XIXe siècle, qui a utilisé le concept pour expliquer comment les machines pouvaient remplacer la main-d'œuvre humaine, augmenter la productivité et réduire les coûts de production[29].

En Occident, la mise à distance des conditions d'extraction des ressources naturelles extra-occidentales tend à nous faire oublier que l'effort humain est souvent associé à l'esclavagisme, c'est-à-dire à l'exploitation de la main-d'œuvre pour produire des biens ou des services. Les esclaves modernes[30] peuvent être forcés de travailler dans des conditions dangereuses ou insalubres et subir des abus physiques et psychologiques de la part de leurs propriétaires. L'histoire de l'esclavagisme est étroitement liée aux révolutions énergétiques, en particulier à la Révolution industrielle. Le charbon est devenu la principale source d'énergie, car il était à l'époque abondant et facile à extraire. Cependant, la production de charbon nécessitait une main-d'œuvre importante, et c'est là que l'esclavage a joué un rôle clé[31]. Au cours des XVIIIe et XIXe siècles, les puissances européennes ont intensifié la traite négrière transatlantique pour répondre aux besoins en main-d'œuvre de leurs colonies. Les esclaves ont été utilisés pour travailler dans les plantations de canne à sucre, de coton et de tabac, ainsi que dans les mines de charbon et les industries textiles[32]. Les profits réalisés grâce à l'exploitation des esclaves ont même contribué au financement de la Révolution industrielle[33]. Ces sources d'énergie ont certes diminué la dépendance au charbon, mais l'exploitation des travailleurs a perduré pour satisfaire les exigences en main-d'œuvre de l'industrie. Il convient toutefois de souligner une distinction, bien que discutable, entre l'esclavage – qui nie tout droit à l'individu – et des conditions de travail exécrables qui demeurent néanmoins une forme de travail rémunéré. Ces nuances sont importantes pour comprendre les dynamiques de pouvoir et d'inégalité dans le système de travail actuel.

Avec l'invention de nouvelles machines, l'homme pouvait accomplir des tâches qui auparavant étaient effectuées par des esclaves ou des travailleurs pauvres. La transformation de la société a affecté les systèmes d'esclavage dans le monde. Les esclavagistes ont perdu de leur pouvoir économique et politique face au développement du secteur industriel qui n'avait pas besoin de main-d'œuvre esclave pour leurs usines. De plus, la Révolution industrielle a créé une demande croissante de travailleurs salariés pour alimenter les usines. Les travailleurs salariés étaient moins coûteux et plus faciles à contrôler que les esclaves, car ils n'avaient pas besoin d'être nourris, logés et entretenus en permanence[34]. Parallèlement, l'abolition de l'esclavage au XIXe siècle a été facilitée grâce à la mécanismation de l'agriculture et de l'industrie[35].

Depuis le début de la Révolution industrielle, chaque innovation a amené une simplification des usages et de la vie quotidienne, pour ceux qui ont accès aux biens et services proposés au sein d'un modèle de société thermo-industriel. Face à l'urgence socio-écologique, ce principe semble menacé : la diminution de l'utilisation des énergies fossiles et donc potentiellement de la productivité, engendrerait une augmentation de la charge mentale et physique de chacun, et donc, une baisse de son niveau de confort.

Et si on ne pouvait plus déléguer ?

Au fil des années, l'énergie a occupé une place centrale dans nos sociétés, rendant possibles diverses activités quotidiennes et contribuant à une croissance économique sans précédent. L'énergie, souvent déléguée à la technologie ou externalisée à d'autres, a pris une importance telle qu'elle est devenue omniprésente dans nos vies. C'est dans ce contexte que se manifeste une série de contraintes : économiques, sociales, idéologiques, liées à la rareté des ressources et, bien sûr, écologiques. Ces contraintes, bien que diverses dans leurs origines et leurs implications, convergent toutes vers une prise de conscience commune : celle de l'urgence climatique.

En réponse, le tabou carbonique peut offrir au monde une forme d'unité – une unité qui, bien que née de l'urgence, a le potentiel d'apaiser en donnant un sens commun à nos actions. Il introduit une certaine forme de transversalité, en connectant des domaines qui semblaient auparavant indépendants : la production et la consommation d'énergie, les habitudes de vie, la technologie, l'économie, l'idéologie et l'écologie. Mais face à ce tabou carbonique, une question demeure : comment notre relation à l'énergie va-t-elle évoluer ? Il semble de plus en plus évident que nous ne pourrons plus simplement déléguer nos besoins énergétiques à d'autres ou à la technologie, sans en comprendre ni en assumer les conséquences. De nouvelles formes de responsabilité et de participation pourraient émerger, transformant radicalement notre relation à l'énergie et à la technologie. En fin de compte, le tabou carbonique pourrait être le catalyseur d'une transition vers de nouveaux systèmes sociétaux, où l'énergie n'est plus simplement une ressource à consommer, mais un défi à relever collectivement.

Mais actuellement, la révolution énergétique espérée, associée à la notion de transition socio-écologique, s'exprime d'une part à travers la substitution des énergies fossiles par d'autres formes d'énergies plus propres, comme les énergies renouvelables, l'énergie nucléaire, les biocarburants, les technologies de capture et de stockage du carbone (CCS), l'hydrogène ou la biomasse (toutes les matières organiques qui peuvent être utilisées comme source d'énergie, comme les déchets agricoles, les résidus de bois ou les déchets ménagers)[36]. Cette révolution s'exprime d'autre part par les contraintes d'extraction et d'accès aux matières premières, qui vont induire de nouvelles stratégies d'extraction.

Pour illustrer ce point, prenons l'exemple des terres rares. Les terres rares sont un groupe de dix-sept éléments chimiques souvent utilisés dans la fabrication de technologies de pointe, telles que les téléphones portables, les panneaux solaires, les éoliennes et les batteries de voitures électriques[37].

L'extraction de ces minerais est souvent coûteuse et dommageable pour l'environnement[38]. De plus, la Chine produit la majorité des terres rares du monde, ce qui crée une situation de dépendance pour les pays occidentaux qui doivent les importer[39]. Cela soulève des enjeux géopolitiques importants, car la Chine peut utiliser son monopole sur les terres rares pour influencer les relations commerciales et politiques avec d'autres pays. En 2010, la Chine a ainsi suspendu temporairement ses exportations de terres rares vers le Japon lors d'un conflit territorial entre les deux pays, ce qui a eu des conséquences économiques importantes pour l'industrie japonaise[40]. En réponse à ces enjeux, certains pays occidentaux cherchent à diversifier leurs sources d'approvisionnement en terres rares en développant des mines sur leur propre territoire ou en soutenant des projets miniers dans d'autres pays[41].

L'accès et la quantité disponible de matières premières nécessaires pour satisfaire les besoins de l'ensemble de la population mondiale questionnent et inquiètent. Les ressources naturelles pourraient venir à manquer, face à une augmentation de la demande mondiale, et leur extraction plus coûteuse, ce qui pourrait affecter l'économie mondiale dans son ensemble. L'Europe et les États-Unis pourraient également avoir plus de difficultés d'accès aux matières premières, ces dernières seraient alors préemptées par les populations nationales des pays où elles sont extraites afin de satisfaire leurs besoins consuméristes[42]. Si ces matières premières venaient à manquer, cela pourrait avoir des conséquences importantes sur l'économie mondiale et sur notre mode de vie actuel. Par exemple, une pénurie de lithium pourrait freiner l'adoption des véhicules électriques, qui sont considérés comme une alternative plus propre aux voitures fonctionnant aux combustibles fossiles.

D'un point de vue anthropologique, il est crucial de prendre en compte que chaque changement de société et chaque révolution énergétique ont été acceptés car nous avons toujours trouvé des moyens de déléguer notre force à d'autres êtres vivants (animaux, esclaves) ou à des entités (machines). L'inquiétude majeure aujourd'hui ne réside pas tant dans la recherche d'énergies de substitution, mais plutôt dans la remise en question de l'évolution de l'effort humain face aux transformations énergétiques imminentes. Cette interrogation touche particulièrement les classes supérieures occidentales, qui présentent un coût socio-énergétique élevé en raison de leur mode de vie. En effet, elles risquent d'être fortement impactées si les sources d'énergie actuelles deviennent inaccessibles en quantités suffisantes et à un prix abordable pour préserver leur mode de vie. Dans ce contexte, il se pourrait que nous soyons contraints de produire et de consommer beaucoup moins, car l'énergie humaine et les autres sources d'énergie disponibles pourraient s'avérer insuffisantes[43].

Dans une perspective individuelle et choisie, une des expressions possibles de ce phénomène s'illustre à travers les flux du renoncement, liés aux marchandises importées, qui font référence au processus par lequel une personne décide de renoncer à certains biens ou services en raison de leur impact négatif. Une forme d'émancipation qui suggère de remettre en question les normes et les valeurs qui façonnent nos comportements et nos relations avec les biens matériels et les services.

Le concept de tabou carbonique, au cœur de nos discussions, incite à une restructuration profonde de nos sociétés. Il provoque une remise en question de notre dépendance aux énergies fossiles et incite à une exploration des alternatives énergétiques plus durables. En parallèle, il oblige à repenser l'extraction des matières premières, impliquant des tensions géopolitiques et économiques, comme illustré par l'exploitation des terres rares.

Au-delà du simple remplacement des sources d'énergie, le tabou carbonique impose une redéfinition de nos concepts traditionnels de croissance et de progrès, et propose une réflexion plus profonde sur la notion de coût socio-énergétique. Il souligne la nécessité de considérer l'impact écologique individuel comme une nouvelle forme de statut social, et invite à la remise en question de nos comportements consuméristes.

L'anthropologie des contraintes

S'inscrivant dans la continuité de notre exploration du tabou carbonique, nous allons à présent nous atteler à discerner la manière dont les contraintes, à travers leur évolution et leurs implications, modèlent notre structure sociétale. La notion de tabou carbonique se situe au centre de ce questionnement. Ce concept cherche à orienter nos sociétés vers l'acceptation et la gestion de la permacrise, une crise environnementale et sociale prolongée et omniprésente, dans le but de donner un sens aux contraintes imposées par nos habitudes de consommation ancrées dans le système capitaliste. L'objectif ultime est de rediriger ces contraintes vers un avenir commun et désirable, malgré les difficultés qu'elles engendrent.

Dans une optique anthropologique, le système capitaliste se caractérise par une myriade de contraintes, lesquelles, exacerbées lors de crises, s'entremêlent et s'ajoutent aux limitations inhérentes de notre monde aux ressources finies (contraintes économiques[1], de ressources[2] ou encore de santé[3]). Cette convergence conflictuelle crée une dissonance critique, un désordre symbolique évoquant l'absence d'une vision commune pour surmonter ces obstacles. Cette profusion de contraintes impose donc une interrogation de notre paradigme actuel, dans la quête de réconcilier ces forces antagonistes vers un futur plus durable.

L'analyse des contraintes et leur impact sur notre société sont donc essentiels pour comprendre et éventuellement redéfinir les contours de notre modèle de société. Par ailleurs, il est également crucial de saisir la manière dont ces contraintes peuvent être utilisées comme leviers pour provoquer des changements sociaux significatifs et aller vers une société plus respectueuse de l'environnement et socialement équitable.

Subir ou se distinguer ?

Pour appréhender la manière dont le tabou carbonique peut s'intégrer dans la société à travers l'examen des contraintes, il est indispensable de saisir d'abord comment la fracture sociale évolue vers une fracture socio-écologique. Cette transition n'est pas simplement une extension de la division sociale, mais plutôt une transformation où les enjeux écologiques exacerbent les disparités sociales existantes et créent de nouvelles formes de tensions.

Le concept de classes géosociales, étudié précédemment, fournit une vue globale, explorant les disparités socio-environnementales à une échelle nationale, européenne ou mondiale. Il souligne les grandes tendances comportementales face à l'environnement et la consommation en fonction des variations socioculturelles et géographiques. En revanche, la fracture socio-écologique se penche sur les dynamiques plus spécifiques et locales, mettant en lumière les différences pratiques en termes de consommation et d'attitudes environnementales au sein d'un même territoire. Autrement dit, l'échelle d'observation, qu'elle soit large avec les classes géosociales ou plus restreinte avec la fracture socio-écologique, influence notre perception des enjeux socio-environnementaux liés à l'émergence potentielle d'un tabou carbonique.

On observe notamment deux phénomènes majeurs qui illustrent parfaitement cette notion : l'émergence de classes moyennes à travers le globe, ainsi qu'une dynamique bifide qui se dessine autour des pratiques de consommation.

L'émergence des classes moyennes mondiales découle de la globalisation économique et de l'adoption des modèles de consommation occidentaux. Il s'agit d'un processus qui fait référence à l'augmentation du nombre de personnes dans différents pays du monde (principalement hors Occident) qui accèdent à un niveau de vie et de revenu intermédiaire. Cela se traduit généralement par une amélioration des conditions de vie, une plus grande stabilité économique et un accès accru à l'éducation, la santé et d'autres opportunités. En adoptant un mode de vie similaire à celui des Occidentaux, ces classes exercent une pression accrue sur l'environnement, aggravant les défis écologiques mondiaux.

En Occident, la fracture sociale se mue en fracture écologique, en partie à cause du capitalisme responsable. Le capitalisme responsable encourage des pratiques présentées comme « durables » ou « écoresponsables », mais peut renforcer les inégalités sociales en privilégiant des solutions de marché inaccessibles à tous. Le capitalisme responsable exploite les peurs écologiques pour vendre, creusant les divisions sociales et aggravant la fracture écologique. L'évolution du corps social en Occident est marquée par ces dynamiques. La prise de conscience socio-écologique entraîne une diversification des valeurs et comportements liés à la consommation et à l'environnement.

Le capitalisme responsable et la consommation écoresponsable ont conduit à l'établissement de normes de consommation spécifiques qui varient en fonction de la position d'un individu au sein du corps social. Cette normalisation de la consommation écoresponsable se manifeste de différentes manières selon les contraintes budgétaires et la classe sociale des individus : elle peut être qualifiée de sobriété subie ou de prestige social. La principale différence entre la sobriété subie et le prestige social associé à la consommation écoresponsable réside dans les motivations qui sous-tendent la réduction de la consommation ou l'adoption de comportements durables. Dans le cas de la sobriété subie, la réduction de la consommation est imposée par des contraintes extérieures et n'est pas nécessairement liée à des valeurs éthiques ou écologiques. En revanche, le prestige social associé à la consommation écoresponsable implique une démarche volontaire et consciente pour adopter des comportements de consommation perçus comme respectueux de l'environnement et des autres êtres humains, souvent motivée par des convictions éthiques et environnementales.

Plus précisément, la sobriété subie fait référence à une situation où les individus ou les communautés réduisent leur consommation et adoptent des pratiques de consommation écoresponsable, non pas par choix, mais en raison de contraintes économiques, sociales ou environnementales. Dans ce cas, la réduction de la consommation n'est pas motivée par des valeurs éthiques ou écologiques, mais plutôt par des circonstances extérieures qui limitent l'accès aux ressources ou aux biens de consommation. La sobriété subie peut être le résultat de la pauvreté, du chômage, de la hausse des prix des biens et services, ou de catastrophes environnementales qui affectent les moyens de subsistance des populations. Par exemple, ces dernières se tournent parfois vers des solutions de mobilité partagée telles que le covoiturage ou les transports en commun pour réduire leurs dépenses, ce qui a également un impact positif sur l'environnement. De même, ces individus optent pour l'achat de vêtements d'occasion pour économiser de l'argent, ce qui contribue également à réduire la consommation de ressources et la production de déchets.

Le prestige social lié à la consommation écoresponsable, quant à lui, découle de la valorisation et de la reconnaissance accordées aux choix de consommation qui sont considérés comme respectueux de l'environnement, éthiques et durables. Dans ce contexte, la consommation écoresponsable est perçue comme un signe de statut social, d'éducation, de responsabilité et de conscience environnementale. Les individus ou les communautés qui adoptent des comportements de consommation écoresponsable sont ainsi souvent identifiés comme des modèles à suivre ou comme des membres influents de la société. Pour les classes sociales aisées, la consommation écoresponsable devient alors une forme de distinction sociale. Par exemple, elles achètent des produits issus du commerce équitable, des vêtements de marque éthique ou des véhicules électriques de luxe comme Tesla. Ces choix de consommation reflètent non seulement leur engagement envers l'environnement et la responsabilité sociale, mais aussi leur statut social et leur pouvoir d'achat.

Le capitalisme responsable et la consommation écoresponsable ont donné naissance à de nouvelles formes de prestige social basées sur des normes consuméristes spécifiques : être membre d'un club de partage de voitures électriques haut de gamme, posséder une maison certifiée LEED (Leadership in Energy and Environmental Design) ou s'engager dans des voyages écotouristiques exclusifs deviennent des marqueurs de prestige et de distinction sociale. Ces nouvelles normes consuméristes ne sont pas accessibles à tous. Les coûts associés à de nombreuses pratiques écoresponsables peuvent exclure les individus à faible revenu, créant ainsi un fossé entre les différentes classes sociales en termes de possibilités et d'engagement envers l'environnement et la responsabilité sociale.

D'un côté, si les classes supérieures parviennent à pérenniser l'adoption de nouvelles normes de consommation écoresponsable, cela pourrait créer un écart encore plus important entre elles et les classes sociales moins favorisées, qui n'ont pas toujours les moyens d'accéder à ces biens et services durables. Les coûts plus élevés associés à la consommation écoresponsable pourraient renforcer les inégalités socio-économiques. Mais d'un autre côté, la prise de conscience croissante des enjeux environnementaux et des inégalités socio-économiques pourrait inciter les individus et les différents groupes sociaux à réclamer des politiques publiques plus équitables (ressources, richesses), visant à réduire la fracture sociale et à favoriser l'accès à des modes de vie durables pour tous. Cette prise de conscience pourrait se traduire par une augmentation des mouvements sociaux et des manifestations pour une justice socio-environnementale.

Qu'il s'agisse de sobriété imposée ou de recherche de prestige social, que l'on soit en Occident ou ailleurs, chaque individu et chaque groupe social, indépendamment de sa classe ou de sa localisation, fait face à des contraintes. Cette réalité universelle vient démentir l'idée préconçue selon laquelle seuls les plus démunis vivraient sous le joug de limitations, qu'elles soient financières, temporelles, idéologiques ou environnementales. Aujourd'hui, un changement dans certaines pratiques est observé partout, symbolisant le fondement partagé et souvent non reconnu du tabou carbonique.

Les objets de nos contraintes

L'étymologie du mot « consommation » provient du latin *consumere*, qui signifie « dépenser » ou « épuiser ». Cette notion semble donc peu compatible avec notre époque, marquée par une prise de conscience croissante des limites écologiques et des enjeux socio-environnementaux.

D'une part, la consommation peut être vue comme la matérialisation du capitalisme, un système économique qui nécessite une croissance continue et qui encourage la consommation pour maintenir un modèle de société, même si celui-ci n'est plus viable[4]. D'autre part, toute consommation est ostentatoire dans la mesure où elle implique la destruction de ressources pour construire notre identité. Nous sommes ce que nous consommons et nous consommons en fonction de qui nous sommes et de qui nous souhaitons être[5]. Cette théorie s'appuie sur les travaux de l'économiste américain Thorstein Veblen sur la consommation ostentatoire, qui soulignent le fait que la consommation est également un moyen de signaler le statut social et la richesse[6]. La société de consommation a historiquement favorisé l'émergence des classes moyennes, associant la consommation à une vie de plaisir et de confort[7]. Cet idéal de société est actuellement remis en cause même si la consommation écoresponsable, qui encourage souvent à consommer différemment plutôt que moins, illustre la persistance du consumérisme[8].

Dans les champs de l'anthropologie appliquée ou des sciences de gestion (études marketing) dédiés à la consommation et aux enjeux d'innovation, on s'attend généralement à ce que les recherches offrent des pistes de solutions simples et rapides, capables d'enchanter la réalité en la rendant plus agréable et facile à appréhender. L'anthropologie des contraintes se différencie notoirement de ces approches mercatiques classiques, plus enclines à diviser les consommateurs en segments distincts pour écouler un produit défini à un public ciblé. En contraste, l'anthropologie des contraintes ambitionne de stimuler l'émergence de pratiques collectives en transcendant les divergences entre les groupes sociaux. Cette approche valorise l'importance de la diversité culturelle et des contextes locaux tout en recherchant à identifier des correspondances et analogies entre les individus et les communautés. Ainsi, l'anthropologie des contraintes n'est pas une servante du marketing ; elle aspire, bien au contraire, à amener chaque individu à une redéfinition de son rapport au quotidien.

Le tabou carbonique, les contraintes et l'évolution de nos comportements de consommation sont interconnectés. Le tabou carbonique illustre la prise de conscience des limites socio-écologiques, tandis que l'anthropologie des contraintes explore la manière dont nos systèmes économiques et environnementaux influencent nos sociétés et nos comportements de consommation. En fait, ces contraintes nous amènent à repenser ce qui est essentiel et ce qui est superflu, transformant la consommation et participant, à imposer, indirectement, le tabou carbonique. Par conséquent, une analyse anthropologique, à la manière du sémiologue français Roland Barthes[9], des objets symboliques de notre consommation permettent de révéler dans quelle mesure nos perceptions de l'essentiel et du superflu évoluent et façonnent notre façon de vivre ensemble, et cela dès aujourd'hui.

Plus précisément, j'ai entrepris une étude anthropologique sur dix objets emblématiques qui symbolisent l'évolution de la frontière entre l'essentiel et le superflu au sein de notre société[10]. L'essentiel se réfère à ce qui est perçu comme nécessaire, indispensable ou vital pour la survie et le bien-être d'un individu ou d'une société. Cela inclut les besoins physiologiques de base (nourriture, eau, abri), mais aussi des besoins émotionnels, spirituels et sociaux (amour, estime de soi, appartenance). Dans ce contexte, l'essentiel reflète les valeurs fondamentales d'une culture et ce qui est considéré comme important pour mener une vie épanouissante et digne. Le superflu, quant à lui, fait référence à ce qui est considéré comme non essentiel, accessoire ou dispensable. Il s'agit souvent de biens et de services dont la consommation dépasse les besoins réels et qui peuvent même être perçus comme un signe de gaspillage, d'excès ou de luxe. Le superflu reflète les désirs et les aspirations d'une société, ainsi que les inégalités sociales, économiques et environnementales qui en découlent.

Objet	Description et fonction	Essentiel pour…	Superflu pour…	Différences entre classes sociales (exemples de marques)
Voiture	Moyen de transport personnel	Se déplacer, aller au travail, effectuer des courses	Utilisateurs de transports en commun, vélo, marcheurs	Luxe : Mercedes, BMW, Audi. Économique : Toyota, Honda, Nissan
Smartphone	Communication, information, divertissement	Se connecter, s'informer, travailler	Ceux qui préfèrent les interactions en personne, l'informatique traditionnelle	Haut de gamme : Apple, Samsung, Huawei. Bas de gamme : Nokia, Motorola, Xiaomi
Vêtements de marque	Affirmation de statut social et de style	Exprimer son identité, se conformer aux normes sociales	Ceux qui privilégient le confort, la durabilité, l'éthique	Luxe : Gucci, Louis Vuitton, Prada. Accessible : H&M, Zara, Shein
Montre de luxe	Accessoire pour mesurer le temps et afficher le statut social	Affirmer son statut social et son succès	Ceux qui utilisent des montres fonctionnelles, les smartphones	Luxe : Rolex, Patek Philippe, Audemars Piguet.Abordable : Casio, Fossil, Seiko
Produits électroniques jetables	Objet à usage unique ou à courte durée (ex. briquets, rasoirs)	Praticité, accessibilité	Ceux qui préfèrent les alternatives durables, réutilisables	Jetables : Bic (briquets, rasoirs), Dollar Shave Club.Durables : Zippo, Philips Norelco

Voyages en avion	Transport aérien pour les vacances et les affaires	Se déplacer rapidement sur de longues distances	Ceux qui préfèrent les moyens de transport plus écologiques	Première classe : Emirates, Singapore Airlines. Classe économique (lowcost) : Ryanair, EasyJet
Objets connectés	Gadgets électroniques pour la maison, le travail et la santé	Améliorer la qualité de vie, la productivité, le bien-être	Ceux qui préfèrent les solutions non technologiques	Haut de gamme : Nest, Philips Hue. Abordable : Xiaomi, Wyze
Aliments bio	Nourriture produite sans pesticides, engrais synthétiques, etc.	Santé, environnement, éthique	Ceux qui privilégient les options moins coûteuses	Bio premium : Whole Foods Market, Nature's Path. Bio accessible : Trader Joe's, Simple Truth
Œuvres d'art	Objets culturels et artistiques à des fins esthétiques et d'investissement	Expression culturelle, investissement, décoration	Ceux qui préfèrent d'autres formes d'expression et d'investissement	Haut de gamme : Christie's, Sotheby's. Accessible : Etsy
Abonnement à un club de sport	Accès aux installations sportives et aux cours de fitness	Maintenir la forme, le bien-être, la socialisation	Ceux qui préfèrent faire de l'exercice en plein air ou chez eux	Salles de sport haut de gamme : Equinox, David Lloyd Clubs, Health City. Salles de sport économiques : Planet Fitness, Basic-Fit, Anytime Fitness, Neoness.

L'essentiel et le superflu peuvent être perçus comme un miroir de la société, révélant les hiérarchies des besoins et des valeurs. Les différences entre les deux notions mettent en évidence les inégalités sociales, économiques et environnementales qui découlent des choix de consommation[11]. Par exemple, dans certaines sociétés, l'accès aux biens et services considérés comme essentiels peut être limité pour certains groupes en raison de leur statut économique, social ou culturel, tandis que d'autres groupes peuvent bénéficier d'un accès plus large à des biens et services perçus comme superflus. Cette situation est particulièrement visible dans les pays non occidentaux, avec des modèles économiques qui ne sont pas uniquement basés sur l'économie de marché, où les populations les plus pauvres et/ou marginalisées sont souvent privées de soins médicaux de base, tandis que les groupes plus aisés consomment des services et des produits de santé non essentiels[12].

L'évolution des notions d'essentiel et de superflu dans le contexte actuel offre un éclairage anthropologique sur les transformations culturelles et les dynamiques sociales qui sous-tendent ces changements. En effet, les choix de consommation et les objets qui oscillent entre l'essentiel et le superflu reflètent les tensions, les aspirations et les contradictions d'une société en mutation[13].

Comme l'illustre le tableau précédent, au cours des dernières décennies, la notion d'essentiel et de superflu dans la société de consommation a connu des transformations significatives, à la fois en termes de perceptions individuelles et collectives.

En effet, la fluctuation du statut de ces objets emblématiques reflète les dynamiques culturelles, économiques et sociales qui ont façonné la société de consommation depuis le siècle dernier.

Les besoins fondamentaux, tels que la nourriture, l'eau, l'abri, la sécurité et les relations sociales, ont une incidence sur la perception de l'essentiel et du superflu, car les individus cherchent à satisfaire ces besoins avant de poursuivre d'autres aspirations. Par exemple, l'accès à l'eau potable est un besoin fondamental, ce qui rend les dispositifs de purification de l'eau essentiels dans certaines régions, tandis que les boissons gazeuses peuvent être considérées comme superflues. Par ailleurs, le statut social et le prestige jouent un rôle important dans la définition de l'essentiel et du superflu, car les objets et les pratiques qui confèrent du prestige ou du statut social sont considérés différemment en fonction des priorités culturelles et personnelles. Par exemple, rouler dans une voiture électrique de luxe peut être perçu comme un symbole de réussite et d'engagement écologique pour certains individus, alors que pour d'autres, utiliser des moyens de transport alternatifs, tels que le vélo ou les transports en commun, est un choix plus responsable et éthique, reflétant des valeurs d'égalité et de durabilité, et renforçant leur appartenance à des groupes sociaux engagés.

L'accès aux ressources et leur disponibilité influencent également la perception de l'essentiel et du superflu, car les individus et les groupes doivent adapter leurs choix de consommation en fonction de ces contraintes. Par exemple, dans les régions où l'énergie est rare ou coûteuse, les panneaux solaires deviennent essentiels pour subvenir aux besoins énergétiques, tandis que les appareils électroniques gourmands en énergie peuvent être considérés comme superflus. De même, l'identité et l'appartenance culturelle, ethnique ou religieuse déterminent si un bien ou une pratique est perçu comme essentiel ou superflu, en fonction de son importance dans la vie des individus. Par exemple, pour certaines personnes pratiquant une religion spécifique, les vêtements et les objets religieux sont essentiels pour exprimer leur identité et leur appartenance, tandis que pour d'autres, ils sont considérés comme superflus.

Enfin, les traditions et les rituels culturels affectent la perception des objets et des pratiques en tant qu'éléments essentiels ou superflus. Cela est dû à l'importance et à la signification que ces objets et pratiques représentent au sein de la communauté, influençant ainsi les choix et les priorités de consommation. Par exemple, dans certaines cultures, les bijoux en or sont indispensables lors de mariages et de célébrations, symbolisant la richesse et la prospérité. En revanche, dans d'autres cultures, les bijoux sont perçus comme moins importants, et d'autres éléments tels que les fleurs sont privilégiés pour marquer de telles occasions.

Tous ces objets racontent une histoire et permettent de véhiculer une image de la société. Les dynamiques de changement qui induisent une nouvelle place à ces objets ne se font pas sans heurter, car elles objectivent les différentes manières de vivre, amenant de nouveaux jugements sociaux et tensions entre classes sociales.

Objet	Évolution	Critères et facteurs
Voiture	De l'essentiel au superflu	Conscience environnementale, coûts, alternatives de transport plus durables
Smartphone	De l'essentiel au superflu (fonctionnalités)	Dépendance à la technologie, surenchère de fonctionnalités, obsolescence programmée, impact environnemental
Vêtements de marque	Du superflu vers l'essentiel	Conditions de production, impact environnemental, durabilité, éthique
Montres de luxe	Du superflu vers l'essentiel. De l'essentiel au superflu	Qualité, durabilité, investissement à long terme, éthique. Mauvaise image sociale
Produits électroniques jetables	De l'essentiel au superflu	Prise de conscience environnementale, impact sur les déchets, préférence pour alternatives durables/réutilisables
Voyages en avion	De l'essentiel au superflu	Impact environnemental, tourisme de masse, vacances locales, moyens de transport écologiques
Objets connectés	De l'essentiel au superflu (certains)	Besoins réels, utilité, dépendance à la technologie, obsolescence programmée, impact environnemental
Aliments bio	Du superflu vers l'essentiel	Préoccupations environnementales/sanitaires, qualité et traçabilité des produits, responsabilité sociale
Œuvres d'art	Superflu à l'essentiel (certaines)	Expression culturelle, soutien aux artistes locaux, investissement durable, esthétique et créativité
Abonnement à un club de sport	De l'essentiel au superflu	Coûts, alternatives gratuites/moins coûteuses, impact environnemental des installations sportives

La voiture a ainsi longtemps été considérée comme un bien essentiel pour la mobilité individuelle et le statut social[14]. Cependant, avec la montée de la conscience environnementale et l'émergence d'alternatives de transport plus durables, la voiture est de plus en plus perçue comme un objet superflu, en particulier dans les zones urbaines[15]. Cette évolution crée des tensions entre les classes sociales qui peuvent se permettre d'acquérir des voitures plus écologiques, ou même totalement s'en passer, et celles qui ne le peuvent pas. Le smartphone, un autre objet emblématique, a également vu sa perception évoluer. Bien qu'il soit toujours considéré comme essentiel pour la communication et l'accès à l'information, certaines de ses fonctionnalités, telles que les gadgets et les applications inutiles, sont désormais perçues comme superflues[16]. Cela s'explique en partie par la dépendance croissante à la technologie, la surenchère de fonctionnalités et l'obsolescence programmée, qui ont des conséquences environnementales et sociales négatives[17]. Les disparités entre ceux qui peuvent se permettre les dernières innovations technologiques et ceux qui ne le peuvent pas renforcent les tensions entre classes sociales.

De même, dans le domaine de la mode, la prise de conscience croissante des conditions de production et de l'impact environnemental a conduit à une évolution de la perception du superflu vers l'essentiel pour certaines marques éthiques et responsables[18]. Cette tendance crée des tensions entre ceux qui peuvent se permettre des vêtements éthiques plus chers et ceux qui ne le peuvent pas, ainsi qu'entre les partisans de la mode durable et ceux qui suivent les tendances de la *fast fashion*. Concernant les montres, l'émergence du smartphone a diminué leur importance dans leur fonction première de donner l'heure, et nous assistons à un phénomène similaire avec les voitures de luxe et de collection. Néanmoins, ces objets ont trouvé une nouvelle signification. La montre de luxe, en particulier, est devenue un investissement à long terme et un symbole de qualité et de durabilité. Ces objets soulignent les clivages sociaux, car ils sont perçus comme des symboles de statut et de richesse pour certains, alors que pour d'autres, ils sont considérés comme des biens superflus. Ces changements illustrent comment nos perceptions de l'essentiel et du superflu évoluent, influençant à leur tour nos modes de vie et notre façon de faire société[19].

Changer n'est pas si simple

Dans ce contexte, des pratiques telles que le covoiturage émergent comme des alternatives durables aux modes de consommation traditionnels. Le covoiturage est une pratique ancienne, initialement conçue pour optimiser les ressources et les coûts de transport, qui a évolué pour s'adapter aux enjeux économiques, sociaux et environnementaux actuels[20]. Dès 1943, comme le rappelle le professeur français en marketing Benoît Heilbrunn, le covoiturage était déjà un enjeu politique et culturel : « Pendant la Seconde Guerre mondiale, soucieux de préserver les réserves d'énergie sans imposer de rationnement, le gouvernement appelle alors les citoyens américains à réduire leur consommation de carburant en partageant le plus possible leur automobile[21]. » Le covoiturage est désormais considéré comme un moyen de réduire l'empreinte carbone et de promouvoir une mobilité plus durable et responsable.

En pratique, tout changement de comportement de consommation se heurte à plusieurs obstacles. D'un côté les dépenses pré-engagées, par exemple, constituent un frein à l'adoption de nouvelles pratiques de consommation[22]. Ces dépenses, telles que les contrats de location ou les abonnements à long terme, limitent la capacité des individus à modifier rapidement leurs habitudes de consommation en fonction des enjeux sociaux et environnementaux. De plus, le poids des habitudes et routines quotidiennes[23] joue un rôle déterminant dans la résistance au changement. Les individus ont tendance à reproduire des comportements ancrés dans leur quotidien, même lorsque ceux-ci sont contraires à leurs convictions ou à leurs aspirations écologiques. D'un autre côté, même si le boycott est un moyen pour les consommateurs d'exprimer leur mécontentement envers certaines pratiques commerciales, environnementales ou éthiques et d'exercer une pression sur les entreprises pour qu'elles changent leurs comportements. En période de transition socio-écologique, le boycott prend une importance particulière, car il permet aux individus de s'engager activement dans la transformation de la société et de promouvoir des valeurs plus durables et responsables. En refusant d'acheter certains produits ou de soutenir certaines entreprises, les consommateurs exercent un pouvoir politique et économique qui peut influencer les pratiques et les valeurs des acteurs du marché. Bien que salutaire, le boycott entraîne, la plupart du temps, une poursuite de la consommation plutôt qu'un changement de pratiques (production, consommation) plus profond. De manière transversale, les modifications de comportement peuvent être interprétées comme des sacrifices individuels et collectifs en vue d'adopter des modes de vie plus durables, manifestant un engagement en faveur de la transition écologique et socio-économique. Cependant, ces renoncements ne sont pas appréciés de tous, en particulier ceux qui ne trouvent pas d'intérêt à les adopter, que ce soit pour des raisons économiques, sociales, culturelles, pratiques ou autres.

Nos choix de consommation ont même tendance à devenir des actes politiques et symboliques, pouvant conduire à des affrontements entre groupes sociaux ayant des intérêts, des valeurs et des priorités divergents. Par exemple, les consommateurs engagés dans la transition écologique pourraient privilégier l'achat de produits locaux, issus de l'agriculture biologique ou du commerce équitable, tandis que d'autres groupes sociaux pourraient continuer à privilégier les produits issus de l'agriculture intensive ou importés, en raison de leur moindre coût ou de leur disponibilité. On trouve une illustration concrète de cet affrontement entre groupes sociaux dans le débat autour de la consommation de viande. D'un côté, certains individus et groupes militent pour une réduction de la consommation de viande, en mettant en avant les enjeux environnementaux (émissions de gaz à effet de serre, déforestation), éthiques (bien-être animal) et de santé (maladies liées à une consommation excessive de viande). De l'autre côté, il existe des groupes sociaux qui défendent la consommation de viande pour des raisons culturelles, économiques (industrie de l'élevage) ou gustatives.

L'anthropologie des contraintes, en scrutant les tensions et les défis auxquels une société est confrontée, offre un cadre précieux pour comprendre le tabou carbonique. Ce tabou, qui vise à restreindre et à remodeler notre consommation d'énergie pour atténuer le changement climatique, peut être vu comme une contrainte majeure qui influence notre comportement et redéfinit nos relations sociales, économiques et environnementales.

Dans cette perspective, la consommation joue un rôle central pour métaboliser cette transformation anthropologique. En effet, nos choix de consommation sont des expressions tangibles de nos valeurs, de notre identité et de notre statut social. Ils sont également le terrain d'action direct pour le tabou carbonique, qui vise à modifier ces choix de manière significative. En étudiant les dynamiques de consommation à travers le prisme de l'anthropologie des contraintes, nous pouvons identifier les forces à l'œuvre qui favorisent ou entravent l'adoption du tabou carbonique. Cela peut nous aider à comprendre les mécanismes pour promouvoir un changement de comportement en matière de consommation qui est à la fois respectueux de l'environnement, socialement acceptable et capable de répondre aux besoins essentiels de la société.

C'est en déconstruisant et en analysant ces contraintes socio-écologiques, inhérentes à nos modèles de consommation actuels, que nous pourrons commencer à imaginer et à construire un avenir plus durable et équitable. La consommation, et la manière dont elle est remodelée par le tabou carbonique, devient ainsi un vecteur central de cette révolution anthropologique.

Une nouvelle ontologie

Les fondements du tabou carbonique pourraient donner naissance à une nouvelle représentation du monde. Cette vision remaniée, une ontologie rénovée, envisagerait la contrainte en tant que valeur cardinale. Dans ce paradigme à venir, il ne serait plus question de percevoir la contrainte comme un obstacle, mais plutôt comme un principe structurant, un élément constitutif de notre rapport au monde.

En anthropologie, une ontologie fait référence à la manière dont une société comprend et conceptualise le monde qui l'entoure, ainsi que les relations entre les êtres humains et leur environnement[1]. Cette ontologie de la contrainte, encore en gestation, engloberait la prise de conscience des limites imposées par notre planète, la nécessité d'adopter des comportements plus durables et écoresponsables et l'acceptation des changements de mode de vie que l'urgence socio-environnementale impliquerait.

Ontologie globale

Les réflexions associées à l'ontologie de la contrainte visent à proposer un cadre permettant d'identifier, d'organiser et de décrire les différentes dimensions, relations et propriétés des contraintes dans un contexte particulier. En examinant l'ontologie de la contrainte à travers le prisme des ontologies multiples proposées par Philippe Descola[2], nous pouvons révéler les dynamiques complexes qui façonnent les relations entre les individus, les groupes et l'environnement naturel.

Philippe Descola identifie quatre ontologies principales : naturaliste, animiste, analogique et totémique. Chacune de ces ontologies englobe des systèmes de croyances et des pratiques culturelles qui déterminent la manière dont les individus perçoivent et interagissent avec le monde naturel. En intégrant l'ontologie de la contrainte à chaque ontologie établie par Philippe Descola, nous pouvons examiner la manière dont les contraintes sont comprises et gérées dans différentes cultures et contextes.

Ontologie de Philippe Descola	**Ontologie de la contrainte**
Ontologie naturaliste (vision occidentale)	La contrainte physique, sociale ou environnementale
Ontologie animiste	La contrainte imposée par les esprits et les forces invisibles[3]
Ontologie analogique	La contrainte liée à la correspondance entre les différents plans de l'existence
Ontologie totémique	La contrainte imposée par les ancêtres et la tradition

L'examen des différentes ontologies proposées par Philippe Descola offre un aperçu précieux de la façon dont les cultures perçoivent et interagissent avec la nature. En intégrant la notion de contrainte dans chaque ontologie, nous pouvons approfondir notre compréhension de la manière dont les cultures conceptualisent les contraintes et de leurs liens avec les ontologies respectives (tableau précédent).

L'exploration des combinaisons possibles entre différentes ontologies et contraintes socio-écologiques peut nous aider à identifier des synergies pour surmonter les défis auxquels nous devons faire face et créer de nouvelles normes sociétales, comme l'illustre le tableau ci-après.

D'un point de vue anthropologique, cette hybridation semble déjà en cours au sein de notre société, comme en témoigne le développement de nouvelles approches spirituelles[4] et d'une nouvelle constellation écologique[5] qui se bat pour une justice des écosystèmes sociaux, animaux et naturels ; et cela malgré la résistance de la machine étatique[6]. Dès lors, ce que j'appelle l'ontologie de la contrainte tend à se percevoir comme une ontologie globale, c'est-à-dire comme une ontologie qui met l'accent sur la compréhension du monde en termes de systèmes interconnectés à l'échelle mondiale. Cette perspective considère que les frontières politiques, sociales, culturelles et économiques ne sont pas des barrières absolues, mais plutôt des constructions arbitraires qui restreignent notre compréhension de la complexité du monde. Avec une ontologie globale, la diversité culturelle et les différences sont valorisées comme des éléments essentiels à la richesse et à la complexité du monde.

Ontologie	Vision du monde	Relation avec l'ontologie de la contrainte	Impact sur l'ontologie occidentale
Naturalisme	Les humains et la nature sont séparés, avec des caractéristiques distinctes	La contrainte est perçue en termes de gestion des ressources, de régulation des écosystèmes et de préservation de l'environnement	L'intégration de l'ontologie de la contrainte peut renforcer les préoccupations environnementales et encourager des pratiques plus soutenables
Animisme	Les humains et les non-humains partagent des qualités et des attributs similaires, tels que la conscience, l'intentionnalité et la capacité à communiquer	Les contraintes environnementales sont comprises en termes de relations réciproques entre les humains et les non-humains, avec un accent sur l'équilibre et la coopération	L'intégration de l'ontologie de la contrainte peut encourager un respect accru pour les non-humains et une prise de conscience des conséquences de nos actions sur eux
Totémisme	Les groupes humains partagent une identité et un lien avec une espèce non humaine ou un élément naturel	Les contraintes environnementales sont abordées en termes de responsabilité envers l'espèce ou l'élément naturel totem, avec un accent sur la préservation et le respect	L'intégration de l'ontologie de la contrainte peut renforcer les liens entre les individus, les groupes et la nature, et encourager une responsabilité écologique collective
Analogisme	Le monde est constitué en réseaux de relations et de correspondances, avec des hiérarchies et des distinctions entre les êtres et les éléments	Les contraintes environnementales sont comprises en termes d'équilibre et d'harmonie au sein des réseaux de relations, avec un accent sur la capacité d'adaptation et la résilience	L'intégration de l'ontologie de la contrainte peut encourager une vision holistique et interconnectée du monde, et une reconnaissance des conséquences globales de nos actions

Arjun Appadurai[7] a notamment mis en évidence les dimensions culturelles de la globalisation et les dynamiques complexes entre les flux culturels et économiques qui traversent les frontières nationales. Il souligne que les processus de globalisation et de localisation sont interdépendants et que les cultures locales sont continuellement transformées par les influences extérieures. De même, Clifford Geertz[8] a insisté sur l'importance de l'interprétation des symboles culturels et des pratiques locales pour comprendre les cultures et les sociétés dans un contexte mondialisé.

Bien que le tabou carbonique n'ait pas encore émergé, sa potentielle imposition comme une nouvelle norme universelle suscite déjà une multitude de résistances. Sa simple éventualité, inscrite dans l'horizon d'une ontologie globale, engendre des réactions de contournement et d'opposition, anticipant son impact sur notre société. Par exemple, le système d'échange de quotas d'émission (ETS) de l'Union européenne permet aux entreprises de contourner le tabou carbonique en achetant et en vendant des droits d'émission de gaz à effet de serre. Cela crée un marché pour les émissions de carbone et encourage les entreprises à réduire leurs émissions tout en leur laissant une certaine flexibilité[9].

Les tabous, en tant que normes socioculturelles, se heurtent fréquemment à des stratégies d'évitement qui varient selon les conditions sociales et culturelles spécifiques à une société donnée. Les anthropologues ont mis en évidence plusieurs facteurs susceptibles d'influencer la transgression des tabous, tels que l'âge, le genre, le statut social, les relations familiales, la situation économique, le niveau d'éducation, les convictions religieuses et les pressions sociales, entre autres aspects. Dans certaines sociétés, les tabous sexuels sont ainsi plus rigides pour les femmes que pour les hommes, tandis que dans d'autres, les tabous alimentaires varient en fonction de l'âge ou du statut social. La transgression d'un tabou, y compris le tabou carbonique, est également influencée par des facteurs contextuels tels que la disponibilité des ressources, les progrès technologiques, les changements économiques ou les crises environnementales, comme l'illustre le tableau ci-dessous.

Tabou	**Domaine**	**Raison sous-jacente**	**Règles de contournement**
Inceste	Sexualité	Maintenir la diversité génétique et la stabilité familiale	Mariages entre cousins éloignés, adoptions
Cannibalisme	Alimentation	Préserver la dignité humaine et éviter les maladies	Cannibalisme rituel, survie
Nécrophilie	Sexualité et mort	Respecter les défunts et maintenir l'ordre moral	Aucune règle de contournement connue
Meurtre	Relations sociales	Protéger la vie humaine et assurer la sécurité collective	Légitime défense, guerre, peine de mort, régulation de population
Tabou carbonique	Environnement, économie et justice sociale	Prévenir l'écocide, assurer un avenir soutenable pour les générations futures	Compensation carbone, pratiques écoresponsables, neutralité carbone, technosolutionnisme

Ce tableau met en évidence la variabilité des mécanismes de contournement pour chaque tabou universel en fonction des cultures et des contextes. Il est important de souligner que ces mécanismes de contournement sont influencés par des facteurs tels que la religion, la politique, l'économie ou l'histoire. En examinant les cas de contournement des tabous universels, on peut également faire des parallèles avec l'anthropologie des contraintes et le tabou carbonique.

Le cannibalisme guerrier et rituel, par exemple, met en évidence la manière dont les pratiques culturelles s'adaptent pour contourner un tabou universel dans des circonstances spécifiques. De même, dans le contexte du tabou carbonique, les sociétés évoluent pour développer des mécanismes de contournement en adoptant des technologies plus propres, en utilisant des sources d'énergie renouvelable ou en encourageant des modes de vie plus durables. L'inceste, dans certains contextes, est accepté pour des raisons spécifiques telles que la préservation de la lignée familiale. Par analogie, le tabou carbonique pourrait être assoupli ou contourné dans certaines situations où des bénéfices socioculturels, économiques ou politiques sont jugés plus importants que les coûts environnementaux. Cependant, l'anthropologie des contraintes montre que la prise de conscience croissante des enjeux environnementaux pourrait conduire à un renforcement du tabou carbonique et à une minimisation des contournements. Enfin, l'homicide, dans le cas de la légitime défense ou de la justice punitive, illustre la manière dont des exceptions peuvent être tolérées pour protéger les individus ou la société dans son ensemble. De même, certaines exceptions au tabou carbonique pourraient être justifiées si elles servent un objectif supérieur, tel que la protection de la société ou la promotion du bien-être général.

Les mécanismes de résistance à la potentielle instauration du tabou carbonique sont souvent guidés par des intérêts économiques autant qu'écologiques. Ainsi, ils peuvent masquer ou même perpétuer les problèmes fondamentaux liés à la surconsommation et à l'exploitation des ressources naturelles. La prise de conscience de la nécessité de remanier notre modèle de société est stimulée en partie par la perspective du tabou carbonique, illustrant les limites du capitalisme responsable.

C'est ici que la notion de bio-anarchie offre un regard éclairant sur les dynamiques de pouvoir et de résistance qui sous-tendent cette transformation culturelle. La bio-anarchie, en tant qu'intersection entre le biopouvoir, concept de Michel Foucault[10] qui fait référence au contrôle de la vie biologique par les institutions et acteurs politiques, économiques et sociaux, et l'anarchie, système politique sans autorité centralisée coercitive, permet d'aborder les défis posés par le tabou carbonique sous un angle anthropologique innovant[11].

Ce concept éclaire les tensions et les interactions entre les structures de pouvoir cherchant à réguler les comportements environnementaux, et les efforts de résistance et de subversion qui émergent face à ces contraintes. En explorant les différentes manifestations de la bio-anarchie au sein des dynamiques sociales, culturelles et politiques liées au tabou carbonique, nous pouvons mieux appréhender les enjeux et les défis qui accompagnent cette transition vers une société plus respectueuse de l'environnement et de l'équité sociale.

Il est alors à noter que le biopouvoir actuel demeure du côté du capitalisme, et que la bioanarchie se positionne en résistance à ce biopouvoir. Toutefois, l'état actuel des choses ne marque pas un contournement du tabou carbonique, mais plutôt une résistance à son éventuelle instauration. David Graeber a d'ailleurs souligné l'importance des marges de manœuvre et de la subversion comme des moyens pour les individus et les groupes de résister et de s'adapter aux contraintes imposées par les structures de pouvoir[12].

Les sociétés de la contrainte

Actuellement, nous nous retrouvons face à une série de signes et symptômes culturels suggérant l'émergence potentielle d'un tabou carbonique. Cette éventualité, perçue au travers de la lentille de l'anthropologie, mérite une analyse rigoureuse, en se concentrant notamment sur l'interaction complexe de contraintes qui le façonnent. L'une des principales forces agissant sur ce tableau complexe est l'état actuel du système capitaliste. Ce système, en niant obstinément l'impasse dans laquelle il se trouve, s'empêtre dans une multiplication des contraintes. Ces contraintes, dépourvues de sens culturel et de vision d'avenir, s'accumulent de manière presque kafkaïenne, générant un poids insupportable qui menace la structure même du système. Ces contraintes sont doubles : elles découlent non seulement du capitalisme lui-même, mais aussi de l'incapacité du système à reconnaître sa propre finitude. Le résultat est une accumulation insupportable de contraintes qui mène à une condition existentielle invivable.

C'est dans ce contexte que le tabou carbonique pourrait se manifester. Le défi crucial de ce potentiel tabou est de donner un sens nouveau et unifié à ces contraintes, en orientant nos efforts collectifs vers une vision d'avenir commune. En définissant une limite claire et omniprésente – la consommation de carbone – et en l'incorporant à notre culture et à notre système de valeurs, le tabou carbonique pourrait redéfinir la manière dont nous interagissons avec les contraintes de notre monde. En repensant les contraintes dans le cadre du tabou carbonique, nous pourrions trouver un moyen de sortir de l'impasse actuelle. C'est là l'espoir incarné par le tabou carbonique : transformer les contraintes en un mécanisme d'action dirigé vers une fin commune, celle de la préservation de notre planète et de notre futur partagé.

À ce sujet, j'ai observé sur le terrain un rite pratiqué par un nombre croissant de personnes à travers le monde, même si son impact n'est pas encore pleinement visible. Je suis tombée dessus un peu par hasard, et pour l'anthropologue que je suis, l'analyse de ceux qui pratiquent ce rite et cherchent à s'affranchir du capitalisme offre un aperçu précieux des dynamiques sociales et culturelles qui soutiennent cette recherche d'indépendance et de transformation des modes de vie. Dès que nous établissons des règles en dehors du système établi et que nous expérimentons de nouvelles façons de vivre, voire de travailler et de gagner de l'argent, nous commençons à explorer des alternatives au capitalisme dominant et à remettre en question les normes et les valeurs qui le soutiennent.

Ce rite, je l'ai nommé la mise à mort symbolique du modèle de société capitaliste, au sein duquel un groupe d'individus remet en question les valeurs fondamentales du capitalisme et cherche à instaurer de nouvelles pratiques sociales, économiques et politiques. En tant que rite, cette transformation sociétale suit un processus structuré et symbolique qui vise à déconstruire l'ancien système et à en créer un nouveau. Dans le cadre de ce rite anthropologique, quatre étapes peuvent être identifiées :

- La phase de séparation : Les individus prennent conscience des problèmes inhérents au capitalisme (inégalités, crises financières, dégradation de l'environnement, etc.) et commencent à se détacher des structures et des valeurs de cette société. Ils cherchent des alternatives et des solutions pour remédier à ces problèmes.
- La phase liminale : Durant cette étape, les individus se trouvent dans un état de transition, où ils remettent en question les normes et les croyances du système capitaliste, tout en explorant de nouvelles idées et de nouvelles pratiques. Ils participent à des expériences collectives et à des échanges d'informations pour définir ensemble un nouveau modèle de société.
- La phase d'agrégation : Les individus commencent à intégrer ces nouvelles pratiques et ces nouvelles valeurs dans leur vie quotidienne, en adoptant des modes de vie plus autonomes, des formes d'organisation alternatives (coopératives, écovillages, etc.), et en participant à des actions de résistance et de contestation (Zad, manifestations, actions de désobéissance

civile). Ces nouvelles pratiques sont consolidées et renforcées au fil du temps, formant ainsi les bases d'une nouvelle société.
– La phase de réintégration : Les individus ayant participé au rite de mise à mort symbolique du capitalisme réintègrent progressivement la société avec leur nouvelle vision du monde et leurs nouvelles pratiques. Ils influencent les autres membres de la société, qui à leur tour remettent en question le modèle capitaliste et participent au rite.

Ceux qui pratiquent ce rite font évoluer le sens de ces trois notions clés – la confiance, l'autonomie et la résistance – et encouragent les autres à se questionner sur ces concepts. L'analyse de ce rite permet d'explorer comment ces transformations s'opèrent et comment elles peuvent influencer la société dans son ensemble. La mise à mort symbolique du capitalisme reflète une perte de confiance généralisée dans les institutions et les mécanismes capitalistes, poussant les individus à explorer des alternatives sociales et économiques.

La crise de confiance envers le système

L'observation de l'émergence de ce rite de mise à mort symbolique du capitalisme, dans des contextes socioculturels et géographiques variés, révèle avant tout une crise de confiance d'une portion de la population envers le modèle de société occidental. Anthropologiquement, la confiance est comprise comme un processus par lequel les individus s'appuient sur les intentions, les compétences et la bonne volonté d'autrui afin de faciliter la coopération et la coordination. Elle agit comme un mécanisme réducteur d'incertitude dans les situations sociales complexes, particulièrement lorsqu'il y a une absence d'information et de contrôle sur les actions d'autrui[13]. Actuellement, la crise de confiance envers le système capitaliste interagit avec la notion d'intersubjectivité, ainsi qu'avec la quête d'autonomie des individus, créant une couche supplémentaire de contraintes. L'intersubjectivité se réfère à la manière dont les individus interagissent, partagent des expériences et créent du sens dans un contexte social. Face à la crise de confiance envers le capitalisme, les individus se sentent de plus en plus déconnectés les uns des autres et des institutions qui les gouvernent.

C'est dans ce contexte que la notion de contrainte se révèle être un outil analytique précieux. Les contraintes, telles que définies par le système capitaliste, affectent de manière significative notre capacité à faire confiance et à construire des relations intersubjectives. La crise de confiance actuelle peut être vue comme une manifestation de ces contraintes, et leur accumulation mène potentiellement à une impasse. L'autonomie individuelle, en tant que recherche d'une échappatoire à ces contraintes, est elle aussi affectée. Par conséquent, la mise à mort symbolique du capitalisme peut être perçue comme un acte de résistance, une quête d'autonomie, visant à remettre en question et à repenser les contraintes imposées par le système capitaliste. Les personnes qui recherchent l'autonomie, vis-à-vis des institutions, et remettent en question le capitalisme développent aussi des liens plus forts avec ceux qui partagent leurs valeurs, tandis que les relations avec ceux qui adhèrent encore aux idéaux capitalistes s'affaiblissent. Il est également important de noter que la recherche d'autonomie et la remise en question du capitalisme ne sont pas nécessairement incompatibles avec la participation aux structures capitalistes existantes. Certains individus cherchent à naviguer entre ces deux mondes, en adoptant des pratiques et des valeurs anticapitalistes tout en participant, de manière critique ou pragmatique, aux institutions capitalistes[14].

Dans un contexte où le capitalisme est de plus en plus remis en question, et paradoxalement de plus en plus puissant, on observe que certaines personnes cherchent activement à explorer de nouvelles façons d'interagir et de créer du sens. Cette quête se manifeste par la volonté de transformer les valeurs et les pratiques culturelles qui sous-tendent le système capitaliste. Cette démarche a également des répercussions sur l'évolution des relations sociales, comme la notion de communautés de destin ou même de famille. Les communautés de destin émergent lorsque des individus partageant une vision commune du monde et des valeurs alternatives se rassemblent pour créer une nouvelle réalité sociale. Par exemple, il existe plusieurs liens entre l'évolution de la famille, les nouvelles formes d'habiter et la transition socio-écologique.

L'anthropologie de la famille étudie les différents aspects de la famille dans différentes cultures, en s'intéressant notamment aux formes de parenté, aux modes de vie familiaux, aux rôles de genre, aux rites et cérémonies familiales, aux enjeux économiques et politiques liés à la famille, ainsi qu'aux transformations de la famille dans les contextes de changement social, culturel et économique[15].

L'évolution de la famille a des répercussions sur la manière dont les gens habitent et travaillent. D'un côté, les familles sont plus petites, les couples sont plus souvent séparés géographiquement, les personnes vivent plus longtemps seules, ce qui nécessite des logements adaptés. Les nouvelles formes d'habiter, comme les habitats participatifs, les écoquartiers ou les Tiny Houses[16], répondent à ces nouveaux besoins et proposent des solutions plus durables et solidaires[17]. D'un autre côté, le développement du travail hybride pour les classes moyennes et supérieures occidentales, qui consiste à alterner le travail à domicile et en entreprise, a des impacts sur l'habitat et les modes de vie. Les gens passent plus de temps chez eux et ont donc besoin d'un environnement de travail adapté. Les nouvelles formes d'habitat peuvent aider à favoriser des modes de vie plus durables, comme l'autoconsommation d'énergie, la mobilité douce ou le partage de ressources[18].

L'hospitalité de la résistance

L'évolution de la famille et l'individualisation de la société ont entraîné des changements dans les formes d'hospitalité. De manière traditionnelle, l'hospitalité était principalement basée sur des liens familiaux et communautaires étroits. Mais avec la mobilité accrue et la fragmentation des familles, l'hospitalité a pris de nouvelles formes, telles que l'hospitalité commerciale (Airbnb) et l'hospitalité basée sur des intérêts communs plutôt que sur des liens familiaux ou communautaires (colocations à thèmes)[19]. Certains sociologues, comme Michel Maffesoli[20], soutiennent que ces nouvelles formes d'hospitalité peuvent également offrir de nouvelles opportunités pour des relations plus ouvertes et flexibles, permettant à des personnes de différentes cultures et origines sociales de se rencontrer et de se connecter.

Il existe de nombreuses initiatives qui visent à interroger la notion d'hospitalité et de vivre ensemble à l'aune de la transition socio-écologique. L'hospitalité, c'est une valeur humaine, c'est le partage du « chez-soi ». Il s'agit d'un moment de cohabitation socioculturelle qui vise à réduire l'altérité entre deux personnes d'un même groupe social, ou à l'inverse, entre deux personnes de groupes sociaux ou même de cultures très différents. Autrement dit, l'hospitalité est « une manière de vivre ensemble, régie par des règles, des rites et des lois[21] ».

L'hospitalité de la résistance représente, dans le cadre de mes recherches anthropologiques, une manière de concevoir le vivre-ensemble qui aspire à s'émanciper des logiques marchandes associées au système capitaliste. Les révolutions tranquilles[22] et les utopies concrètes[23] représentent les initiatives les plus emblématiques de projets communautaires qui questionnent tant la notion d'hospitalité que les limites du mode de vie au sein des sociétés occidentales thermo-industrielles.

Le village de Marinaleda situé en Andalousie (Espagne) développe depuis les premières élections libres de 1977 un système social et politique à contre-courant du modèle prédominant[24]. Ce village andalou en autogestion repose sur un système de démocratie directe et sur la mise à disposition de logements bon marché[25]. Les villageois disposent de 1 200 hectares qu'ils exploitent en coopérative qui « intègre ses propres unités de transformation et commercialise sa production[26] ». L'idéologie utopique du village s'affiche, comme le rapportent les deux fondateurs du collectif The Laboratory of Insurrectionary Imagination, Isabelle Fremeaux et John Jordan, dès l'arrivée au village : en larges lettres d'acier au-dessus de la terrasse du bar, on peut lire : « MARINALEDA – UNA UTOPIA HACIA LA PAZ – OTRO MUNDO ES POSSIBLE » (Marinaleda – Une utopie vers la paix – Un autre monde est possible)[27]. Marinaleda fait partie de ce que l'on appelle des « villes-refuge[28] », au sein desquelles la « mobilisation d'une "tradition d'hospitalité urbaine" devient le socle d'une mise en réseau des villes-refuge dans un contexte de revendication d'autonomie des pouvoirs municipaux, notamment là où les institutions étatiques font défaut[29] ».

La Baraque originelle

D'autres initiatives visent, quant à elles, à s'adapter à l'évolution des modes de vie afin de proposer des habitats partagés qui répondent aux attentes des « travailleurs nomades ». En France, la SARL Ballad propose, via un abonnement mensuel de 250 euros hors taxes, l'accès à de nombreux hébergements (appartements à Lyon, Paris et Barcelone, tiers lieux culturels, bureaux, ...) et solutions de mobilité (vélo cargo, voiture électrique, van aménagé, etc.) en France et en Europe[30]. Le lieu qui a principalement retenu mon attention est une maison de campagne dans la Drôme, en France, qui s'appelle La Baraque originelle. Lorsque l'on arrive au domaine, on peut lire sur une grande pancarte : « Bienvenue au centre de la Terre ». Tout se passe comme si c'était ici que tout commençait. Le début d'une nouvelle manière de vivre ensemble. Pour un anthropologue, ce lieu est un terrain d'observation propice pour questionner l'évolution des fonctions et des représentations de l'habitat.

Cette maison de campagne à destination de la classe créative[31] véhicule un imaginaire pluriel par l'intermédiaire ne serait-ce que de son nom. En effet, La Baraque originelle évoque une forme de retour aux sources, à une simplicité originelle. Les classes créatives, constituées d'artistes, de concepteurs, de penseurs, de chercheurs et d'autres professions intellectuelles, sont souvent à la recherche de sources d'inspiration inédites. La Baraque originelle représente un refuge loin de l'agitation urbaine, favorisant la créativité et l'innovation. Cette maison de campagne symbolise un espace de réflexion et d'action pour la classe créative, aspirant à un mode de vie plus sobre et durable.

Dans ce sens, le choix de son nom reflète un désir de se reconnecter avec la nature, avec des formes de vie plus simples ou avec des traditions anciennes. Ce nom résonne alors avec une volonté de créer un lieu communautaire ou partagé, dans lequel les membres de la classe créative peuvent se retrouver et se ressourcer. Dans cette perspective, La Baraque originelle devient une forme de résistance à la fragmentation et à l'individualisme de la société contemporaine.

Concrètement, à *La Baraque*, chaque abonné peut réserver une chambre ou un hébergement dans le domaine. Lorsqu'il se rend sur place, il dispose d'un espace privé (couchage, WC), parfois d'une douche privative et il va partager les autres espaces (cuisine, salle à manger, extérieurs, services directs). Les repas sont généralement pris ensemble, et chaque abonné va prendre en charge tout ou partie d'un repas, lorsqu'il est sur place plusieurs jours. Comme les abonnés nouent des relations d'amitiés ou professionnelles au sein des autres espaces proposés par Ballad (tiers lieux culturels, espaces de coworking, événements, etc.), les règles d'hospitalité à La Baraque s'organisent de manière similaire à celle d'une maison de famille, partagée entre les différents membres d'une fratrie. De manière informelle, mais partagée, chaque abonné adopte un comportement bienveillant à l'égard des autres abonnés. D'ailleurs, l'un des cofondateurs de Ballad, lorsqu'il est interviewé au sujet de son concept, parle d'une « famille » pour décrire le mode de fonctionnement que les co-abonnés ont les uns avec les autres[32].

Les interactions sociales que j'ai observées, ainsi que les échanges conversationnels entre les abonnés dont j'ai été témoin dans ce lieu, semblent permettre d'ancrer, géographiquement et socialement, un point de départ ou une source d'inspiration commune à tous les membres du groupe qui partagent cette maison de campagne. D'une manière extrêmement paradoxale, les co-abonnés semblaient faire preuve d'une grande clairvoyance concernant l'impact socio-écologique négatif de leur mode de vie mais, en même temps, ils semblaient tout faire pour se maintenir hors de cette réalité.

La mise à mort symbolique du capitalisme à La Baraque originelle			
Séparation	**Liminalité**	**Agrégation**	**Réintégration**
Les abonnés quittent leur environnement urbain et se rendent dans une maison de campagne éloignée	Ils vivent ensemble en dehors des contraintes de la vie quotidienne, explorant des modes de vie alternatifs et durables	Les membres développent des liens profonds, expérimentent la coopération et la solidarité, et s'engagent dans des pratiques écologiques et sociales	Les abonnés retournent à leur vie quotidienne, souvent transformés et inspirés pour mettre en œuvre des changements durables dans leur propre vie et dans la société en général

Par exemple, lors des moments festifs, j'avais l'impression d'être parachutée dans une communauté new age[33], car les conversations tournaient autour d'une constellation de pratiques psychospirituelles. Ces pratiques incluaient la méditation via des applications mobiles, les retraites spirituelles pour se recentrer professionnellement, des cérémonies féminines en lien avec les menstruations en pleine nature, le Tarot et un ensemble d'autres pratiques basées sur des croyances, parfois ésotériques. Toutes ces pratiques de réassurance visent, d'après moi, à rendre plus acceptables les contradictions auxquelles les abonnés doivent faire face : c'est-à-dire l'écart entre leur privilège carbone et les pratiques qu'ils (ne) mettent (pas) en place afin de réduire leur coût socio-énergétique. D'après ce que j'ai pu observer, changer de mode de vie commencerait donc avant tout par une révolution de la perception de notre quotidien.

Mais changer notre perception du quotidien n'est pas une mince affaire, loin s'en faut. Une part significative de cet ouvrage a vu le jour dans la Baraque originelle. C'est d'ailleurs là-bas que j'ai eu le privilège de croiser le chemin d'un ancien abonné singulier : ce photographe de profession, bien qu'ayant pris ses distances avec la communauté, n'a pas hésité à ériger une yourte – d'un rose insolite – au cœur même du domaine. Durant l'été 2023, alors que la canicule commençait à se faire sentir et que d'autres abonnés l'interrogeaient sur la chaleur insoutenable qui devait régner dans son abri, il mit fin aux légitimes inquiétudes en expliquant à ces aimables interlocuteurs qu'il avait installé la climatisation dans sa yourte : « Je suis bobo, mais il y a des limites », conclut-il, lucide. Au-delà de l'aspect comique – certains diront « irritant » – de cette anecdote, j'y vois surtout l'expression des profondes contradictions qui persistent entre le désir sincère d'une rupture radicale avec les mécanismes du capitalisme et le souhait de préserver certains des conforts intrinsèques à nos modes de vie occidentaux.

Le partage par des groupes de personnes de maisons de campagne ou de résidences secondaires, souvent dans un but communautaire ou de loisirs, est une pratique répandue à travers le monde[34]. La Baraque originelle se présente comme une interprétation moderne d'une tradition ancestrale, spécialement conçue pour les classes créatives. Elle propose un « package complet » qui combine un tarif élevé et une localisation urbaine spécifique pour créer un lieu au positionnement marketing distinct[35]. De manière indirecte, cette configuration conduit à l'exclusion des personnes ayant une perception du monde et de l'époque actuelle divergente.

S'émanciper du système : les rites de mise à mort du capitalisme

Dans l'univers occidental, une frange de la population, aspirant à une plus grande autonomie par rapport aux contraintes sociétales et environnementales, se marginalise en adoptant des rites symboliques de mise à mort du capitalisme. Ces pratiques variées, artistiques, militantes ou collectives, sont une expression de leur rejet des dérives capitalistes et une proclamation de leur désir d'une société plus juste, durable et solidaire. Bien que relégués à des espaces souvent méconnus et peu attractifs pour le grand public, comme certaines forêts d'Asie ou de l'Oregon aux États-Unis, ces individus sont aux prémices de transformations sociales significatives.

La forêt a une fonction importante dans nos sociétés occidentales. Elle est à la fois un lieu de ressources naturelles (bois, chasse, cueillette), un lieu de loisirs (randonnée, camping), mais aussi un lieu symbolique et culturel. Elle peut être associée à des croyances, des mythes et des traditions locales, mais aussi à des représentations sociales plus larges liées à la nature, au sauvage, à la protection de l'environnement. La forêt est également un espace de projection et de reflet de nos préoccupations sociétales actuelles, notamment en matière d'environnement et de développement durable. Elle est souvent considérée comme un indicateur de la santé de la planète et de la biodiversité. Enfin, la forêt est un lieu de lutte politique, que ce soit pour la défense de ses ressources ou pour la protection de ses écosystèmes[36].

Dans leur quête d'autonomie, certaines personnes se trouvent surcontraintes par le même système capitaliste qu'elles cherchent à échapper. Cette situation est rendue encore plus complexe par l'émergence potentielle d'un tabou carbonique. Plutôt que de soulager leurs contraintes, cette nouvelle dimension pourrait les amplifier, intensifiant ainsi leur combat pour une vie plus autonome et en harmonie avec l'environnement. C'est dans ce contexte que l'observation anthropologique de certains rites de mise à mort symbolique du capitalisme, pratiqués dans certaines forêts du monde, prend tout son sens. Ces rites permettent non seulement d'explorer les limites du système capitaliste et des mécanismes de marché, mais ils ouvrent également de nouveaux horizons pour l'imagination et la résistance. En mettant en lumière des pratiques alternatives et des formes de vie différentes, ils remettent en question les valeurs dominantes et offrent des perspectives de changement.

La forêt des suicidés

Le premier rite de mise à mort symbolique du capitalisme se situe dans la forêt d'Aokigahara[37], communément appelée la « forêt des suicidés », et conduit, dans de nombreux cas, à la mort non pas symbolique, mais physique des individus. Il s'agit d'une forêt située au pied du mont Fuji au Japon. Cette forêt est connue pour être le lieu d'un grand nombre de suicides, en majorité de cadres supérieurs en proie à la pression sociale et professionnelle. Bien que les raisons exactes pour lesquelles cette forêt est devenue un lieu de suicide soient multiples, certains la considèrent comme un reflet des problèmes sociaux, économiques et culturels qui affectent la société japonaise moderne[38]. Le suicide est une pratique ancienne au Japon, où il est souvent considéré comme un moyen de préserver l'honneur et de corriger une faute ou un échec. Dans le cas des cadres supérieurs, la pression pour réussir et pour répondre aux attentes de la société peut être écrasante, conduisant certains à choisir le suicide comme moyen de s'absoudre de leurs échecs et de ne pas déshonorer leur entreprise ou leur famille[39].

La mise à mort symbolique du capitalisme à Aokigahara			
Séparation	**Liminalité**	**Agrégation**	**Réintégration**
Les individus se retirent de la société et se rendent dans la forêt, quittant ainsi le monde ordinaire	Ils entrent dans un espace de vulnérabilité et de désespoir où les règles et les normes habituelles sont suspendues	Les personnes présentes partagent une expérience intense et émotionnelle, créant un sentiment d'unité et de solidarité	Ceux qui reviennent de la forêt peuvent être transformés par leur expérience et développer une nouvelle perspective sur la vie et les valeurs sociétales

Les interactions sociales dans cette forêt sont complexes entre « aspirants au suicide ». Il est fréquent que des personnes qui viennent seules pour mettre fin à leurs jours rencontrent d'autres personnes ayant le même projet. L'isolement et la solitude pouvant être des facteurs contribuant à la dépression, ces rencontres apparaissent comme une forme d'entraide entre personnes en détresse. En discutant de leur situation et de leurs problèmes, ces individus trouvent un soutien moral et émotionnel. Ces rencontres peuvent durer plusieurs jours et aboutir à une sorte de camaraderie : certains décident de reprendre le cours de leur vie en sortant de la forêt, et d'autres de passer à l'acte[40].

Lors d'une exploration anthropologique en 2017 à Aokigahara, je me suis notamment intéressée à la culture matérielle des aspirants au suicide. Il y a, par exemple, des petits bouts de tissus attachés aux arbres, également appelés « signes de vie », qui permettent aux personnes qui pénètrent dans la forêt de signaler leur présence et leur position aux autres. D'un point de vue anthropologique, les rubans « signes de vie » dans la forêt d'Aokigahara symbolisent un lien entre la vie et la mort, l'espoir et le désespoir. Ils sont utilisés pour se repérer en cas de changement d'avis, ou pour laisser une trace. Ces rubans témoignent de la tension entre le désir de vivre et l'attraction de la mort dans une société où le suicide est fortement marqué culturellement[41]. Ils reflètent également l'interaction entre les individus, la nature et le monde des esprits, car la forêt d'Aokigahara est considérée comme un lieu sacré.

Ces « signes de vie » sont un moyen de se connecter avec les autres et de se retrouver au sein de petits campements improvisés, ou bivouacs, que les « aspirants au suicide » construisent pour y passer la nuit. Dans cette forêt, les bivouacs peuvent être vus comme des espaces temporaires de refuge et de réflexion pour ceux qui envisagent le suicide. D'un point de vue anthropologique, ils représentent un lieu de transition entre la vie et la mort, offrant un espace de solitude et de contemplation pour les individus en détresse. Les bivouacs servent également de lieux de rencontre pour les personnes partageant des expériences similaires, pouvant donner lieu à créer ainsi une forme de solidarité et de soutien mutuel. Ils mettent en lumière l'importance des rites et des espaces liminaux dans la culture japonaise.

Le champignon de la fin du monde

Dans l'ouvrage, *Le Champignon de la fin du monde*[42], Anna Tsing explore les relations entre l'homme, la nature et l'économie capitaliste à travers l'étude de la cueillette des champignons matsutake dans les forêts de l'Oregon aux États-Unis, mais aussi dans d'autres régions du monde comme le Japon et la Chine[43]. Les cueilleurs, en quête de champignons rares et de qualité, doivent souvent se rendre dans des endroits reculés, dans des conditions difficiles, pour trouver ce qu'ils cherchent. Cette quête est de plus en plus difficile, car les espaces naturels sont dégradés par l'industrialisation, le développement urbain et le changement climatique[44].

Anna Tsing montre que la cueillette du matsutake est devenue un mode de subsistance pour de nombreux cueilleurs et que cette pratique a été affectée par les changements climatiques, la déforestation, la pollution et la mondialisation[45].

La mise à mort symbolique du capitalisme à travers la cueillette du matsutake			
Séparation	**Liminalité**	**Agrégation**	**Réintégration**
Les cueilleurs s'éloignent des villes et des marchés pour se rendre dans les forêts et les montagnes	Ils entrent dans un espace sauvage où ils sont confrontés à la nature et aux connaissances traditionnelles	Les cueilleurs partagent des savoirs, des techniques et des expériences, renforçant ainsi leurs liens communautaires et leur relation avec la nature	Ils reviennent à la société avec des compétences et des connaissances nouvelles, contribuant à une prise de conscience de l'importance de la diversité biologique et culturelle

Le système précaire et instable du capitalisme, où la compétition et l'exploitation sont souvent la norme, peut être comparé à l'instabilité de la cueillette des champignons, où les conditions environnementales et les opportunités de récolte varient considérablement. Dans les deux cas, les individus sont confrontés à des défis constants pour assurer leur subsistance et leur bien-être. Néanmoins, à mesure que les cueilleurs de champignons développent leurs propres réseaux et compétences, ils construisent progressivement des alternatives économiques et sociales qui contrecarrent les logiques capitalistes. En établissant des relations de confiance, de coopération et de solidarité au sein de leurs communautés, ils parviennent à créer des structures de soutien mutuel qui leur permettent de s'adapter aux fluctuations de leur environnement. De plus, cette adaptation aux conditions instables de la cueillette des champignons peut être considérée comme une métaphore de la capacité des individus et des communautés à s'adapter aux évolutions de la société. En développant des compétences telles que la résilience, la créativité et l'entraide, les cueilleurs sont en mesure de répondre aux défis posés par un monde en constante mutation et de construire des alternatives viables au modèle capitaliste dominant[46].

D'un point de vue anthropologique, cette analogie entre l'instabilité du capitalisme et celle de la cueillette des champignons met en lumière la manière dont les individus et les communautés sont capables de s'adapter et de résister face à des systèmes oppressifs. En s'engageant dans cette activité de cueillette et en développant des réseaux alternatifs d'échange et de soutien, ils mettent en pratique une forme de résistance qui contribue à la transformation des valeurs et des pratiques culturelles, révélant ainsi le potentiel subversif de ce rite symbolique.

Selon Anna Tsing, le matsutake est un symbole de la fin du monde capitaliste car sa rareté et son caractère imprévisible ne peuvent être intégrés dans le système de production capitaliste standardisé. Au lieu de cela, il est cueilli dans des zones perturbées, telles que les sites de désastres écologiques, les zones de déforestation ou les terrains de guerre, où il émerge comme une forme de résilience et de résistance à la destruction environnementale[47].

La perspective présentée par Anna Tsing suggère de mettre en place une éthique de la réparation qui tienne compte de notre responsabilité envers l'environnement et les générations futures, tout en s'engageant à remédier aux dommages que nous avons infligés.

L'éthique de la réparation, en réponse à la déconstruction symbolique du capitalisme, conteste ses fondamentaux, notamment l'exploitation et la commercialisation de la nature. Elle valorise intrinsèquement la nature, dissociée de toute mesure de valeur marchande. Envisager la cueillette de matsutake comme un rite de mise à mort symbolique du capitalisme, nous amène à repenser les concepts de propriété et de valeur, piliers du système capitaliste. Ces réflexions anthropologiques mettent en lumière les contraintes imposées par notre modèle économique actuel et ouvrent la voie à de nouvelles perspectives. En particulier, elles soulignent l'importance d'un éventuel tabou carbonique, qui pourrait être une contrainte supplémentaire dans un système déjà surcontraint, mais qui a le potentiel de redonner du sens à ces contraintes en les unifiant vers un but commun – une harmonie durable avec notre environnement naturel.

Transformation sociétale

D'un point de vue anthropologique, la forêt des suicidés et la cueillette de matsutake peuvent être considérées comme deux rites de mise à mort symbolique du capitalisme, en ce sens qu'ils remettent en question les valeurs et les pratiques associées à ce système économique. Les deux rites mettent en évidence la crise de confiance envers le capitalisme et ses institutions, ainsi que le besoin d'explorer des alternatives pour échapper à ses contraintes. Ils mettent également l'accent sur l'autonomie, que ce soit en choisissant de mettre fin à sa vie dans la forêt des suicidés ou en adoptant un mode de vie alternatif basé sur la cueillette de matsutake.

Au-delà de ces rituels, ces comportements sont symptomatiques d'une société en mutation, cherchant à se libérer de l'étau du capitalisme. C'est dans cette perspective que pourrait émerger le tabou carbonique, envisagé comme un possible vecteur de transformation et de salut pour une société en quête de sens et d'équilibre.

La confiance, dans le contexte de ces rites, est étroitement liée à la manière dont les individus perçoivent et interagissent avec les institutions et les systèmes qui structurent leur vie quotidienne. La crise de confiance envers le capitalisme et ses institutions se manifeste à travers ces rites, qui révèlent un désir de trouver des alternatives pour créer du sens et de la valeur en dehors des normes et des contraintes imposées par le système économique dominant. En explorant et en expérimentant avec ces alternatives, les individus impliqués dans ces rites contribuent à l'émergence de nouvelles formes de confiance basées sur des relations sociales et économiques plus horizontales, égalitaires et solidaires. Ces nouvelles formes de confiance peuvent être considérées comme une réponse à la dégradation des relations sociales et à la précarisation des conditions de vie engendrées par le capitalisme.

Le concept d'autonomie se manifeste de différentes manières dans ces rites. Par exemple, dans la forêt des suicidés, l'autonomie peut être interprétée comme un acte de résistance ultime face à la perte de contrôle et de sens provoquée par les conditions de vie imposées par le capitalisme. Il faut également interpréter ces comportements à la lumière de la pression des contraintes, qu'elles soient économiques, psychologiques, etc. Ces contraintes sont le symptôme d'un monde en crise, mais nous assistons à un manque de mutation culturelle nécessaire pour rendre ces contraintes acceptables en leur donnant du sens. C'est dans ce contexte que le tabou carbonique, en tant que nouveau phénomène culturel, pourrait intervenir pour réorienter et redéfinir le sens de ces contraintes.

Les individus cherchent à reprendre le contrôle de leur existence en choisissant un lieu et une manière de mourir qui leur sont propres, loin des contraintes du système économique dominant. Dans le cas de la cueillette de matsutake, l'autonomie se manifeste à travers la construction de réseaux et de communautés informelles qui permettent aux cueilleurs de champignons de se soustraire, au moins en partie, aux contraintes du marché capitaliste. En développant des compétences, des connaissances et des relations sociales qui leur sont propres, les cueilleurs de matsutake créent des espaces d'autonomie et de résilience face à la précarité et à l'instabilité du système capitaliste. L'autonomie, dans ces contextes, est également liée à la capacité des individus à développer et à partager des savoirs et des pratiques qui remettent en question les valeurs et les normes imposées par le capitalisme.

Faire société autrement

Face aux défis posés par le capitalisme et les dominations étatiques, de nombreuses personnes et communautés cherchent à faire société autrement en résistant et en désobéissant aux normes établies. À travers le rite de mise à mort symbolique du capitalisme, ces communautés défient les structures de pouvoir et remettent en question les modèles économiques et sociaux dominants, offrant ainsi des alternatives pour un futur plus durable et égalitaire.

Cependant, l'accumulation de contraintes économiques, sociales et psychologiques, qui ne sont pas absorbées culturellement, crée un monde privé de sens, car il est largement perçu que le capitalisme est destiné à l'échec pour diverses raisons. Ce constat entraîne des crises à tous les niveaux : les contraintes se multiplient et deviennent indigestes, car elles n'ont pas de sens. C'est dans ce contexte que le tabou carbonique entre en jeu. Il peut redonner du sens aux contraintes, en les intégrant culturellement, et fournir une perspective d'avenir pour les individus.

Résister et désobéir

Résister pour un avenir plus juste et plus durable s'exprime également au travers de nombreuses initiatives qui font régulièrement écho dans la presse :

– Le délit de solidarité au nom du principe de fraternité[48] : en 2015, en réponse à la menace terroriste, la France a réinstauré le contrôle à la frontière franco-italienne. Les migrants ont alors emprunté des voies montagneuses pour atteindre la vallée de la Roya, dans les Alpes-Maritimes. Ils ont été hébergés par des citoyens solidaires, considérant leur aide comme un acte naturel, bien que l'État le qualifie de délit.

Cédric Herrou a fondé la première communauté Emmaüs paysanne, nommée Emmaüs Roya, au sein de sa ferme en agriculture biologique située à Breil-sur-Roya, dans les Alpes-Maritimes. Depuis juillet 2019, cette initiative unique en son genre emploie des migrants en tant que compagnons, les intégrant ainsi dans une activité agricole et favorisant leur insertion sociale et économique[49].

- La techno-manif contre la réforme française des retraites : pour les membres de Alternatiba[50], « la danse est un outil de lutte[51] » qui permet de dénoncer une réforme injuste et climaticide[52].
- Face à l'urgence climatique, des scientifiques « radicalisés » choisissent la désobéissance civile[53] : le collectif international Scientist Rebellion émerge à la suite de la publication d'une tribune en février 2020, signée par mille scientifiques. Ce mouvement considère la rébellion comme une réponse nécessaire à l'inaction gouvernementale face à la crise climatique et aux défis environnementaux[54].
- La Green Guerrilla : il s'agit d'actions directes, la plupart du temps non violentes, menées par des individus ou des groupes dans le but de protéger l'environnement et promouvoir la durabilité écologique. Les actions de Green Guerrilla peuvent inclure la plantation d'arbres, la création de jardins urbains, la désobéissance civile ou d'autres formes de protestation et de résistance pour attirer l'attention sur les problèmes environnementaux et inciter au changement[55].

La résistance englobe un éventail de pratiques, d'attitudes et d'actions, y compris la désobéissance civile, par lesquelles les individus ou les groupes s'opposent, défient ou subvertissent les structures de pouvoir et sociales dominantes. D'un point de vue anthropologique, la résistance, incluant la désobéissance civile, est un concept central pour analyser les dynamiques de pouvoir et de contestation au sein des sociétés humaines[56].

La mise à mort symbolique du capitalisme avec la Green Guerrilla			
Séparation	**Liminalité**	**Agrégation**	**Réintégration**
Les membres quittent leur routine quotidienne et rejoignent des actions de résistance écologique	Ils s'engagent dans des activités de désobéissance civile, mettant en question les structures de pouvoir et les modèles de développement	Les membres de la green guérilla partagent des expériences intenses, des objectifs communs et développent un sentiment d'appartenance et d'identité collective	Les participants retournent à la société avec une conscience accrue des enjeux écologiques et une motivation à agir pour un changement positif

La liberté sans l'État ?

La contestation à travers la mise en place d'un modèle de société autonome, comme celles observées à Zomia et à la Zad (Zone à défendre) de Notre-Dame-des-Landes, permet d'explorer des alternatives au capitalisme en se distanciant des liens étroits avec l'État. Ces sociétés autonomes favorisent des valeurs telles que la coopération, la solidarité et la préservation de l'environnement, offrant ainsi un cadre plus libre et moins dépendant des contraintes et des dynamiques imposées par le capitalisme et les structures étatiques traditionnelles.

Zomia est un terme géographique et anthropologique utilisé pour décrire une vaste région montagneuse en Asie du Sud-Est, s'étendant de l'Himalaya à la péninsule indochinoise. Le concept a été développé par James C. Scott[57] pour expliquer comment les groupes ethniques et les communautés vivant dans ces zones montagneuses échappent souvent au contrôle des États-nations et préservent leur autonomie culturelle et politique. La Zad de Notre-Dame-des-Landes, quant à elle, est un site en France où un projet d'aéroport a été contesté pendant des années. Des militants écologistes, des agriculteurs et d'autres citoyens se sont installés sur le site pour protéger la zone et empêcher la construction de l'aéroport, soutenant qu'il aurait un impact négatif sur l'environnement et les communautés locales. En 2018, le gouvernement français a finalement abandonné le projet d'aéroport, et la Zad est devenue un symbole de résistance et de lutte pour la préservation de l'environnement et des terres agricoles[58].

Comme l'illustre le tableau ci-après, Zomia et la Zad de Notre-Dame-des-Landes sont deux espaces géographiques et sociaux qui, bien que différents dans leur contexte et leur histoire, peuvent être analysés à travers les quatre phases du rituel de mise à mort symbolique du capitalisme.

Les rituels de mise à mort symbolique du capitalisme à Zomia et à la Zad sont renouvelés et répétés au fil du temps, à mesure que les communautés continuent de résister aux pressions extérieures et de développer leurs alternatives. Cela peut inclure des actes de résistance, des célébrations et des commémorations, ainsi que des échanges de savoir-faire et d'expériences entre les membres de la communauté et avec d'autres groupes similaires. Et malgré les différences de contexte et d'histoire, ces deux rites de mise à mort symbolique du capitalisme présentent des similitudes dans leur structure et leur dynamique.

La mise à mort symbolique du capitalisme avec Zomia et la Zad de Notre-Dame-des-Landes			
Séparation	**Liminalité**	**Agrégation**	**Réintégration**
Les communautés qui habitent ces espaces se séparent du système capitaliste dominant et des structures de pouvoir qui le soutiennent. Pour Zomia, cela se traduit par une distance géographique et culturelle avec les États-nations environnants. La Zad de Notre-Dame-des-Landes est un territoire occupé par des militants écologistes et anticapitalistes qui ont résisté à un projet d'aéroport et ont réussi à en empêcher la construction	Les habitants de Zomia et de la Zad traversent une phase de transition, où ils expérimentent de nouvelles formes d'organisation sociale, économique et politique, en rupture avec les modèles dominants. Dans Zomia, cela se manifeste par des pratiques agricoles de subsistance, des systèmes politiques décentralisés et une résistance à l'intégration étatique. Dans la Zad, les militants mettent en place des formes d'autogestion, de coopération et d'entraide, ainsi que des pratiques écologiques et alternatives à l'économie capitaliste	Les communautés de Zomia et de la Zad ont appris à faire société autrement. Les habitants de Zomia ont renoncé à certaines commodités et avantages liés au capitalisme et à la vie dans les zones sous contrôle étatique pour préserver leur autonomie et leur mode de vie. Les militants de la Zad ont sacrifié leur temps, leur énergie, et parfois leur sécurité, pour défendre la zone et lutter contre les projets de développement capitalistes	Les communautés de Zomia et de la Zad cherchent à consolider et à pérenniser leurs modes de vie alternatifs, en les intégrant dans des structures sociales et culturelles durables. Cela peut inclure la création d'institutions et de réseaux de soutien, ainsi que le développement d'identités et de discours propres qui renforcent la cohésion et l'engagement des membres de la communauté

Zomia et la Zad de Notre-Dame-des-Landes montrent que des sociétés alternatives peuvent émerger en dehors des contraintes du capitalisme et de la centralisation étatique. Ces exemples mettent en évidence la capacité des individus et des communautés à résister, à innover et à créer de nouveaux modèles sociaux, économiques et politiques, tout en inspirant d'autres mouvements de contestation et de changement.

Lutter contre toute forme de domination

En définitive, l'ensemble des rites de mise à mort symbolique du capitalisme que nous venons d'aborder nous permettent à la fois d'étudier les stratégies de différentes communautés pour lutter contre toute forme de domination, mais également d'identifier et d'interroger les marges de la société, contribuant ainsi à une meilleure compréhension des bouleversements actuels qui façonnent notre société. En explorant les limites et les marges de la société, on peut approfondir notre compréhension des défis liés à la transition hors du capitalisme en analysant des thématiques telles que la marginalisation et la résistance face à la domination, l'aliénation et l'épuisement résultant de ce système, ainsi que les interactions entre la culture et l'environnement.

Les populations de Zomia résistent à la domination étatique et au contrôle centralisé en adoptant des modes de vie et des pratiques qui les maintiennent en marge des sociétés étatiques. Les ramasseurs de matsutake, souvent issus de communautés marginalisées (les minorités ethniques ou les migrants par exemple), tirent parti de la cueillette et de la commercialisation de ces champignons précieux pour subvenir à leurs besoins et préserver leur autonomie économique.

D'un point de vue anthropologique, le suicide à Aokigahara pourrait être perçu non seulement comme un acte de désespoir personnel, mais aussi comme une forme de suicide culturel, une manifestation symptomatique de l'échec du système capitaliste. Les individus qui se tournent vers cette action extrême sont souvent les victimes les plus affectées de l'accumulation des contraintes sociales et économiques inhérentes à notre système. Ces contraintes, qui n'ont pas été adéquatement absorbées ou traitées par la culture dominante, conduisent à une mort sociale et culturelle avant même la mort physique. En revanche, il est essentiel de ne pas assimiler ces individus à ceux qui résistent activement au système. Bien qu'ils soient tous les deux des réactions à l'oppression inhérente au capitalisme, le suicide à Aokigahara représente un symptôme tragique de la crise du système, tandis que la résistance symbolise une tentative active de renverser ou de modifier ce système.

Le capitalisme, en mettant l'accent sur la croissance et la productivité, peut entraîner l'aliénation et l'épuisement des individus. Les populations de Zomia résistent à cette aliénation en adoptant des pratiques de subsistance durables et en évitant la centralisation du pouvoir. Les ramasseurs de matsutake pourraient être considérés comme cherchant une alternative économique et écologique à l'exploitation capitaliste des ressources naturelles. Les personnes qui se suicident à Aokigahara peuvent être considérées comme les victimes ultimes de l'aliénation et de l'épuisement, incapables de faire face à la pression sociale et économique associée au capitalisme.

Les populations de Zomia, les ramasseurs de matsutake et les personnes qui se suicident à Aokigahara interagissent avec leur environnement de différentes manières qui remettent en question les normes du capitalisme. Les populations de Zomia adoptent des pratiques agricoles durables, tandis que les ramasseurs de matsutake participent à des réseaux d'échange qui valorisent la relation entre les humains et la nature. La forêt d'Aokigahara est une illustration de l'intersection des relations culturelles, écologiques et sociales, reflétant les conséquences du capitalisme sur l'environnement et la santé mentale des individus.

L'analyse de ces éléments à travers les rites de mise à mort symbolique du capitalisme révèle l'émergence d'une prise de conscience collective : le système actuel, refusant de reconnaître son impasse, multiplie les contraintes jusqu'à devenir insupportable. Cette prise de conscience est le début d'un mouvement vers la sortie du déni, le prélude à la recherche d'un nouveau chemin.

C'est ici qu'intervient le tabou carbonique, offrant une possibilité de redonner du sens à ces contraintes, d'en unifier la lecture, la lisibilité. En réorientant ces contraintes autour d'un objectif commun, le tabou carbonique peut permettre leur intégration culturelle, transformant une pression insupportable et multiple en un moteur pour construire un futur partagé et désirable.

Ces rites symboliques démontrent donc la capacité des individus et des communautés à innover et à résister face aux contraintes du capitalisme, en ouvrant des voies d'exploration pour des alternatives aux systèmes économiques et politiques centralisés, qui visent toutes à unifier les contraintes autour de la question écologique – prémisses du tabou carbonique.

La diffusion des contraintes et les nouvelles routines quotidiennes

Le tabou carbonique, bien qu'il ne se soit pas encore matérialisé, émerge progressivement dans divers contextes mondiaux pour des raisons variées, attestant d'une volonté de l'adopter. Il se dévoile non seulement en tant que réponse aux problématiques environnementales actuelles, mais aussi comme une perspective innovante de réorganisation socioculturelle. Cependant, sa réalisation totale reste à venir ; s'il existait pleinement, nous aurions déjà trouvé une issue à nos problèmes actuels. C'est ainsi que les contraintes auxquelles nous devons faire face peuvent devenir des sources d'innovation, à condition d'être digérées culturellement : c'est tout l'objet du tabou carbonique. Pour étudier l'impact des contraintes sur la fracture socio-écologique, on peut considérer deux aspects : le processus de diffusion d'une innovation et les différentes formes de contraintes, à travers leur expression en fonction des classes sociales.

Accumulation des contraintes et renversement conceptuel

Même si le tabou carbonique en est encore à ses balbutiements, il annonce un changement de paradigme crucial dans notre perception et notre relation avec l'environnement. Il pourrait engendrer un tournant dans l'histoire anthropologique de l'humanité, un renversement conceptuel dans la compréhension occidentale actuelle du monde.

Ce n'est pas seulement une reconnaissance des limites intrinsèques de notre actuel système économique, ni une simple acceptation des contraintes imposées par le capitalisme et la crise environnementale. Il s'agit plutôt d'une réinvention de notre relation avec ces contraintes. De fait, le tabou carbonique suggère une restructuration radicale de notre relation au monde. Ce changement est si profond qu'il dépasse une simple adaptation à une nouvelle réalité, mais nécessite un déplacement majeur de notre perspective, une réorientation de nos modes de pensée et d'action.

Dans le cadre des rites de mise à mort symbolique du capitalisme déjà observés, il serait intéressant d'examiner comment le tabou carbonique pourrait être conceptualisé comme un rite similaire. Ces rites visent à questionner et défier les valeurs et les pratiques associées au capitalisme, tout en explorant des alternatives possibles. Le tabou carbonique pourrait ainsi être perçu comme un rite de mise à mort symbolique du capitalisme basé sur l'acceptation et l'intégration des contraintes sociales et environnementales dans notre vision du monde.

Même à ses débuts, le tabou carbonique offre un nouveau cadre de référence pour comprendre et gérer les défis complexes de notre époque. Accepter et intégrer ces contraintes dans notre vision du monde ouvre la voie à de nouvelles formes de créativité, d'innovation et de coopération, donnant un nouveau sens à ces contraintes. Le tabou carbonique, bien qu'il ne soit qu'une promesse potentielle, permet de nous décentrer pour percevoir notre réalité différemment, offrant une perspective d'avenir dans une époque marquée par des crises multiples et un empilement de contraintes.

Dans le contexte actuel, une multitude de contraintes découlant à la fois du système capitaliste et de la crise environnementale se superposent. Les contraintes du capitalisme sont ancrées dans nos comportements de consommation : l'axiome « je consomme donc je suis » illustre la manière dont nos habitudes de consommation sont devenues le pivot de nos identités et de nos existences. Ce système de consommation capitaliste est de plus en plus tendu face à l'émergence de nouvelles contraintes environnementales. L'épuisement des ressources naturelles, l'effondrement de la biodiversité et le changement climatique questionnent la viabilité de la consommation illimitée promue par le capitalisme. Ces contraintes environnementales s'ajoutent donc aux contraintes du capitalisme, créant une situation de surcharge.

L'émergence du tabou carbonique est une réponse possible à cette crise, offrant une nouvelle perspective qui pourrait nous permettre de sortir de l'impasse actuelle. En remettant en question la consommation comme principe fondateur, le tabou carbonique propose de reconstruire notre rapport à la consommation, et par extension, notre relation au monde et à nous-mêmes.

Processus de diffusion des contraintes

Le tabou carbonique, en tant que nouveau paradigme potentiel, peut être envisagé à travers le prisme du processus non linéaire d'innovation : invention, diffusion et adoption. Il devient en quelque sorte un enzyme de digestion culturelle, rendant cette contrainte carbone compréhensible, donnant un sens à ce qui est autrement une contrainte majeure. Ce tabou carbonique agit comme une clé qui déverrouille notre compréhension et notre acceptation de cette restriction, facilitant ainsi sa métabolisation dans le corps culturel et social. Ainsi, même face à l'intensité et l'ubiquité des restrictions liées au carbone, ce tabou nous aide à les accepter, à les internaliser et à les utiliser comme catalyseurs pour le changement et l'innovation.

Une fois ce concept présenté, sa diffusion est essentielle. L'objectif est de sensibiliser les individus à la nécessité d'opérer un changement radical dans leur mode de vie et leurs habitudes de consommation. L'étape d'adoption vient ensuite. C'est le moment où les individus intègrent le tabou carbonique dans leur vie quotidienne, généralement parce qu'ils y voient un avantage. Il peut s'agir d'un avantage immédiat, comme une meilleure santé et un mode de vie plus équilibré, ou d'un avantage à long terme, comme la contribution à la lutte contre le changement climatique et la préservation de la planète pour les générations futures. La contrainte, sous la forme de nouvelles limitations et restrictions imposées par le tabou carbonique, se transforme donc en innovation lorsque les individus adoptent de nouvelles habitudes de consommation et de vie plus résilientes.

L'étude socio-anthropologique de ces contraintes nous aide à comprendre les mécanismes et les dynamiques qui influencent l'évolution des comportements de consommation, et donc à faciliter l'adoption de l'innovation qu'est le tabou carbonique. Le tableau ci-après présente quatre exemples d'innovations socio-écologiques examinées par la socio-anthropologie, et sur lesquels j'ai réalisé des travaux de recherche : achats en vrac[1], transport en commun/vélo[2], consommation locale et diminution de la consommation de viande[3].

L'interprétation anthropologique des pratiques de consommation présentées dans ce tableau souligne la manière dont les contraintes socio-écologiques influencent l'adoption et la réception de nouvelles normes de consommation. La réception de ces pratiques et leur impact sur les contraintes socio-écologiques dépendent du contexte socioculturel et donc économique.

Prenons l'exemple des achats en vrac. L'objectif de cette innovation est de réduire les emballages et le gaspillage alimentaire. Le marché du vrac, bien que souvent présenté comme une approche innovante face aux défis environnementaux contemporains, n'est en réalité pas une nouveauté. Avant l'avènement de la société de consommation et l'influence prédominante des marques, les produits étaient couramment achetés et vendus en vrac. C'est donc plutôt le conditionnement et l'emballage excessifs qui constituent une « innovation » du XXe siècle, imposée par des impératifs de marketing, de branding et de conservation. Ainsi, le retour au vrac est davantage une redécouverte d'une pratique ancienne qu'une véritable révolution.

Pratiques de consommation	Invention	Diffusion	Réception	Impact sur la contrainte
Achats en vrac	Réduction des emballages et du gaspillage alimentaire	Boutiques spécialisées puis démocratisation dans les supermarchés	Acculturation à des produits moins emballés et sensibilisation accrue à la réduction des déchets	Le suremballage n'est plus une norme, mais devient une nouvelle contrainte (gestion des déchets, mauvaise image sociale)
Transport en commun/vélo	Mobilité durable et diminution de la pollution	Campagnes de sensibilisation, aménagement urbain, infrastructures	De plus en plus de citoyens, aidés par les politiques publiques, encouragent ces pratiques	Prendre le bus ou le vélo n'est plus perçu comme une contrainte et n'est plus connoté négativement quand le mode de vie de la personne le permet
Consommation locale	Soutien à l'économie locale et réduction de l'empreinte anthropologique	Marchés locaux, circuits courts, labels locaux, nouvelles marques	Meilleure gestion des coûts, de l'impact environnemental et valorisation des valeurs de justice sociale	Soutenir l'économie locale devient une nouvelle norme, alors que consommer des produits importés devient plus compliqué (pénurie, coût, impact anthropologique)
Réduction de la consommation de viande	Diminution de l'impact environnemental et des problèmes de santé liés à la surconsommation de viande	Campagnes de sensibilisation, généralisation des options végétariennes ou véganes dans les restaurants et les supermarchés	Sensibilisation accrue du grand public au bien-être et au respect de la condition animale, de l'impact environnemental de la consommation et réduction du pouvoir d'achat	Manger de la viande à chaque repas tend à devenir une contrainte, alors qu'avant c'était une norme

Même si le marché du vrac semble évoquer des pratiques commerciales d'antan, je choisis néanmoins de le qualifier d'innovation dans le contexte actuel. Pour de nombreux individus, acheter en vrac représente une découverte, voire une rupture avec leurs habitudes de consommation. De plus, la réintroduction du vrac dans nos modes de consommation contemporains nécessite une refonte considérable de la logistique, des infrastructures et des comportements d'achat. Ainsi, bien que s'inspirant du passé, le vrac d'aujourd'hui incarne une démarche innovante face aux enjeux de notre époque. La diffusion de cette pratique s'est opérée par l'intermédiaire de boutiques spécialisées et, plus tard, par sa démocratisation dans les supermarchés. Des études sociologiques et anthropologiques[4] ont examiné la manière dont les consommateurs perçoivent et adoptent cette pratique. Celles-ci ont mis en lumière le fait que les consommateurs sont de plus en plus sensibilisés à la réduction des déchets et s'acculturent à des produits moins emballés. Le suremballage n'est plus perçu comme une norme, mais devient une nouvelle contrainte.

Toutefois, l'adoption de ces innovations socioécologiques varie selon les classes sociales, et cette différenciation est souvent sous-estimée par l'opinion publique. Dans le cas de la voiture individuelle, les individus des zones urbaines bien desservies par les transports en commun se passent plus facilement de la voiture, tandis que ceux vivant en zones rurales ou périurbaines dépendent davantage de la voiture pour leurs déplacements quotidiens[5]. De plus, la gentrification a conduit à une augmentation des coûts du logement dans les centres-villes, rendant ces zones moins accessibles pour de nombreuses personnes[6]. Ainsi, vivre dans des zones urbaines bien desservies par les transports en commun devient un privilège réservé principalement aux classes sociales supérieures. D'ailleurs, en dehors de certains cas particuliers, l'éloignement entre domicile et travail est en réalité proportionnel aux revenus du ménage, ce qui signifie que ce sont les ménages les plus riches qui se déplacent le plus en voiture. De manière générale, les ménages les plus pauvres recourent plus à la marche, au vélo et aux transports collectifs[7]. Cette dynamique met en évidence une tension palpable entre les contraintes quotidiennes de déplacement et la manière dont la consommation écoresponsable est vécue et perçue à travers les différentes couches sociales. La prise de conscience écologique et sa traduction dans les pratiques quotidiennes, souvent associées à un luxe ou à une forme de distinction sociale, entrent en conflit avec les réalités vécues par différents groupes sociaux. Cette situation brouille les lignes entre les pratiques de distinction et les contraintes pratiques ou financières, qui dictent les choix de mobilité. Ce mélange complexe entre choix, nécessités et perceptions sociétales remet en question les stéréotypes simplistes associés à la consommation responsable et révèle les nuances de la réalité sociale contemporaine.

Les dix grands freins à l'instauration du tabou carbonique

L'instauration du tabou carbonique se heurte à des obstacles structurels distincts, qui varient en fonction des classes sociales, malgré le processus de diffusion en marche des contraintes. Il s'agit de faire face à un défi à double volet. D'une part, il faut favoriser le rejet des contraintes inhérentes au système capitaliste, souvent perçues comme injustes, aliénantes et génératrices d'inégalités sociales. D'autre part, il est nécessaire de promouvoir l'acceptation des contraintes liées aux limites planétaires, qui exigent une prise de conscience des impacts environnementaux de nos actions et un changement radical de nos modes de vie.

Le parcours vers l'adoption du tabou carbonique implique donc un équilibre délicat entre la réjection de certaines contraintes et l'adoption d'autres. Cette tâche est d'autant plus ardue qu'elle doit être menée au sein de sociétés marquées par des inégalités de classe. Les obstacles structurels à l'instauration du tabou carbonique sont multiples et variés, allant de la résistance des élites économiques à la précarité des populations les plus vulnérables. Il s'agit donc de trouver des moyens de surmonter ces obstacles en tenant compte des spécificités socio-économiques de chaque groupe. En outre, il est crucial de reconnaître que l'instauration d'un tabou carbonique n'est pas seulement une question d'ajustements techniques ou économiques, mais aussi un enjeu culturel et social majeur.

En abordant l'étude des mécanismes qui régissent la réception des contraintes socio-écologiques, notre analyse anthropologique a mis en lumière dix freins fondamentaux auxquels nos sociétés occidentales sont confrontées.

Freins	Classes populaires	Classes moyennes	Classes supérieures
Frein psychologique	Gérer l'insécurité et la vulnérabilité face à la notion de transition socio-écologique ; renforcer confiance en soi et optimisme pour un avenir souhaitable.	Cultiver la résilience émotionnelle face aux défis de la notion de transition ; encourager soutien mutuel et entraide.	Surmonter les barrières psychologiques liées au changement de comportement ; promouvoir une vision positive de la notion de transition socio-écologique.
Frein social	Offrir un accès équitable aux ressources, aux informations et aux opportunités pour s'engager dans des pratiques durables, et encourager la solidarité et l'entraide au sein de la communauté.	Encourager la participation à des groupes et des réseaux sociaux qui soutiennent des pratiques durables, et valoriser les choix éthiques et écoresponsables.	Sensibiliser à l'importance de la responsabilité sociale, encourager l'engagement philanthropique et promouvoir des modèles de sociétés soutenables.
Frein matériel	Assurer la disponibilité de ressources et d'infrastructures de base pour permettre la transition vers des pratiques éthiques et durables, tout en soutenant les initiatives locales de développement durable et responsable.	Faciliter l'accès à des produits et services durables à des prix abordables, et promouvoir des pratiques de consommation écoresponsables.	Inciter à investir dans des technologies et des infrastructures durables, et encourager l'utilisation de matériaux et de ressources renouvelables.
Frein symbolique	Cultiver un sentiment d'appartenance et d'identité autour de la durabilité, et encourager la fierté et la reconnaissance des efforts locaux pour créer un environnement soutenable.	Promouvoir des valeurs d'égalité, de coopération et de respect de l'environnement, et encourager la reconnaissance sociale des choix durables.	Faire évoluer les normes et les valeurs culturelles pour valoriser l'engagement envers la durabilité et la responsabilité sociale, et encourager l'adoption de symboles et de marques qui reflètent ces valeurs.

Frein technologique	Assurer la disponibilité et l'accessibilité des technologies durables pour une utilisation quotidienne.	Faciliter l'accès et la formation à l'utilisation de technologies durables pour encourager leur adoption.	Soutenir la recherche et le développement de technologies durables et favoriser l'adoption de solutions innovantes, qui ne sont pas exclusivement technologiques.
Frein éducatif	Assurer l'accès à une éducation de qualité et à des ressources éducatives sur les enjeux environnementaux et sociaux.	Assurer l'accès à une éducation de qualité et à des ressources éducatives sur les enjeux environnementaux et sociaux.	Assurer l'accès à une éducation de qualité et à des ressources éducatives sur les enjeux environnementaux et sociaux.
Frein politique	Encourager la participation citoyenne et la mobilisation pour exiger des changements politiques en faveur de la durabilité.	Participer activement à la vie politique et soutenir des candidats et des partis qui défendent des politiques écologiques et sociales.	Influencer les décideurs politiques pour promouvoir des politiques publiques favorables à la notion de transition socio-écologique et soutenir des initiatives durables.
Frein économique	Explorer des possibilités de subsistance alternatives et durables et participer à des initiatives d'économie solidaire et écologique.	Adopter des comportements de consommation écoresponsables et soutenir des entreprises locales et durables.	Investir dans des projets et des entreprises durables, et encourager des modèles économiques alternatifs axés sur la durabilité.
Frein environnemental	Participer à des projets de restauration écologique et développer des compétences pour vivre en harmonie avec l'environnement et les autres.	S'engager dans des initiatives de conservation de l'environnement et promouvoir des pratiques respectueuses de la nature et des autres.	Adopter des pratiques de gestion des ressources et de réduction de l'empreinte anthropologique.
Frein temporel	Gérer les contraintes quotidiennes et les besoins immédiats tout en s'engageant dans des actions durables sur le long terme.	Trouver un équilibre entre les responsabilités professionnelles et familiales et le temps consacré à la transition socio-écologique.	Allouer du temps pour s'engager dans des activités durables et soutenir des projets à long terme.

Les classes populaires doivent particulièrement faire face à des freins psychologiques, matériels et économiques. Pour les classes moyennes, les défis d'ordre sociaux et éducatifs prédominent, tels que la participation à des réseaux sociaux soutenant des pratiques durables comme les associations pour le maintien d'une agriculture paysanne (AMAP) et l'accès à une éducation de qualité sur les enjeux environnementaux[8]. Les classes supérieures, quant à elles, sont confrontées à des freins symboliques et politiques. Elles doivent faire évoluer les normes et les valeurs culturelles pour valoriser la durabilité, influencer les décideurs politiques et investir dans des projets et entreprises durables[9].

De manière plus précise, penser la contrainte comme une nouvelle ontologie nécessite une exploration approfondie de la manière dont les contraintes se manifestent et interagissent au sein des différentes strates socio-économiques. L'analyse des besoins, des aspirations et des résistances propres à chaque classe sociale, en tenant compte des dynamiques culturelles et sociales qui sous-tendent l'adoption de pratiques éthiques et durables, permet d'appréhender de manière holistique la complexité de ces contraintes.

Le tableau ci-après, qui reprend les quatre exemples précédemment abordés, nous permet de mieux saisir la manière dont les individus et les groupes sociaux naviguent et s'adaptent face aux enjeux de la transition socio-écologique.

En tant que nouvelle ontologie, la contrainte repose sur plusieurs facteurs clés facilitant l'acceptation et l'intégration des normes écologiques et éthiques dans la vie quotidienne. Parmi ces facteurs, on compte l'accessibilité et la praticité,

		Achats en vrac	Transport en commun/vélo	Consommation locale	Diminution de la consommation de viande
Zones d'incertitude	Classes populaires	Coût, accessibilité	Sécurité, commodité	Coût, disponibilité	Goût, traditions
	Classes moyennes	Coût, temps	Temps, commodité	Coût, variété	Traditions, apports nutritionnels
	Classes supérieures	Temps	Sécurité, temps	Disponibilité, variété	Goût, traditions
Levée des contraintes	Classes populaires	Prix compétitifs, sensibilisation	Économie, disponibilité	Emploi local, qualité	Alternatives abordables, santé
	Classes moyennes	Accessibilité, choix, environnement, appartenir à une communauté	Économie, impact environnemental, appartenir à une communauté	Qualité, soutien à l'économie locale, environnement, appartenir à une communauté	Santé, impact environnemental, choix variés, mode
	Classes supérieures	Qualité, environnement, tendance	Impact environnemental, commodité	Qualité, soutien à l'économie locale, tendance	Santé, impact environnemental, tendance

la compréhension et la sensibilisation, le soutien social et institutionnel, l'adaptabilité culturelle, les expériences positives, le renforcement des compétences et la flexibilité. Ces facilitateurs sont intrinsèquement liés à l'habitus d'une personne. Selon Pierre Bourdieu, les habitus représentent la façon dont les comportements et les attitudes d'un individu sont influencés par son environnement social et culturel. Cela inclut les normes, les valeurs et les croyances qui sont intériorisées par une personne au fil du temps et qui influencent sa façon d'agir dans différents contextes sociaux[10].

Par exemple, dans le contexte des achats en vrac, il est nécessaire de considérer la notion d'économie morale développée par l'historien anglais Edward Palmer Thompson[11], afin de mieux identifier les enjeux liés à la réception de cette innovation. Les classes populaires sont davantage préoccupées par la survie économique immédiate, tandis que les classes moyennes et supérieures peuvent se permettre de s'engager dans des pratiques de consommation qui semblent plus éthiques et durables. Les différentes classes sociales naviguent dans un équilibre entre la rationalité économique, les valeurs morales et les considérations environnementales[12].

La mobilité durable, quant à elle, peut être comprise à travers le concept d'« assemblage » proposé par le philosophe mexico-américain Manuel DeLanda[13], où les infrastructures, les politiques publiques, les préférences individuelles et les normes sociales sont interconnectées pour produire des pratiques de mobilité. Les classes populaires sont davantage contraintes par les infrastructures de transport existantes, tandis que les classes moyennes et supérieures ont une plus grande capacité à s'adapter à de nouvelles formes de mobilité[14].

En plongeant au cœur des obstacles à l'assimilation des contraintes socio-écologiques dans notre société, en particulier l'instauration du tabou carbonique, on observe que, bien que les défis diffèrent, le dénominateur commun est l'impératif d'un changement profond. Ces contraintes convergent vers l'établissement de routines quotidiennes plus sobres en carbone. Au milieu d'une crise de valeurs, les contraintes socio-environnementales apparaissent comme un terrain propice à l'émergence d'un projet commun de société.

Les illustrations de ce phénomène sont nombreuses : renoncement aux soins médicaux conventionnels en faveur de solutions plus naturelles ou pour des contraintes financières ; vente de sa voiture pour des raisons idéologiques ou par nécessité de faire des économies ; réflexion sur les conséquences financières et/ou écologiques de la procréation, etc. Dans des secteurs variés tels que l'alimentation, la santé, l'énergie ou la famille, les valeurs de la société évoluent et entraînent l'institutionnalisation de nouvelles normes sociales, qui sont les piliers d'une société décarbonée.

La consommation, en tant que pierre angulaire du capitalisme, est au centre de cette transition. Il est nécessaire de comprendre que la transition vers une société décarbonée ne se fera pas par la consommation. C'est ici que les leviers pour imposer le tabou carbonique entrent en jeu. Ces leviers visent à modifier en profondeur nos modes de consommation. Des perspectives innovantes émergent dans ce contexte, comme l'innovation par retrait, qui valorise le « moins » plutôt que le « plus ».

*

En érigeant la contrainte en valeur cardinale de notre société et en instaurant le tabou carbonique comme une potentielle nouvelle ontologie, nous disposons d'outils conceptuels pour analyser les stratégies de diffusion des normes socio-écologiques et les résistances qu'elles suscitent. Cette perspective souligne l'universalité du défi environnemental, qui transcende les classes sociales en Occident et exige une action collective.

Chaque individu, indépendamment de sa position socio-économique et de son contexte culturel, est confronté à la nécessité de revoir ses habitudes et comportements face à une réalité où l'empreinte carbone doit être drastiquement réduite. L'actuelle phase de démocratisation de routines quotidiennes moins gourmandes en carbone, bien qu'encore à ses débuts, marque un tournant significatif.

L'instauration potentielle du tabou carbonique donne lieu à un espoir tangible. Il semble être la seule issue viable pour éviter l'effondrement environnemental et le délitement social, offrant une alternative à une trajectoire insoutenable. Dans cette perspective, le tabou carbonique apparaît comme un catalyseur du changement, mobilisant des individus autour d'une cause commune et créant une dynamique collective culturelle de transformation.

C'est ici que la notion de cohabitation trouve toute sa pertinence. En période de transition, la cohabitation entre les différentes façons de penser, de vivre et de consommer devient une nécessité. Les anciens modèles ne disparaissent pas du jour au lendemain, et les nouveaux modèles prennent du temps pour s'installer. C'est dans ce creuset de tensions, de résistances et de négociations que le nouveau paradigme sociétal prend forme.

Ainsi, l'instauration du tabou carbonique, en créant un espace pour des modes de vie moins gourmands en carbone, permet la cohabitation des anciennes et des nouvelles pratiques durant la transition. Ces changements, qui rassemblent et unissent les individus pour des raisons diverses, contribuent à l'émergence d'un nouveau paradigme sociétal. Bien qu'encore indéfini dans sa totalité, ce nouveau modèle semble inévitable face à l'urgence du défi de décarbonation auquel nous sommes confrontés.

TROISIÈME PARTIE

La fondation d'un nouvel imaginaire

NO CARBON : *paradigme émergent qui oriente nos cultures vers une minimisation drastique de l'empreinte carbone, remodelant ainsi notre existence sociétale.*

Le tabou carbonique porte en lui la potentialité d'une transformation radicale de nos existences. Avec l'instauration d'une révolution anthropologique, nous sommes invités à réinterpréter notre réalité, à reconsidérer notre rapport au monde.

Cet agencement renouvelé de notre environnement ne surgira pas instantanément et ne sera pas exempt de résistances, comme l'ont illustré les parties précédentes de notre analyse. Il ne suffit pas seulement de réévaluer nos principes, mais également de remodeler nos imaginaires – nos visions subjectives de l'univers.

Quels sont alors les prérequis indispensables à l'édification d'un tabou carbonique universel, et comment notre société peut-elle se métamorphoser de manière à orienter nos activités et notre arbitrage culturel vers une décarbonation massive ?

Tel est le défi central que cette partie entend relever.

Un monde sans carbone mais pas sans marketing

En tant qu'anthropologue de l'évolution des modes de vie occidentaux, je me suis immergée dans de nombreuses situations qui interrogent les limites du capitalisme[1]. J'ai participé à diverses conférences et événements qui abordent les défis socio-écologiques auxquels notre société est confrontée. Dans tous ces contextes, il est surprenant de constater un consensus apparent concernant l'incompatibilité entre le mode de vie occidental et les défis socio-écologiques actuels. Cependant, on observe un manque flagrant de remise en question profonde de notre modèle de société, malgré cette prise de conscience collective.

Il semble que l'une des raisons majeures de cette contradiction réside dans le fait qu'envisager un monde sans marketing est aussi complexe, voire plus, que d'imaginer un monde sans capitalisme. En effet, la force implacable du marketing, mise en exergue par l'ère capitaliste, a imprégné profondément notre société au point qu'il semble presque impossible de concevoir notre quotidien sans l'influence de cette pratique. Le marketing peut même rendre désirable un monde sans carbone et donner l'illusion qu'une société capitaliste décarbonée est possible.

Si l'usage du marketing est inévitable, celui-ci doit être recalibré pour normaliser les contraintes sociales et écologiques plutôt que de les esquiver, tout en soutenant un capitalisme responsable, contrairement à sa pratique actuelle.

Le changement culturel est souvent lent et difficile. Les modes de vie occidentaux sont profondément enracinés dans des systèmes de valeurs et des structures sociales qui ont évolué sur de longues périodes. Remettre en question ces systèmes nécessite un processus de transformation culturelle qui peut être difficile à initier et à maintenir. Le marketing et la publicité jouent un rôle crucial dans le maintien de ces structures. Le marketing, en tant que force omniprésente dans nos vies, est capable de rendre désirable un monde sans carbone, un objectif qui, autrement, pourrait sembler inaccessible ou indésirable. Le marketing est intrinsèquement lié au capitalisme et à la consommation, en tant qu'outil essentiel pour stimuler la demande et vendre des produits et des services. Il façonne nos désirs, nos besoins et nos aspirations, tout en influençant notre perception de ce qui est possible et souhaitable.

Les publicités, les réseaux sociaux, les marques et les produits sont constamment présents dans la vie quotidienne des individus, créant un environnement dans lequel il est difficile d'imaginer une réalité sans le marketing[2]. David Graeber[3] a analysé la manière dont certaines pratiques et institutions, y compris le marketing, sont perçues comme naturelles et inévitables, plutôt que comme des phénomènes historiques et culturellement spécifiques.

Cette naturalisation du marketing contribue à l'effacement de sa dimension historique et à l'oubli de ses origines modernes[4]. On parle de processus d'enculturation et de socialisation pour décrire ce phénomène[5] : lorsque les individus naissent et grandissent dans un contexte où le marketing est déjà intégré dans les structures sociales et culturelles, comme c'est le cas pour les générations X ou Y, ils ont du mal à concevoir un monde sans marketing.

Le chaos de mes désirs

Le chaos symbolise un état de désordre, de confusion et d'incertitude découlant de ruptures sociales, culturelles, politiques ou économiques. Le chaos est souvent associé à des situations de crise ou de changement profond, où les structures traditionnelles et les normes culturelles sont mises en question, remises en cause ou bouleversées (comme lors de la crise de 1929, la crise financière de 2009 ou la crise sanitaire liée à la pandémie du Covid-19). Mais le chaos peut également être perçu comme un moment de transition, offrant des opportunités pour la créativité, l'innovation et la transformation.

Dans ce sens, le chaos est un catalyseur potentiel de changements, bien que ces processus puissent être difficiles et douloureux pour les individus et les groupes concernés. Sur le plan symbolique, le chaos est souvent représenté dans les mythes et les récits culturels comme une force qui doit être maîtrisée ou surmontée pour permettre la création d'un nouvel ordre ou l'émergence d'un nouvel équilibre. Dans de nombreuses cultures, des figures mythiques ou des héros sont chargés de rétablir l'ordre à partir du chaos, reflétant ainsi les aspirations humaines à surmonter les défis et les incertitudes pour construire un avenir meilleur.

Dans le contexte actuel d'urgence socio-environnementale, on peut se demander qui seraient les héros chargés de rétablir l'ordre à partir du chaos. S'agit-il des entreprises, considérées comme de nouvelles Églises, proposant des solutions durables et éthiques ? Les publicitaires, qui façonnent les discours et les aspirations en faveur d'un avenir plus vert ? Les consommateurs eux-mêmes, qui adoptent des modes de vie et des comportements d'achat écoresponsables ? Ou encore les activistes et les communautés locales, qui luttent pour un changement systémique et une transformation radicale de notre société ?

Pour apporter des pistes de réponse à ces questions, nous allons examiner les différentes facettes de ce que j'appelle le « marketing du chaos », en explorant les manières dont il façonne notre perception des enjeux socio-écologiques, et en mettant en lumière les tensions et les contradictions qui émergent de cette dynamique complexe.

Le marketing du chaos

D'un point de vue anthropologique, le concept de marketing du chaos, ou marketing du déni du chaos, s'apparente à une stratégie marketing qui exploite l'urgence socio-environnementale pour instaurer une nouvelle ère de surconsommation, reposant sur des produits, des services et des expériences présentées comme écoresponsables. L'utilisation du marketing du chaos entraîne des répercussions sur la culture et les valeurs d'une société, en normalisant l'idée que le désordre, la crise et l'urgence sont des aspects inévitables de la vie contemporaine. Cette acceptation du chaos influence la manière dont les individus perçoivent leur environnement et les problèmes auxquels ils sont confrontés, ainsi que leur capacité à réagir de manière constructive et résiliente. Le marketing du chaos permet de façonner nos imaginaires collectifs et de créer l'illusion que le capitalisme peut s'adapter aux enjeux environnementaux, sans remettre en cause les fondements de notre modèle de société.

Cette approche réduit notre capacité à envisager des alternatives et à imaginer un mode de vie différent, en dehors des paradigmes du capitalisme. Dans le contexte du marketing du chaos, le marketing est utilisé pour remodeler nos imaginaires collectifs, notamment en ce qui concerne la transition vers un monde sans carbone. Les entreprises et les marques cherchent à se positionner en tant que leaders dans la lutte contre le changement climatique, la dégradation environnementale et les problématiques sociales. Elles adoptent des stratégies de communication qui mettent en avant leurs engagements en matière de durabilité, tout en promouvant des produits et des services qui prétendent contribuer à un avenir socialement et écologiquement responsable. H&M, avec sa collection « Conscious » lancée en 2011, prétendait mettre en avant des valeurs écologiques par l'usage de matières plus respectueuses de l'environnement, alors que, en réalité, ses pratiques environnementales globales et sa transparence en matière d'informations ne sont pas à la hauteur de cette communication. De même, la marque Volvic, propriété de Danone, a trompé les consommateurs en prétendant publiquement que l'une de ses bouteilles était entièrement en plastique d'origine végétale, alors que, en réalité, seulement 20 % de la bouteille l'était, et les ingrédients chimiques utilisés étaient identiques à ceux du plastique habituel, issu du pétrole. Dernier exemple avec l'entreprise Ajax qui utilise de manière abusive les codes de l'écoresponsabilité en colorant ses emballages en vert, en ajoutant des visuels associés à la nature et en utilisant un champ lexical écologique pour donner l'impression que ses produits sont éthiques et bons pour la planète, malgré une composition qui reste la plupart du temps inchangée.

Le concept de *suicid food* sert à matérialiser l'influence du marketing du chaos sur la manière dont les individus perçoivent ces signes et consomment, rendant ainsi cette incidence plus tangible. Ce concept fait référence à un phénomène culturel et marketing dans lequel les animaux destinés à être consommés sont représentés comme étant heureux, consentants, voire désireux d'être mangés (les poulets qui dansent le french cancan[6] ou les images de cochons souriants sur des emballages de produits alimentaires[7]). On doit ce terme au blogueur et militant végane américain Ben Grossblatt, qui a ensuite été popularisé par l'artiste américain Ron English, qui a créé une série d'œuvres d'art critiquant ce type de représentation. Dans la publicité et le marketing des produits d'origine animale, il est fréquent de voir des animaux anthropomorphisés qui sourient, parlent ou participent activement à leur propre transformation en nourriture.

Le concept de *suicid food* s'inscrit dans un déni de la réalité chaotique, préparant le terrain pour un marketing du chaos. Ce phénomène se manifeste lorsque des acteurs industriels, en particulier ceux de l'agroalimentaire, mettent en avant le bien-être animal pour promouvoir le flexitarisme. Ils mettent l'accent sur les enjeux écologiques tout en prônant la continuation de la consommation de viande. Cela soulève des questions sur la manière dont les sociétés gèrent les contradictions inhérentes à leurs pratiques de consommation et sur les stratégies marketing utilisées pour maintenir ces pratiques en dépit des préoccupations éthiques et écologiques[8].

Il en résulte des pratiques de consommation qui sont contre-intuitives avec les valeurs que va prôner un individu. Pour décrire ce phénomène, je parle de la théorie des animaux mignons[9]. La théorie des animaux mignons expose un système de règles et d'interdits alimentaires qui justifie la consommation de certains animaux sur d'autres, en fonction de critères esthétiques, cognitifs et évolutifs. Cette hiérarchie repose sur des constructions culturelles qui attribuent des valeurs différentes aux animaux en fonction de leur apparence, de leur intelligence ou de leur proximité avec l'humain dans la chaîne de l'évolution (le poulet est moins mignon que le lapin ou l'agneau, il est donc plus facile à manger). Ce système de classification permet aux personnes qui souhaitent réduire leur consommation de viande de continuer à en consommer sans remettre en cause leurs choix éthiques ou leurs pratiques alimentaires.

Vers un marketing au service du chaos ?

Le marketing du chaos peut être vu comme se situant à l'intersection du « marketing en temps de chaos » et du « marketing au service du chaos ». Le marketing en temps de chaos fait référence aux stratégies marketing qui sont mises en œuvre pendant les périodes de crise, d'incertitude et de bouleversement social. Les entreprises cherchent à tirer parti des préoccupations et des émotions des consommateurs en offrant des produits ou des services qui semblent répondre à leurs besoins ou à leurs inquiétudes dans un contexte chaotique[10]. Un exemple serait les publicités et les marques qui ont répondu à la pandémie de Covid-19. Plusieurs entreprises ont adapté leur marketing pour refléter les préoccupations et les besoins des consommateurs pendant la crise. Des marques comme Lysol ont mis en avant l'importance de l'hygiène et de la désinfection pour se protéger contre le virus[11], ou encore le groupe LVMH (Louis Vuitton Moët Hennessy), leader mondial du luxe, a décidé de contribuer à l'effort collectif face à la crise sanitaire en adaptant une partie de sa production pour fabriquer du gel hydroalcoolique[12]. De plus, de nombreuses marques de vêtements ont commencé à produire et à promouvoir des masques faciaux[13].

Le marketing au service du chaos se concentre, lui, sur l'utilisation du marketing pour provoquer un changement de valeurs et de normes sociales afin de les rendre cohérentes avec les enjeux socio-écologiques. Dans le cadre de la crise environnementale, cela implique de promouvoir des produits et des services qui favorisent la durabilité, l'équité et la résilience, tout en encourageant les consommateurs à adopter de nouveaux comportements et modes de vie plus respectueux de l'environnement et des communautés.

La marque de vêtements Patagonia, malgré un scandale en 2023[14], s'engage activement à promouvoir la durabilité, en utilisant des matériaux recyclés et en encourageant les consommateurs à réparer et à recycler leurs vêtements. En 2011, leur campagne « Don't Buy This Jacket » est un exemple de marketing qui va à l'encontre de la consommation excessive pour encourager la réflexion sur les impacts environnementaux et sociaux de nos choix de consommation ; malgré le fait que cette campagne a permis de doubler les ventes[15]. En 2022, le fondateur de Patagonia, Yvon Chouinard, a légué son entreprise à la protection de l'environnement. Selon une lettre qu'il a écrite, il a été inspiré par la crise climatique incessante pour réorienter presque tous les bénéfices de l'entreprise vers des organisations de préservation de l'environnement[16]. La famille Chouinard a transféré la totalité des actions votantes de Patagonia à une fiducie spécialement conçue et à une organisation à but non lucratif pour préserver l'indépendance de l'entreprise et garantir que tous ses bénéfices soient utilisés pour lutter contre le changement climatique et protéger les terres non développées dans le monde entier[17].

Le marketing, tant il a infusé notre société, ne semble pas voué à disparaître. Néanmoins, en période de permacrise, une appréhension stratégique de ce domaine est essentielle. Il est particulièrement important de comprendre la manière dont différentes branches du marketing se structurent et évoluent en réponse à ce contexte. En lien avec la notion de chaos, nous avons identifié trois branches principales : le marketing en temps de chaos, le marketing du chaos et le marketing au service du chaos. Chacune représente une approche distincte pour naviguer dans ce nouvel environnement incertain. Le marketing en temps de chaos vise à répondre aux crises et aux défis immédiats, tandis que le marketing du chaos exploite les opportunités créées par ces bouleversements. Cependant, si nous voulons qu'une révolution anthropologique soit possible, le marketing doit être au service du chaos.

Cela implique un changement de perspective. Le marketing au service du chaos n'est pas seulement une réaction ou une exploitation de la crise, mais un outil pour aider à façonner un futur plus durable et résilient. Il nécessite une approche holistique, centrée sur les valeurs humaines et environnementales, et une volonté de remettre en question les normes et les pratiques établies.

Façonner les imaginaires publicitaires : le luxe en première ligne

D'un point de vue sémiologique, le marketing du chaos joue un rôle privilégié dans la construction d'un imaginaire publicitaire renouvelé, qui tend à familiariser les consommateurs avec l'idée d'un monde sans carbone. En effet, le marketing du chaos utilise des signes et des symboles associés à la durabilité et à la protection de l'environnement pour promouvoir l'idée d'une société sans carbone : des images de forêts luxuriantes, d'animaux en bonne santé, de sources d'énergie renouvelable et d'emballages écologiques sont utilisées pour évoquer un avenir plus vert et plus propre[18].

L'hégémonie d'un marketing au service du chaos pourrait entraîner une transformation profonde de la position des entreprises dans la société, en particulier en ce qui concerne leur rôle dans la création des désirs et des imaginaires publicitaires. Une des manières d'y parvenir est peut-être paradoxalement de faire appel à certaines entreprises, notamment les maisons de luxe qui, elles, ont le pouvoir d'agir sur les symboles d'une société. Les maisons de luxe semblent avoir de plus en plus conscience de l'impact environnemental et social de leur industrie[19]. C'est pourquoi elles cherchent à adopter une approche réformiste pour préserver les symboles du luxe tout en intégrant des solutions socio-écologiques. Cette approche réformiste consiste à intégrer des pratiques durables et éthiques au sein de leur modèle d'affaires existant, sans pour autant bouleverser les codes et symboles traditionnels du luxe. Dans les faits, certaines de leurs initiatives s'apparentent à du *greenwashing*, comme ce fut le cas pour le défilé organisé par Yves Saint Laurent en 2022, dans le désert d'Agafay, près de Marrakech, qui a suscité de vives critiques en raison de son impact sociétal et environnemental. L'organisation de tels événements soulève également des interrogations quant à leur pertinence dans un monde en proie à des crises diverses[20]. Si les maisons de luxe décidaient d'adopter une approche plus radicale pour transformer les codes et les symboles du luxe, elles pourraient contribuer de manière significative à la transition socio-écologique et avoir un impact positif sur la société dans son ensemble. En créant de nouveaux codes du luxe, elles redéfiniraient ce qui est considéré comme précieux et valorisé dans la société, en mettant, par exemple, l'accent sur la durabilité, l'éthique et la responsabilité sociale.

La notion de luxe est d'ailleurs toute relative. En effet, les sociétés nomades comme les Nuer (Soudan du Sud) ou les Turkana (Kenya) ont un rapport au luxe différent de celui des sociétés occidentales. Les biens sont souvent limités et la richesse est mesurée en fonction de la taille du bétail, qui est essentiel pour la subsistance. La notion de luxe est donc très différente et souvent liée à la fonction rituelle ou symbolique de certains objets. Par exemple, chez les Nuer, les cloches en laiton sont des objets de prestige qui sont utilisés lors des cérémonies religieuses et sociales pour marquer la différence sociale entre les clans[21]. Dans certaines sociétés, comme les Trobriandais (Papouasie-Nouvelle-Guinée), la richesse est mesurée en fonction du prestige et des relations sociales, plutôt que par la possession de biens matériels : les échanges de cadeaux lors des cérémonies de mariage sont un moyen pour les participants de renforcer leurs liens sociaux et leur position sociale. Les cadeaux peuvent être des coquillages, des bananes ou des porcs, mais leur valeur est surtout symbolique et dépend de la relation entre les personnes[22]. Dans d'autres sociétés, comme les Hopi (États-Unis), la richesse est mesurée en fonction de la participation à des activités rituelles ou communautaires. Les individus qui contribuent le plus aux activités de la communauté et aux cérémonies religieuses sont considérés comme les plus riches et les plus prestigieux. Dans cette société, les biens matériels ne sont pas considérés comme des symboles de richesse, mais plutôt comme des outils pour accomplir les tâches nécessaires à la survie[23]. La notion de luxe est donc très différente de celle des sociétés occidentales, et la richesse est mesurée selon des critères différents. Les biens matériels ne sont pas nécessairement considérés comme des symboles de richesse ou de prestige, mais plutôt comme des outils pour la subsistance ou pour les activités rituelles.

En promouvant, réellement, la durabilité et l'éthique, les marques de luxe peuvent influencer les perceptions de ce qui est considéré comme précieux. Cela encourage les consommateurs à privilégier des objets et des expériences qui ont une signification plus profonde et qui reflètent un engagement envers l'authenticité et la préservation des compétences artisanales. En mettant l'accent sur les expériences et les relations plutôt que sur la possession d'objets matériels, l'industrie du luxe participe à la redéfinition des symboles de ce qui est sacré et de ce qui est profane. Elle incite ainsi les consommateurs à réfléchir sur leurs valeurs et leurs priorités en période de bouleversements socio-écologiques.

L'idéologie NO CARBON, préalable au tabou carbonique

C'est sans doute l'émergence d'une idéologie contestataire, se manifestant différemment selon les classes et les contextes sociaux, qui a catalysé ma réflexion sur l'anthropologie des contraintes. Cette idéologie fonctionne comme un courant sous-jacent, une marée montante qui s'insinue dans nos discours, indépendamment des motivations individuelles. Ce phénomène universel de prise de conscience devient un sujet omniprésent de conversation, transcendant les barrières socioculturelles.

Lors d'une soirée événement organisée pour promouvoir la publication d'un numéro spécial consacré à l'écologie par une revue spécialisée en marketing et communication[24], Jean-François Julliard, le directeur général de Greenpeace France, a déclaré que malgré les propos tenus par les grandes entreprises présentes sur la transition socio-écologique, ces dernières étaient complètement déconnectées de la réalité de l'urgence à laquelle nous devons faire face et, surtout, de ceux qui luttent réellement pour la cause environnementale.

En effet, même si l'on observe une similarité des discours sur la transition socio-écologiques, il existe une réalité scindée en deux, entre ceux qui prônent le marketing du chaos pour sortir de la crise, et les autres, qui aspirent à un changement de modèle de société. Si l'on s'intéresse à la plasticité des discours de ce type, ces derniers s'inscrivent tous dans une idéologie transversale, que j'ai nommée « NO CARBON ». Cette idéologie transcende les imaginaires publicitaires et semble s'installer durablement au sein de la culture populaire. Bien que cette idéologie s'exprime différemment selon les groupes sociaux et leurs intérêts, elle souligne l'importance de réduire notre empreinte anthropologique, en particulier notre empreinte carbone, sur les écosystèmes naturels et sociaux. L'empreinte anthropologique est une notion plus large que l'empreinte carbone et qui permet d'aborder une variété d'impacts environnementaux et sociaux résultant des activités humaines ; non loin de la notion d'ombre climatique qui, elle, s'intéresse aux impacts de toutes nos actions sur la crise climatique[25]. Parmi les différentes expressions de cette idéologie NO CARBON, on peut distinguer trois visions principales : une vision de la continuité sous-tendue par la croyance dans le capitalisme responsable, une vision redirectionniste et une vision de la rupture fondée sur la collapsologie.

Capitalisme responsable, redirection écologique et collapsologie

La première vision est celle portée par le capitalisme responsable. Dans cette approche, l'objectif est de remplacer les énergies fossiles par des énergies propres pour maintenir les modes de vie occidentaux. Cette vision s'appuie sur l'innovation technologique et l'optimisation des ressources pour réduire l'impact environnemental de la consommation. Les adeptes de cette vision considèrent que les solutions aux problèmes environnementaux peuvent être trouvées dans les avancées scientifiques et technologiques, sans remettre en cause fondamentalement notre modèle économique et social.

La deuxième vision, quant à elle, est collapsologique. Cette perspective envisage un effondrement des infrastructures de la société et la mise en place d'un nouveau modèle de société, plus respectueux de l'environnement, des ressources naturelles et des populations. Les collapsologues considèrent que les défis socio-écologiques auxquels nous sommes confrontés dépassent les capacités de la technologie à y répondre et qu'un changement radical de nos modes de vie et de notre organisation sociale est nécessaire pour assurer la pérennité de l'humanité sur Terre[26]. Yves Cochet[27], un collapsologue français, ancien ministre de l'Aménagement du territoire et de l'Environnement et cofondateur de l'Institut Momentum, prend régulièrement la parole dans les médias afin de présenter son nouveau mode de vie autonome, en expliquant que l'effondrement de notre modèle de société est inévitable[28].

À l'intersection de ces deux perspectives se trouve la notion de redirection écologique, une vision qui reconnaît les défis environnementaux auxquels notre société est confrontée et propose des solutions pour les surmonter. Cette approche combine les innovations technologiques issues des idéologies technosolutionnistes et la prise de conscience de la nécessité de transformations profondes promues par les idéologies collapsologiques[29]. Certaines entreprises doivent ainsi abandonner des activités générant trop d'émissions de carbone, tandis que d'autres doivent adapter leurs opérations en réponse aux changements climatiques.

La collapsologie offre une exploration radicale des aspirations d'émancipation des individus face au capitalisme. Ainsi, il est essentiel d'examiner les motivations profondes, les imaginaires et les pratiques qui soutiennent cette vision. Il convient également d'analyser les formes d'organisation et de coopération qui émergent de cette quête d'émancipation face au capitalisme. En explorant ces questions, nous pouvons contribuer à une compréhension plus nuancée des défis et des dynamiques impliquées dans le processus de transition socio-écologique. L'étude de la collapsologie et de l'idéologie NO CARBON nous incite à repenser les fondements de nos sociétés et à explorer les possibilités d'un avenir plus juste et durable, en rupture avec les modèles dominants hérités du capitalisme. La collapsologie témoigne d'une prise de conscience croissante de l'impact des sociétés thermo-industrielles occidentales sur l'environnement et de la nécessité de préserver un mode de vie durable pour les générations futures. En période de transition socio-écologique, elle met en évidence les transformations des structures sociales, économiques et culturelles qui accompagnent notre modèle de société vers un paradigme moins dépendant des énergies fossiles. Cette transition vers un nouveau paradigme entraîne également une modification de la perception et de la pratique du consumérisme dans les sociétés occidentales. Le concept de NO CARBON conduit à une remise en question du modèle capitaliste fondé sur l'extraction d'énergie fossile, l'accumulation de richesses et la croissance économique. Par conséquent, les individus et les communautés sont encouragés à repenser leur mode de vie et à adopter des pratiques plus respectueuses de l'environnement.

À l'inverse, lorsque l'idéologie NO CARBON se teinte d'une vision techno-solutionniste, cela engendre des paradoxes et des contradictions. Dans certains cas, des acteurs s'engageant dans le capitalisme responsable, tels que des collaborateurs de grandes entreprises, des experts de la transition ou des entrepreneurs sociaux, se présentent comme des activistes du changement en valorisant l'idéologie NO CARBON. Ils peuvent croire sincèrement que, en œuvrant au sein du système et en promouvant des innovations durables, ils participent à transformer le capitalisme de l'intérieur. Une entreprise peut ainsi mettre en avant ses investissements dans les énergies renouvelables ou son engagement en faveur de l'économie circulaire pour montrer son implication dans la lutte contre le changement climatique et la dégradation environnementale. Il est essentiel d'examiner de manière critique ces revendications et de questionner la capacité réelle de ces acteurs à être considérés comme des activistes du changement. Bien que leurs efforts puissent contribuer à atténuer certains impacts négatifs du capitalisme responsable, il est possible que ces acteurs restent profondément enracinés dans les logiques et les structures du système capitaliste. Leurs actions pourraient, en réalité, renforcer le capitalisme plutôt que d'opérer une transformation radicale. Par exemple, en se concentrant sur les solutions techniques et en occultant les questions de pouvoir, de justice et d'équité, ils pourraient perpétuer les inégalités socio-économiques et environnementales.

Prémisses anarchiques

L'émergence de l'idéologie NO CARBON s'inscrit dans un contexte de contestation et de défiance des structures dominantes et de remise en question du pouvoir en place. Elle rassemble des individus et des groupes désireux de proposer des alternatives innovantes, à travers la création d'organisations sociales telles que les communautés en transition, les écovillages ou encore les actions de désobéissance civile[30]. Ensemble, ces organisations constituent une constellation pratico-symbolique qui remet en cause les normes établies et promeut des modèles de société alternatifs. Ainsi, l'expression « NO CARBON » peut être perçue comme un écho à l'expression « NO FUTURE », bien que les deux termes renvoient à des préoccupations et des aspirations distinctes pour l'avenir. Tandis que NO FUTURE est généralement lié au mouvement punk et à une vision nihiliste de l'avenir[31], NO CARBON traduit une préoccupation plus ciblée pour l'environnement et les conséquences socio-écologiques du changement climatique. Cependant, les deux expressions témoignent d'une inquiétude commune face aux problèmes systémiques engendrés par le capitalisme et ses répercussions sur la société et la planète. Alors que NO FUTURE véhicule un sentiment de désespoir et de fatalisme face à un avenir incertain, l'idéologie NO CARBON se veut plus constructive en cherchant à bâtir un futur viable grâce à des alternatives durables et équitables.

Dans une perspective anthropologique, il apparaît que la collapsologie, qui sous-tend une des facettes de l'idéologie NO CARBON, s'inspire en partie de certains principes anarchistes. Comme nous l'avons observé au cours de la partie précédente, cela est particulièrement visible au sein des communautés de Zomia et de la Zad de Notre-Dame-des-Landes[32]. Tout d'abord, l'idéologie NO CARBON et l'anarchisme se rejoignent dans leur méfiance vis-à-vis des structures de pouvoir centralisées et hiérarchisées, jugées inefficaces et souvent oppressives. Ainsi, ces deux courants de pensée privilégient la prise de décision au niveau local et communautaire. Cette approche permet non seulement de tenir compte des besoins spécifiques de chaque groupe, mais aussi de faire preuve d'une plus grande adaptabilité face aux enjeux environnementaux et sociaux. Ensuite, l'anarchisme met l'accent sur l'autonomie, à la fois sur le plan individuel et collectif. Cette philosophie politique encourage les individus et les groupes à prendre en main leur propre destinée, en décidant et en agissant sans la nécessité d'une autorité centrale ou d'un pouvoir hiérarchique. L'autonomie est valorisée à travers diverses pratiques et initiatives, telles que la création de coopératives de travailleurs, d'écoles alternatives et de projets de logements autogérés. Les exemples historiques incluent la Commune de Paris en 1871 et la Révolution espagnole de 1936-1939, où les anarchistes ont joué un rôle central dans l'organisation et la gestion des communautés en dehors des structures étatiques traditionnelles[33].

L'anarchisme encourage les personnes à se libérer des structures de pouvoir et à prendre en charge leur propre destin. De manière similaire, l'idéologie NO CARBON incite les individus et les communautés à élaborer des solutions locales pour diminuer leur empreinte carbone et adopter un mode de vie plus durable. La coopération et l'entraide constituent des valeurs fondamentales pour ces deux idéologies, qui considèrent la solidarité et le partage des ressources comme des moyens essentiels pour surmonter les défis environnementaux et sociaux. Enfin, l'idéologie NO CARBON et l'anarchisme soulignent l'importance de l'engagement citoyen et de la prise de responsabilité, à la fois individuelle et collective, face aux problématiques socio-écologiques. Ainsi, ces idéologies appellent à une mobilisation active des citoyens pour répondre aux enjeux environnementaux et sociaux qui se posent à notre époque.

Que ce soit l'anarchisme, les idées du mouvement punk du siècle dernier ou l'idéologie NO CARBON, tous ces courants ont en commun une vision critique du capitalisme, considéré comme à l'origine de nombreuses inégalités sociales et de la dégradation de l'environnement. Ces approches cherchent à explorer des alternatives économiques et sociales plus équitables et durables, en remettant en question les modèles de production et de consommation actuels.

La coexistence des idéologies du capitalisme responsable et de celle de la collapsologie au sein de l'idéologie NO CARBON montre qu'il existe une reconnaissance commune de la nécessité de s'attaquer aux problèmes environnementaux et climatiques, mais avec des approches divergentes. La première mise sur l'innovation technologique pour résoudre les problèmes sans remettre en cause le modèle économique et social actuel, tandis que la seconde considère qu'un effondrement est inéluctable et une réorganisation radicale de la société est nécessaire pour assurer la pérennité de l'humanité. La notion de redirection écologique, qui se situe à l'intersection de ces deux visions, cherche à combiner les innovations technologiques et la prise de conscience de la nécessité de transformations profondes. Cette approche tente de rassembler les idées des deux camps pour proposer des solutions concrètes aux défis environnementaux et sociaux.

L'opposition entre les différentes visions et stratégies au sein de l'idéologie NO CARBON peut s'expliquer par les intérêts divergents des groupes sociaux impliqués et par les contradictions inhérentes à l'idée de transformer le capitalisme de l'intérieur. Les acteurs œuvrant au sein du système, tels que les entreprises et les entrepreneurs sociaux, peuvent croire en leur capacité à opérer un changement en adoptant des pratiques plus durables, mais ils risquent également de renforcer le système capitaliste en occultant les questions de pouvoir, de justice et d'équité.

NO CARBON pourrait être vu comme une narration publicitaire, celle qui cherche à nous persuader d'accepter et d'intégrer les contraintes de façon permanente dans notre vie quotidienne. NO CARBON est en réalité beaucoup plus. Sa puissance réside dans sa résonance au sein de diverses sphères sociales et culturelles. Cependant, pour que l'idéologie NO CARBON devienne prédominante, elle doit être incorporée dans un marketing qui accepte le chaos comme un élément inhérent de la transition. Pour cela, les institutions, qu'elles soient publiques ou privées, doivent consentir à abandonner, au moins en partie, le paradigme du capitalisme responsable. Or, pour que cela advienne, il faut comprendre et modifier les imaginaires de la transition à l'œuvre dans nos sociétés.

Les imaginaires occidentaux de la transition

L'idéologie contestataire NO CARBON à elle seule ne suffit pas pour institutionnaliser le tabou carbonique en tant que tabou universel. Toutefois, il est pertinent d'étudier la manière dont les imaginaires dominants actuels façonnent et assimilent les contraintes pour les rendre attractives, et ainsi esquisser différentes voies prospectives. Le décryptage des imaginaires dominants de notre époque permet de mieux comprendre les représentations et les croyances associées au marketing du chaos, à la consommation écoresponsable et aux modèles économiques de la transition que nous avons abordés dans les parties précédentes. En explorant ces imaginaires sociaux, nous pouvons mettre en lumière les dynamiques culturelles et les valeurs qui guident nos décisions et nos actions dans le contexte de la transition écologique et socio-économique.

D'un point de vue anthropologique, les imaginaires peuvent être perçus comme des précurseurs aux placements de produits contemporains. Les imaginaires façonnent notre vision du monde, en introduisant de nouveaux objets et de nouveaux modes de vie, et préparent les individus à accepter et à adopter des idées innovantes. En somme, ils permettent de concrétiser des éléments fictifs en objets tangibles et en innovations sociétales.

Prenons l'exemple de la présence de robots dans les mythologies anciennes. Les histoires racontant comment Héphaïstos, le dieu forgeron de la mythologie grecque, créait des automates pour l'aider dans ses tâches ont façonné l'imaginaire collectif. Ces histoires ont préparé le terrain pour les avancées technologiques du XXe et du XXIe siècle qui ont rendu possible l'existence de robots réels. De même, des films de science-fiction ont inspiré des technologies que nous utilisons aujourd'hui. Les communicateurs de la série télévisée *Star Trek* ont joué un rôle dans l'invention du téléphone portable tel que nous le connaissons aujourd'hui, tandis que les interfaces tactiles popularisées par *Minority Report*[1] sont désormais omniprésentes[2].

Les imaginaires dominants actuels jouent un rôle similaire en nous familiarisant avec de nouveaux modes de vie et en favorisant l'adoption de modèles économiques de transition tels que ceux présentés dans le chapitre précédent. En influençant notre perception de l'avenir, ces imaginaires nous préparent à intégrer de nouvelles pratiques et technologies qui promeuvent un mode de vie plus durable et équitable. Cependant, il est important de rester vigilant quant aux conséquences de l'adhésion à l'un ou plusieurs de ces imaginaires. Tout comme il est possible d'avoir l'illusion que certains robots sont dotés d'intelligence alors qu'ils ne font que suivre des instructions programmées[3], les imaginaires peuvent également nous induire en erreur en nous faisant croire que certaines idées ou innovations sont intrinsèquement bénéfiques ou inoffensives. Il est donc important d'être conscient de ces imaginaires et de leur influence sur notre perception de l'avenir, afin de faire des choix éclairés pour notre société et notre environnement.

En complément de cette perspective, l'objectif devrait également être de transformer les imaginaires, par exemple des climatosceptiques qui, par peur, paresse, réticence au changement, ou par souhait de conserver leurs privilèges, refusent de prendre conscience de l'urgence de notre époque. En mobilisant le concept d'« utopies ultimes », on pourrait susciter une prise de conscience et une réflexion sur les modèles de société que nous aspirons à construire et à promouvoir, rendant ainsi envisageable l'idée de transition et de réorientation de certains modèles économiques. Ces utopies, telles des visions idéalisées et imaginaires d'une société parfaite, englobent les aspirations, les rêves et les idées d'un avenir souhaitable, orientant ainsi les changements sociaux et les décisions politiques.

Régression et technosolutionnisme : faire moins ou faire plus ?

Deux imaginaires dominent notre rapport à la réalité : l'imaginaire de la régression et le technosolutionnisme, qui rejoint l'idée de progrès présente depuis la Révolution industrielle. Le réel qui nourrit l'imaginaire de la régression se manifeste notamment chez les Amish et les Sentinelles[4]. Les Amish, originaires d'Europe et installés principalement en Amérique du Nord, sont une communauté religieuse qui vit selon des principes stricts de simplicité et de rejet de la technologie moderne. Ils privilégient l'autosuffisance et la coopération au sein de leur communauté, en cultivant leurs propres terres et en échangeant des biens et services exclusivement entre eux[5]. L'absence de technologie avancée et l'accent mis sur les relations interpersonnelles dans la société Amish offrent un exemple de vie libérée de la pression consumériste et de la compétition caractéristiques du capitalisme. Le peuple Sentinelle, quant à lui, vit sur l'île de North Sentinel dans l'archipel des Andaman, en Inde, et constitue l'une des dernières tribus isolées au monde. Ils mènent une vie de chasseurs-cueilleurs et ont peu ou pas de contact avec le monde extérieur[6]. Leur mode de vie est fondé sur la subsistance, la réciprocité et l'entraide. Le peuple Sentinelle offre un exemple de communauté vivant en étroite symbiose avec son environnement, sans dépendre de l'économie mondiale et des systèmes de production capitalistes[7]. Cette approche est souvent associée à la décroissance, perçue comme non désirable car en contradiction avec le progrès. Pourtant, des mouvements occidentaux, comme le minimalisme ou le survivalisme, s'inspirent de ces valeurs de simplicité et d'autonomie, cherchant à réduire leur impact environnemental et à se préparer à d'éventuelles crises. Adopter une approche plus sélective et réfléchie face à la technologie pourrait ainsi permettre de concilier écologie et progrès.

Le technosolutionnisme, second imaginaire, fait confiance à la technologie pour résoudre nos problèmes. L'animisme industriel[8] repense la relation entre humains et non-humains, invitant à une cohabitation harmonieuse, mais peut aussi mener à une suprématie de la technologie. La géo-ingénierie, quant à elle, propose des modifications à grande échelle de notre environnement pour remédier aux défis climatiques, mais est controversée du fait de ses potentielles externalités négatives. Alors que la géo-ingénierie propose des solutions radicales pour protéger notre planète, elle présente aussi des dangers inhérents à toute intervention sur les systèmes naturels à grande échelle. D'un point de vue anthropologique, elle peut être mise en parallèle avec les notions de maîtrise de l'environnement, de construction de l'État et même de contrôle, non loin du mythe de l'apprenti sorcier. Tout comme la géo-ingénierie vise à intervenir sur les systèmes naturels pour résoudre les problèmes liés au changement climatique et à la dégradation environnementale, la maîtrise de l'environnement et la formation de l'État ont également pour objectif de contrôler et de façonner les conditions environnementales et sociales dans lesquelles les populations humaines évoluent. Ces processus sont étroitement liés à la volonté de contrôle sur les éléments naturels et les dynamiques sociales qui caractérisent les sociétés étatiques et les formes de gouvernance centralisée.

Exploration spatiale : faire ailleurs

Le troisième imaginaire est celui de l'exploration et de la conquête spatiale. La conquête spatiale occupe une place importante dans l'histoire de l'humanité, témoignant de la volonté incessante des êtres humains de repousser les frontières de leur environnement et de leur compréhension du monde qui les entoure. Dans une perspective anthropologique, nous pouvons observer la conquête spatiale comme un phénomène culturel et social qui reflète les valeurs, les aspirations et les imaginaires collectifs des sociétés qui s'y engagent.

Depuis les débuts de la conquête spatiale au milieu du XXe siècle, les progrès technologiques et scientifiques ont été étroitement liés aux dynamiques politiques et économiques, notamment durant la guerre froide, où la rivalité entre les États-Unis et l'Union soviétique a conduit à une véritable course à l'espace. Cette compétition spatiale peut être anthropologiquement comparée à la cérémonie du potlatch, un rituel pratiqué par certaines sociétés d'Amérique du Nord, dans lequel les participants offrent des cadeaux et organisent des festivités pour montrer leur richesse, leur générosité et leur prestige. En effet, dans l'imaginaire contemporain, la conquête spatiale entre différentes puissances mondiales s'apparente à un néo-potlatch où les nations rivalisent pour démontrer leur supériorité technologique et scientifique ainsi que leur capacité à investir dans des projets de grande envergure. Les missions spatiales, les lancements de satellites et les explorations planétaires sont autant de « cadeaux » offerts à la communauté internationale, témoignant de la puissance et du prestige de ceux qui les réalisent. Ces actes de compétition spatiale, tout comme le potlatch, ont pour objectif de renforcer l'identité nationale, de légitimer les élites dirigeantes et d'affirmer la position dominante d'une nation sur la scène internationale.

Au XXIe siècle, la compétition spatiale internationale prend une tout autre dimension. L'imaginaire de l'exploration spatiale envisage désormais la colonisation de l'espace comme solution aux problèmes rencontrés sur Terre, en cherchant à établir des colonies humaines sur d'autres planètes, telles que

Mars. La privatisation de l'espace, notamment à travers les projets de personnalités comme l'Américain Elon Musk et sa société SpaceX, illustre cette évolution. Les ambitions d'Elon Musk incluent la colonisation de Mars, la mise en place d'un réseau de satellites pour fournir un accès Internet mondial, et la réduction des coûts des voyages spatiaux grâce à la réutilisation des lanceurs de fusée. Ces projets sont ancrés dans une logique extractiviste, visant à exploiter les ressources de l'espace pour répondre aux besoins et aux désirs de la société terrestre. Parallèlement, la Lune est redevenue un objectif central pour de nombreux pays et entreprises privées, avec des projets visant à exploiter ses ressources et à établir des bases lunaires habitées. Parmi ces projets, on trouve le programme Artemis de la Nasa, qui vise à amener des astronautes sur la Lune d'ici 2024, ou encore Lunar Gateway, une station spatiale en orbite lunaire destinée à faciliter les missions habitées vers la Lune et Mars.

Pour rendre ces desseins spatiaux désirables et populaires, les acteurs de l'industrie spatiale privée et publique mettent l'accent sur la promotion d'une vision futuriste de l'espace et de ses opportunités. Ils cherchent à susciter l'enthousiasme du public en présentant l'exploration et la colonisation spatiales comme des étapes cruciales dans l'évolution de l'humanité et comme des solutions potentielles aux défis environnementaux et sociaux auxquels notre planète est confrontée. Le projet Amazonies Spatiales, auquel j'ai participé en tant qu'autrice, illustre cet objectif en interrogeant les enjeux socio-écologiques et culturels de la conquête spatiale du XXIe siècle[9]. Plus précisément, Amazonies Spatiales est une initiative qui vise à étudier les relations complexes entre les communautés locales d'Amazonie, les programmes de développement spatial et les enjeux environnementaux. Ce projet interdisciplinaire rassemble des anthropologues, des historiens, des géographes et des spécialistes des sciences de l'environnement pour explorer les dynamiques sociales, culturelles et politiques qui se développent autour des activités spatiales en période de transition socio-écologique.

Les activités spatiales, souvent perçues comme des symboles de progrès et d'innovation, peuvent aussi être interrogées à travers une perspective anthropologique qui met en exergue les enjeux sociaux, politiques et environnementaux qui les accompagnent.

Mais l'exploration spatiale s'inscrit dans une logique extractiviste qui soulève d'importantes questions éthiques et anthropologiques. De manière générale, elle est souvent perçue comme une extension de la logique capitaliste et consumériste qui domine notre société. Ces projets soulèvent des questions fondamentales sur les droits, les responsabilités et les limites de l'expansion humaine dans l'espace, ainsi que sur leurs implications sociales et environnementales. En effet, les coûts astronomiques associés à la conquête spatiale posent la question de l'inégalité sociale, car seuls les plus riches pourront se permettre de voyager vers d'autres planètes. Cette fracture sociale pourrait conduire à une marginalisation de certaines populations, ou États, qui n'auraient pas accès aux ressources et aux avantages associés à la conquête spatiale. La gestion des ressources spatiales pose également des défis environnementaux importants. Les activités humaines dans l'espace pourraient avoir un impact sur l'environnement extraterrestre, qui n'a pas encore été étudié en profondeur. En outre, la possibilité de créer des colonies sur d'autres planètes pose des questions éthiques et culturelles complexes, notamment en ce qui concerne l'impact de la présence humaine sur des environnements potentiellement habitables. La conquête spatiale soulève des questions fondamentales sur l'expansion humaine au-delà de notre planète et sur les limites de notre capacité à gérer les ressources et les impacts environnementaux de ces projets. N'oublions pas que l'idée de la colonisation humaine de l'espace extraterrestre est largement contestée par de nombreux scientifiques en ce qui concerne sa faisabilité technologique.

Révolution numérique et humaniste : faire pareil mais en pire

La révolution numérique et humaniste se caractérise par un renouvellement des imaginaires liés au potentiel transformateur des technologies numériques pour repenser les relations sociales, économiques et environnementales. La révolution technologique actuelle englobe divers exemples de technologies émergentes. L'une de ces technologies est l'IA générative, qui est un type d'intelligence artificielle axé sur la création de nouvelles données telles que des textes, des images, de la musique ou des vidéos qui semblent authentiques et originaux en s'inspirant d'éléments existants (comme le désormais célèbre et controversé ChatGPT[10]). Cette technologie a le potentiel de révolutionner les industries créatives en permettant la création de nouveaux contenus de manière plus rapide et plus efficace. De même, le Web3[11] cherche à élaborer des systèmes décentralisés et démocratiques pour lutter contre le techno-féodalisme et promouvoir la souveraineté numérique, en utilisant des technologies telles que la blockchain pour créer des infrastructures numériques qui sont moins vulnérables aux cyberattaques et aux violations de la vie privée, tout en offrant des opportunités de participation et de gouvernance démocratique.

Premièrement, le techno-féodalisme est un concept sociologique qui décrit un modèle socio-économique émergent où un petit nombre d'entreprises technologiques puissantes, souvent appelées « Big Tech », exercent un contrôle disproportionné sur les ressources numériques, les données et les infrastructures mondiales. Cette situation crée une structure hiérarchique similaire au système féodal médiéval, où les seigneurs (devenus les grandes entreprises technologiques) exerçaient un contrôle sur les terres et les ressources, et les paysans (devenus les utilisateurs) étaient soumis à leur autorité[12]. Un exemple de techno-féodalisme est le contrôle exercé par les Gafam sur les données des utilisateurs. Ces entreprises collectent, stockent et monétisent des informations personnelles à des fins publicitaires et commerciales, créant une dépendance des individus à leurs services et limitant l'autonomie et la souveraineté numérique de ces derniers. À ce sujet, la sociologue américaine Shoshana Zuboff a développé le concept de « capitalisme de surveillance » pour décrire cette nouvelle logique économique, où les entreprises technologiques tirent profit de la collecte et de l'analyse des données des utilisateurs pour prédire et influencer leur comportement[13]. Ce capitalisme de surveillance, selon Shoshana Zuboff, contribue à renforcer le techno-féodalisme en concentrant le pouvoir et les ressources entre les mains d'un petit nombre d'acteurs. Un autre exemple de techno-féodalisme est la « gig economy » ou l'économie des petits boulots, où les travailleurs indépendants sont liés à des plateformes numériques telles qu'Uber, Lyft ou Deliveroo pour trouver du travail. Ces travailleurs sont souvent considérés comme des entrepreneurs indépendants plutôt que des employés, ce qui les prive de nombreux droits et protections normalement offerts par le monde du travail. L'économiste britannique Guy Standing a décrit cette situation comme le « précariat », un nouveau groupe social caractérisé par une insécurité économique et sociale croissante[14].

Face au techno-féodalisme, des alternatives émergent, telles que les technologies décentralisées (par exemple, la blockchain) et les initiatives de souveraineté numérique, visant à redonner le contrôle aux utilisateurs sur leurs données et à réduire la concentration du pouvoir entre les mains des grandes entreprises technologiques. Les travaux de chercheurs en sciences sociales, tels que Yochai Benkler[15] et Mariana Mazzucato[16], contribuent également à alimenter le débat sur la manière de créer une économie numérique plus équitable et démocratique.

Deuxièmement, l'étude anthropologique de ces technologies, ainsi que de leurs applications et implications, est cruciale pour mieux comprendre la manière dont elles façonnent et reflètent les dynamiques culturelles et sociales. Le chercheur américain Fred Turner analyse la manière dont les technologies numériques, en particulier l'Internet, ont été associées à des idéaux utopiques de décentralisation, de démocratisation et de communautés créatives dans le contexte de la contre-culture américaine des années 1960 et 1970[17]. Les IA génératives et le Web3, en tant qu'éléments de cette révolution numérique et humaniste, peuvent être considérés comme des outils permettant de réinventer les notions de propriété, d'autorité et de pouvoir dans les sociétés occidentales. Anna Tsing examine, par exemple, la manière dont les technologies numériques créent parfois des espaces de collaboration et d'interconnexion qui transcendent les frontières géographiques, culturelles et politiques, remettant en question les hiérarchies et les structures traditionnelles de pouvoir[18]. Mais il convient également de s'intéresser à tous les enjeux et impacts invisibles associés à ces nouvelles technologies qui présentent des défis et des coûts environnementaux et sociaux non négligeables. En effet, les infrastructures numériques sur lesquelles reposent ces technologies nécessitent une importante quantité d'eau pour refroidir les serveurs, ainsi que l'extraction de matières premières pour la fabrication des équipements technologiques. Par exemple, pour rejoindre un métavers sur le Web3, les utilisateurs ont besoin de dispositifs électroniques tels que des ordinateurs, des casques de réalité virtuelle et des smartphones, dont la production nécessite l'extraction de métaux rares et une grande consommation d'énergie. De plus, l'essor des IA génératives et du Web3 peut également avoir des implications éthiques et sociales problématiques. Comme le souligne un article du *Courrier international*[19], des « petites mains précaires » travaillent dans des conditions difficiles au Kenya pour l'entraînement des modèles d'IA générative comme ChatGPT, montrant ainsi que le développement de ces technologies peut parfois reposer sur l'exploitation de travailleurs vulnérables. Ces derniers sont mal payés et travaillent dans des conditions précaires, sans bénéficier de la protection sociale la plus élémentaire – et souvent dans la négation pure et simple des droits de l'homme.

Les imaginaires dominants de la transition et les utopies ultimes qu'ils suscitent constituent des outils précieux pour favoriser la révolution anthropologique. Toutefois, il est impératif que ces utopies ne soient pas uniquement des mirages de changement, mais plutôt des objectifs accessibles. Aucun n'éclipsera probablement les autres ; ils coexisteront, se mélangeront, voire s'hybrideront pour engendrer un nouvel imaginaire qui, dans le meilleur des scénarios, conduira à l'instauration du tabou carbonique. Dans d'autres cas, ils dessineront le futur que notre société aura choisi d'emprunter.

Vers de nouveaux paradigmes et au-delà

Ces quatre imaginaires cherchent à repenser les relations sociales, économiques et environnementales en proposant des évolutions ou des alternatives au modèle capitaliste et consumériste dominant. David Graeber aborde cette question dans son ouvrage *Dette : 5 000 ans d'histoire*[1], où il explore les origines et les implications du système économique actuel. Que ce soit en revenant à des modes de vie plus simples, en misant sur la technologie pour résoudre les problèmes, en explorant l'espace ou en utilisant les technologies numériques pour créer des systèmes décentralisés et démocratiques, tous ces imaginaires remettent en question les valeurs et les pratiques actuelles.

L'illusion du changement

La combinaison des différents modèles économiques, abordés dans la première partie de cet ouvrage, et des imaginaires dominants (régression, technosolutionnisme, exploration spatiale et révolution numérique et humaniste) peut être vue comme un moyen de se rapprocher des utopies ultimes. Cependant, l'accent mis sur ces visions idéalisées et les solutions technologiques détourne l'attention des défis réels et des problèmes systémiques auxquels la société est confrontée. Cela peut même nous éloigner de la réalité en nous faisant croire que les problèmes socio-écologiques seront résolus par des avancées technologiques et des changements superficiels, sans remettre en question les structures sous-jacentes de notre système économique et social.

Modèle économique/ imaginaires	Régression	Techno-solutionnisme	Exploration spatiale	Révolution numérique et humaniste
Capitalisme responsable	–	X	X	X
Économie de la mutualisation	–	X	–	X
Économie de la fonctionnalité	–	X	–	X
Économie circulaire	–	X	–	–
Décroissance	X	–	–	–
Économie stationnaire	X	–	–	–

Ce tableau illustre les points de compatibilité et d'incompatibilité entre différents modèles économiques et imaginaires. Une croix signale une concordance ou un appui réciproque, tandis qu'un tiret désigne un conflit ou une incompatibilité. Par exemple, le capitalisme responsable s'accorde avec le technosolutionnisme, l'exploration spatiale, et la révolution numérique et humaniste. Cette concordance s'explique par l'intégration des préoccupations environnementales et sociales tout en conservant la logique capitaliste et en profitant des progrès technologiques. En revanche, la décroissance et la planification vers une économie stationnaire sont en accord avec l'idée de régression, contestant la croissance économique ininterrompue et visant à équilibrer les besoins humains et les limites écologiques. L'économie de la mutualisation est compatible avec le technosolutionnisme et la révolution numérique, tout comme l'économie de la fonctionnalité, ces dernières utilisant les avancées technologiques pour encourager le partage et l'accès aux ressources, minimisant ainsi la consommation de ressources et les émissions de gaz à effet de serre.

Quant aux imaginaires prédominants, ceux qui sont associés à des modèles économiques émergents, ils redéfinissent l'avenir de la consommation et nos modes de vie occidentaux. Ces imaginaires, tels que le technosolutionnisme, l'exploration spatiale, et la révolution numérique et humaniste, trouvent une terre d'accueil favorable lorsque les préoccupations environnementales et sociales peuvent être intégrées sans chambouler fondamentalement la logique capitaliste, tout en se basant sur les progrès technologiques. Ainsi, le capitalisme responsable, l'économie de la mutualisation et l'économie de la fonctionnalité se concilient avec ces imaginaires en cherchant un équilibre entre les objectifs économiques, sociaux et environnementaux. Cependant, l'imaginaire de la régression et les modèles économiques y afférents, tels que la décroissance et la planification vers une économie stationnaire, requièrent des changements plus substantiels et l'adoption de nouvelles contraintes, ce qui peut les rendre moins séduisants ou plus ardus à mettre en place dans le contexte occidental actuel.

Se décentrer malgré tout

Les modèles économiques qui partagent l'imaginaire du capitalisme responsable proposent une redirection capitaliste. Ils peuvent être considérés comme des étapes transitoires vers un changement plus radical de société. Ces modèles transitoires présentent un enjeu temporel : le temps long qu'ils impliquent pour la transition vers un changement véritablement radical n'est pas forcément compatible avec l'urgence sociale et environnementale à laquelle nous sommes confrontés. Les ajustements marginaux qu'ils proposent, bien qu'ils puissent contribuer à certains progrès, ne s'attaquent pas directement aux inégalités socio-économiques ou aux problèmes environnementaux systémiques.

Redirection capitaliste

Ce que j'appelle la redirection capitaliste s'inscrit dans une approche spécifique, celle de la redirection écologique, que nous avons déjà abordée brièvement. La redirection écologique invite à une réflexion approfondie sur la manière dont les sociétés humaines interagissent avec leur environnement et les systèmes économiques qui les structurent. Cette approche vise à repenser les relations entre les entreprises, les individus et la nature, en intégrant les préoccupations écologiques et sociales dans les modèles économiques dominants.

La redirection écologique engage les entreprises dans une transition vers une économie régénérative, en se concentrant sur la création de valeur et l'innovation en faveur de la durabilité. Ce processus passe par un changement de paradigme, où la réussite économique n'est plus mesurée uniquement en termes de croissance et de profits, mais aussi en fonction de l'impact écologique et social positif[2].

L'exemple de Métabief, une station de ski française, illustre bien cette approche. Confrontée à la diminution de l'enneigement due au changement climatique, la station a décidé de repenser son modèle économique et de se réorienter vers des activités alternatives et durables. Elle a ainsi accepté la fin du ski comme activité principale (renoncement) et a développé une offre touristique axée sur la nature et les sports de plein air, tels que la randonnée, le VTT et les activités éducatives liées à l'environnement. Ce changement a non seulement permis à la station de survivre économiquement, mais aussi de contribuer à la préservation de l'écosystème local et à la sensibilisation des habitants et des touristes aux enjeux environnementaux[3].

La redirection écologique, en incitant à abandonner certains imaginaires, peut être considérée comme une force positive, car elle stimule une réflexion critique sur les modèles économiques et les imaginaires prédominants. En soulignant les limites de ces imaginaires, la redirection écologique ouvre la voie à des alternatives plus durables et équitables pour notre société. Elle encourage la prise de conscience des défis environnementaux et sociaux auxquels nous sommes confrontés et incite à chercher des solutions tenant compte des contraintes et des limites de notre planète.

En examinant les processus de redirection écologique sous un angle anthropologique, il est important d'étudier les tensions et les dynamiques de pouvoir qui surgissent dans ces contextes, ainsi que leurs implications pour les structures de possession et de gouvernance qui en découlent. Comme le souligne un article de *Reporterre*[4], la redirection écologique tente d'harmoniser les impératifs du capitalisme et les objectifs de durabilité, sans pour autant remettre en cause les fondements du système économique actuel. Cette approche peut être perçue comme une tentative d'aborder les problèmes environnementaux en les intégrant à la logique du marché, plutôt que d'interroger les mécanismes sous-jacents à l'origine de la crise écologique.

Pour illustrer ce point, l'anthropologue espagnol Arturo Casas[5] met en évidence que les initiatives visant à préserver les ressources naturelles et réduire les émissions de gaz à effet de serre sont souvent conçues pour s'adapter aux exigences du marché, ce qui en limite l'efficacité et la portée. Parallèlement, Anna Tsing[6] démontre que les projets de reforestation sont fréquemment guidés par des considérations économiques, plutôt que par une compréhension approfondie des écosystèmes locaux et des besoins des communautés concernées.

La redirection écologique invite à explorer les notions de communs négatifs[7] et de technologies zombies[8], qui offrent des pistes de réflexion pour repenser les systèmes sociotechniques existants afin de les rendre plus résilients et durables. Un commun négatif est un concept qui désigne une ressource ou un bien collectif ayant un impact néfaste sur l'environnement, la société ou les individus. Il s'agit d'un terme qui s'oppose aux biens communs positifs, qui sont des ressources partagées et bénéfiques pour tous les membres d'une communauté. Une technologie zombie, quant à elle, est une technologie obsolète ou dépassée qui continue d'exister et d'être utilisée, souvent en raison d'un manque d'alternatives viables ou d'une résistance au changement. Ces technologies peuvent avoir des conséquences négatives sur l'environnement, la société ou l'économie en raison de leur inefficacité ou de leurs impacts indésirables. Comme, les ampoules à incandescence, car bien qu'elles soient moins chères que les ampoules LED et fluorescentes, elles sont moins efficaces sur le plan énergétique et ont une durée de vie plus courte. Cependant, elles sont encore utilisées dans de nombreux foyers en raison de leur faible coût initial et de la familiarité des consommateurs avec cette technologie.

La redirection capitaliste, elle, encourage la coopération internationale, en particulier en soutenant des projets durables et résilients. Anna Tsing met en lumière cette tendance en examinant les partenariats transnationaux pour la gestion des ressources naturelles. En ce qui concerne le numérique, même si la redirection capitaliste prône la souveraineté et les technologies respectueuses des droits humains et de l'environnement[9], elle accentue parfois la dépendance numérique et les inégalités socionumériques, comme le relève l'anthropologue britannique Keith Hart[10].

En somme, la redirection, qu'elle soit purement capitaliste ou écologique, peut aboutir à des compromis et à des solutions, la plupart du temps insuffisantes, pour relever les défis sociaux et environnementaux de manière globale et transformatrice. Cela soulève des questions importantes quant à la pertinence de ces imaginaires face aux nouveaux concepts et paradigmes identifiés dans le tableau ci-contre.

Imaginaires	Contraintes	Valeurs	Possession	Domination	Redirection capitaliste	
					Impacts positifs	Impacts négatifs
Régression	Résistance à la modernisation et globalisation	Simplicité, autosuffisance, harmonie avec la nature	Biens et ressources partagés au sein de la communauté	Résistance à la globalisation	Encourage la simplicité et l'autosuffisance dans la consommation et la production	Peut être perçu comme une menace envers la tradition et l'identité culturelle
Techno-solutionnisme	Conséquences éthiques et culturelles de la manipulation de la nature	Confiance en la technologie, progrès, optimisme	Technologie et infrastructures partagées	Contrôle technologique, ingénierie sociale	Stimuler l'innovation pour des solutions soutenables et résilientes à partir des infrastructures existantes (notion de communs négatifs et de technologies zombies)	Peut entraîner une dépendance accrue aux technologies et à la manipulation de la nature
Exploration spatiale	Impact sur les cultures et communautés locales	Conquête spatiale, colonisation, expansion	Territoires et ressources spatiales	Colonisation spatiale, accaparement des ressources	Favoriser la coopération internationale via le déploiement de projets spatiaux soutenables et résilients	Détourner les enjeux socio-écologiques terrestres et apparition de tensions concernant l'accès aux ressources extraterrestres
Révolution numérique et humaniste	Transformation des identités et formes de pouvoir	Décentralisation, souveraineté numérique, collaboration	Biens et services numériques, données	Techno-féodalisme, pouvoir des plateformes	Promouvoir la souveraineté numérique des territoires et les technologies respectueuses des droits humains et de l'environnement	Peut renforcer la dépendance numérique et les inégalités socionumériques (fracture numérique, illectronisme numérique)

Pensées d'ailleurs, le renouveau du regard éloigné

L'exploration des imaginaires non occidentaux est une piste fructueuse pour repenser nos systèmes économiques et sociétaux. Les modèles économiques décrits jusqu'ici sont largement le reflet des conceptions dominantes occidentales, façonnées par des valeurs, des croyances et des aspirations culturelles enracinées et en évolution constante au sein de nos sociétés[11]. Pour comprendre ces modèles sous un nouvel angle, il est essentiel d'adopter une approche d'éloignement, un concept introduit par Claude Lévi-Strauss. Le « regard éloigné » encourage l'étude des cultures et des sociétés hors de notre propre cadre de référence, mettant en lumière des structures et des dynamiques sous-jacentes qui échappent à notre perception immédiate[12]. L'éloignement peut s'exprimer géographiquement, comme l'ont fait certains anthropologues qui étudient d'autres manières d'être au monde, hors de l'Occident. Ces regards extérieurs, en étudiant des sociétés aux imaginaires alternatifs, offrent une vision renouvelée de nos modèles économiques. Mais l'éloignement ne se cantonne pas seulement à la géographie. Il peut aussi être temporel et fictionnel.

La science-fiction, notamment, est un moyen d'explorer des futurs alternatifs et d'interroger nos modèles actuels. Elle permet de déconstruire notre réalité et d'imaginer d'autres façons d'organiser notre société et notre économie. En présentant des mondes imaginaires et futuristes, la science-fiction nous invite à questionner nos propres valeurs, croyances et institutions et à envisager d'autres possibilités pour notre avenir commun[13]. Plusieurs auteurs de science-fiction, tels que les autrices américaines Ursula K. Le Guin[14] et Octavia Butler[15], ont utilisé le genre pour interroger les structures économiques et sociales et proposer des alternatives radicales. L'anthropologue américain Eduardo Kohn a ainsi exploré l'animisme et les cosmologies amérindiennes pour révéler des perspectives sur la nature et les relations interespèces qui remettent en question les présupposés occidentaux sur la séparation entre les humains et les non-humains[16].

En fonction des principales aires géographiques, les récits de science-fiction et les sous-genres associés varient beaucoup. Les États-Unis valorisent le cyberpunk (ex. : *Neuromancien* de William Gibson), le space opera (ex. : *Star Wars* de George Lucas) et les uchronies (ex. : *Le Maître du haut château* de Philip K. Dick). La Russie, elle, la science-fiction sociale (ex. : *Nous autres* de Evgueni Zamiatine) et cosmiste (ex. : *L'Île habitée* de Arkadi et Boris Strougatski). En Asie, le Japon développe des œuvres postapocalyptiques (ex. : *Akira* de Katsuhiro Otomo) et fantastiques (ex. : *Le Voyage de Chihiro* de Hayao Miyazaki). En Amérique latine, le réalisme magique côtoie la science-fiction (ex : *Fictions* de Jorge Luis Borges) et en Afrique, l'afrofuturisme (ex. : *Lagoon* de Nnedi Okorafor) cohabite avec la science-fiction panafricaine (ex. : *Zoo City* de Lauren Beukes) et les deux s'exportent hors du continent[17].

Bien que ce tour d'horizon des récits de science-fiction ne soit pas exhaustif, il permet de mettre en exergue que, en fonction des cultures, les imaginaires du futur s'adaptent aux contraintes sociales, culturelles et environnementales, comme l'illustre le tableau ci-contre.

	Contraintes sociales	**Contraintes environnementales**
Amérique du Nord (États-Unis, Canada)	Inégalités, surveillance, dystopies, intelligence artificielle, politique	Catastrophes naturelles, pollution, changement climatique, exploitation des ressources
Amérique Latine (Brésil, Argentine)	Inégalités, histoire coloniale, identité culturelle et sociale, politique	Déforestation, biodiversité, changement climatique, urbanisation
Asie (Chine, Japon)	Tradition *vs* modernité, surveillance, dystopie, intelligence artificielle	Pollution, catastrophes naturelles, gestion des ressources, changement climatique
Europe (France, Allemagne, Europe de l'Est)	Philosophie, politique, identité culturelle, tradition *vs* modernité	Pollution, changement climatique, catastrophes naturelles, exploitation des ressources
Moyen-Orient (Iran, Israël)	Religion, identité culturelle, conflits, politique, tradition *vs* modernité	Gestion des ressources, changement climatique, désertification
Afrique (Afrique du Sud, Nigéria, Kenya)	Inégalités, identité culturelle et sociale, postcolonialisme, politique, tradition *vs* modernité	Gestion des ressources, changement climatique, désertification, biodiversité, urbanisation, pollution

Les différents univers de science-fiction présentés dans le tableau de la page précédente vont induire des pistes de réflexions variées, qui vont s'exprimer à travers des thématiques économiques, sociales et environnementales spécifiques aux aires culturelles, comme l'illustre le tableau ci-contre (une croix indique que les œuvres de science-fiction de l'aire culturelle abordent des thématiques relatives aux modèles économiques, tandis qu'un tiret signifie que les œuvres n'abordent pas des thématiques associées à ces modèles).

Même si, bien sûr, s'immerger dans la science-fiction non occidentale ne suffira pas à identifier des solutions désirables et résilientes ou un nouvel imaginaire dominant qui permettra d'enclencher une dynamique plus radicale, s'inspirer des pensées éloignées nous permet de nous autoriser à hybrider, par exemple, les différents concepts sur lesquels reposent actuellement l'idéologie NO CARBON.

Les utopies ultimes, vues à travers le filtre des modèles économiques dont il a été question dans les précédentes parties de cet ouvrage, permettent d'exposer certaines dimensions politiques et géostratégiques qui ne sont pas forcément visibles au premier abord. Cette perspective offre une compréhension plus riche et complexe, tissant des liens entre les ambitions idéalistes et les réalités matérielles de la politique et de l'économie mondiales.

Mais, il est plus que nécessaire d'élargir notre horizon pour inclure un spectre plus global de pensées et d'expériences. Comme nous l'avons souligné précédemment, sans une perspective qui embrasse le monde dans son entièreté, les problématiques et les enjeux discutés dans cet ouvrage perdent leur pertinence et leur portée.

Dans cette optique, l'importance d'honorer et de valoriser les préoccupations et les aspirations des diverses sociétés à travers le monde devient primordiale, que ce soit dans la vie quotidienne comme dans la fiction. Cette démarche vise à créer un socle

	Capitalisme responsable	**Décroissance**	**Économies émergentes de la redirection (fonctionnalité, mutualisation, circulaire)**	**Économie stationnaire**	**Redirection écologique**
Amérique Latine (Brésil, Argentine)	–	X	X	X	X
Asie (Chine, Japon)	X	–	X	–	–
Moyen-Orient (Iran, Israël)	–	–	–	–	–
Afrique (Afrique du Sud, Nigéria, Kenya)	X	X	X	–	X

commun, où les différentes ontologies du monde peuvent se rencontrer et interagir, créant une synergie qui transcende les barrières culturelles et géographiques.

Un tel effort réclame une empathie radicale et une curiosité intellectuelle sans bornes. Nous pouvons même espérer parvenir à un consensus mondial qui résonne à travers les différences et unit l'humanité dans sa diversité, permettant la cristallisation d'une vision commune pour l'avenir de notre planète.

Les bases d'un nouveau contrat sociétal

Tout au long de cet ouvrage, cinq éléments fondamentaux ont émergé progressivement pour nous offrir un nouveau regard sur le monde et même, peut-être, contribuer à l'élaboration d'un nouvel imaginaire écosocial : l'éco-évolution, le coopérativisme, la synchronicité, la valeur étendue et le holisme. Comme nous allons le voir dans le détail, ces cinq principes sont essentiels pour reconsidérer nos valeurs et revisiter notre mode de vie d'un point de vue anthropologique. Ils sont les divers aspects du tabou carbonique, de l'intégration essentielle des contraintes et de l'élimination des obstacles sociaux à leur acceptation. En conséquence, ils sont fondamentaux pour l'avènement de la révolution anthropologique. On peut les observer à l'œuvre dans certaines parties du monde et ainsi s'inspirer des pratiques déjà en cours pour poser les bases réalistes d'un nouveau contrat sociétal.

Certaines idées novatrices émergent aux quatre coins du globe, qui contiennent déjà ces éléments. L'une d'elles est le principe de *One Health* (« une seule santé »), introduit au début des années 2000 à la suite de l'augmentation des maladies infectieuses due à la globalisation des échanges[1]. *One Health* postule que la santé humaine est étroitement liée à la santé animale et à la qualité de nos interactions environnementales. Il suggère que les soins apportés aux animaux, le respect de la santé végétale, l'intégrité de l'environnement et la santé humaine sont inextricablement liés. Cela est évident lorsque les antibiotiques utilisés pour soigner les animaux d'élevage entraînent une résistance bactérienne qui peut affecter les humains. Ce concept de santé intégrale nécessite une réflexion systémique pour repenser les interactions entre la santé humaine, animale et environnementale.

Voyons à présent comment nos cinq éléments peuvent nous aider à poser les bases d'un nouveau contrat sociétal.

Éco-évolution : interdépendance et co-évolution

En premier lieu, la prise de conscience de l'interdépendance entre les êtres humains, les autres espèces et l'environnement est cruciale pour favoriser des relations harmonieuses et durables sur la planète. La co-évolution nous invite à repenser notre rôle au sein des écosystèmes et à adopter des pratiques respectueuses de la nature et des autres êtres vivants.

Le mutualisme homme-animal est un exemple concret de co-évolution qui illustre la collaboration entre les espèces pour le bénéfice mutuel. Dans ce type de relation, les humains et les animaux s'entraident, partagent des ressources et coopèrent pour atteindre des objectifs communs, tout en préservant leur environnement. Un cas emblématique de mutualisme homme-animal est la relation entre les pêcheurs et les dauphins à Laguna, au Brésil.

Les pêcheurs collaborent étroitement avec les dauphins pour attraper des poissons. Les dauphins repèrent et rassemblent les poissons, puis les dirigent vers les filets des pêcheurs. En retour, les dauphins profitent des poissons qui échappent aux filets[2]. Un autre exemple de mutualisme homme-animal se trouve en Afrique, où l'oiseau indicateur de miel, appelé aussi « grand indicateur », aide les humains à localiser les ruches d'abeilles sauvages. L'oiseau émet des signaux sonores pour guider les humains vers les ruches et, en retour, les humains partagent une partie du miel récolté avec l'oiseau[3].

L'adoption de pratiques mutualistes homme-animal en milieu urbain peut encourager la collaboration entre les humains et les animaux pour résoudre des problèmes communs. La mise en place de ruches urbaines favoriserait la collaboration avec les abeilles pour soutenir la pollinisation des plantes, tout en fournissant du miel aux personnes, à l'échelle d'un logement, d'une résidence ou d'un quartier. De même, en adoptant une approche coopérative avec les oiseaux pour lutter contre les ravageurs des jardins urbains, on favorise des relations symbiotiques entre les êtres humains et les autres espèces. Cette coopération contribue à réduire la dépendance aux pesticides, substances nocives pour l'environnement et les organismes vivants. Les pesticides ont des effets néfastes sur les écosystèmes, contaminant les sols, les eaux et réduisant la biodiversité.

Ce virage conceptuel pourrait induire une transformation profonde dans notre relation avec la consommation de viande et les pratiques d'élevage. Il marque un passage de l'animal vu comme une simple ressource à exploiter, à une considération de celui-ci en tant que partenaire coévolutif. Ainsi, la viande pourrait être réservée pour des occasions spéciales ou des événements importants, démontrant son caractère précieux. Cette perspective renouvelée de la consommation animale encouragerait les consommateurs à choisir des produits issus de pratiques d'élevage respectueuses des animaux et de l'environnement, si bien que la demande pour des pratiques d'élevage plus durables et éthiques augmenterait, contribuant à la préservation des écosystèmes et à une coexistence harmonieuse entre les humains et les animaux.

La mise en place de cette approche plus équilibrée et respectueuse envers les non-humains aurait des répercussions positives sur d'autres domaines de la société, tels que la protection de la faune et la préservation des écosystèmes. En reconnaissant la valeur intrinsèque des autres êtres vivants et en adoptant une approche coopérative pour résoudre les défis écologiques, nous pourrions créer un environnement dans lequel les différentes espèces coexisteraient et prospéreraient ensemble, favorisant ainsi un futur plus durable et harmonieux pour tous.

Toutefois, gardons les pieds sur terre, nous sommes encore loin de ces idéaux. Les pouvoirs des lobbies agro-industriels et la résilience de nos habitudes quotidiennes semblent éclipser nos nobles intentions. La consommation de produits dérivés des animaux ne montre aucun signe significatif de diminution. Et de nouveaux paradigmes émergent, tels que l'entomophagie, où l'éthique du traitement des insectes dans les fermes d'élevage est négligée, ou encore la production de viande synthétique, qui creuse davantage le fossé entre l'homme et l'animal.

Ces évolutions nous propulsent dans une course effrénée en avant, du moins pour le moment.

Coopérativisme : communs et coopération

Deuxième élément fondamental pour notre avenir, la gestion des ressources communes permet de repenser les modèles de propriété et de gouvernance, en favorisant des alternatives plus égalitaires et durables, comme l'a montré la politologue américaine Elinor Ostrom[4]. La coopération et la mutualisation des biens et des savoirs peuvent contribuer à une meilleure répartition des ressources et à la résolution de certains problèmes collectifs.

Un exemple concret de cette idée se trouve dans la gestion des forêts au Népal. Les communautés locales ont développé des systèmes de gestion participative pour préserver les forêts et les ressources qu'elles fournissent, tels que le bois de chauffage, la nourriture et les médicaments[5]. Ces pratiques ont permis d'améliorer la qualité des forêts et la subsistance des habitants tout en préservant la biodiversité. De même, les systèmes d'irrigation traditionnels de l'Espagne et du Maroc offre l'illustration d'une gestion collective de l'eau par les communautés pour l'agriculture[6], reposant sur des normes et des institutions locales, garantissant un accès équitable à l'eau et une utilisation durable des ressources hydriques.

Les implications potentielles de la propriété commune et de la gestion des ressources sur notre société sont vastes. En adoptant des modèles de gestion communautaire, nous pourrions favoriser une plus grande équité et une meilleure répartition des ressources.

Cela pourrait également promouvoir la durabilité en encourageant la préservation et l'utilisation responsable des ressources naturelles. La notion de commun pourrait contribuer à renforcer les liens sociaux et à promouvoir la solidarité entre les membres d'une communauté. En travaillant ensemble pour gérer les ressources communes, les individus peuvent développer des compétences de coopération, de communication et de résolution de conflits. Enfin, la reconnaissance et la valorisation des biens communs pourraient aider à contrecarrer les effets néfastes de la privatisation et de la marchandisation croissante des ressources naturelles et des services publics. En mettant l'accent sur la gestion collective et la responsabilité partagée, nous pouvons créer des systèmes plus résilients et durables, capables de résister aux défis écologiques et sociaux auxquels nous sommes confrontés.

D'ailleurs, de nombreuses initiatives de résistance ont vu le jour pour contester les pratiques des grandes entreprises et promouvoir des alternatives basées sur la propriété et la gestion des ressources communes. Par exemple, Nestlé est souvent critiqué pour sa politique d'approvisionnement en eau, notamment parce que l'entreprise extrait de grandes quantités d'eau dans des régions souffrant de stress hydrique. En réponse à ces pratiques, des groupes locaux et internationaux militent pour la reconnaissance de l'eau comme bien commun et pour une gestion communautaire plus responsable et durable des ressources en eau. Ainsi, le mouvement Blue Communities a été créé pour protéger l'eau en tant que ressource partagée et promouvoir la gestion publique de l'eau[7].

L'entreprise controversée Monsanto/Bayer est également montrée du doigt en raison de ses pratiques concernant les semences génétiquement modifiées (GM) et les brevets sur les semences. Les agriculteurs du monde entier se sont unis pour défendre leurs droits à conserver, échanger et cultiver librement leurs propres semences, en opposition aux brevets et à la privatisation des semences par des entreprises comme Monsanto/Bayer. Le mouvement international La Via Campesina est un exemple d'organisation qui lutte pour les droits des agriculteurs et la souveraineté alimentaire, en mettant l'accent sur les semences traditionnelles et la gestion communautaire des ressources agricoles[8].

Enfin, pour faire face à la domination d'Amazon sur le marché du commerce électronique, des initiatives de résistance ont vu le jour pour promouvoir des alternatives basées sur la collaboration et l'échange : des plateformes de commerce électronique éthiques et solidaires, telles que Fairmondo en Allemagne, ont été créées pour soutenir les producteurs locaux et les entreprises socialement responsables[9]. Ces plateformes encouragent la transparence, la durabilité et la coopération entre les consommateurs et les producteurs, en mettant l'accent sur la notion de commun plutôt que sur le profit individuel.

Synchronicité : rythme et conscience

La notion de rythme et la réflexion sur le temps et les lieux forment le troisième élément fondamental pour développer une approche plus consciente et réfléchie de la consommation et de la production.

Le « mouvement slow », initié par le sociologue et activiste italien Carlo Petrini avec la création de Slow Food en 1986, prône une approche plus consciente et réfléchie de la consommation et de la production, en contraste avec la culture de l'instantanéité et de l'immédiateté[10]. Ce mouvement s'est étendu à de nombreux domaines de la vie moderne, comme le Slow Travel, le Slow Fashion et le Slow Living. Ces courants, enracinés dans des traditions culturelles variées, remettent en question les rythmes effrénés de la société moderne et encouragent une réflexion plus profonde sur nos pratiques quotidiennes. Dans certaines communautés indigènes d'Amérique du Sud, la gestion du temps et des activités repose ainsi sur un cycle plus lent, en accord avec les rythmes de la nature et les besoins de la communauté[11].

L'adoption d'une nouvelle conception du temps, d'une redéfinition de notre rythme de vie et de l'adaptation aux particularités des territoires et des saisons aurait sans doute de multiples implications sur notre société. D'une part, cela contribuerait à diminuer le stress et l'anxiété liés à un mode de vie effréné et axé sur la consommation. En accordant de l'importance aux moments de repos, de contemplation et en vivant chaque expérience pleinement, notre bien-être mental et physique pourrait s'améliorer. D'autre part, cela encouragerait une prise de conscience plus profonde des conséquences de nos choix de consommation sur l'environnement et les autres êtres vivants. En étudiant de plus près les processus de production et les chaînes d'approvisionnement, nous pourrions favoriser des pratiques plus éthiques et durables dans divers domaines. En s'adaptant aux territoires de production et aux besoins changeants des populations en fonction des saisons, nous favoriserions un mode de vie plus en phase avec les cycles naturels et les spécificités locales. Enfin, l'idée de « slow » nous aiderait à repenser nos priorités et à redéfinir ce qui est réellement important pour nous, individuellement et collectivement.

Plusieurs entreprises ont adopté des pratiques de production et de gestion en accord avec ces notions : Patagonia ajuste sa production en fonction des besoins réels du marché et de l'écosystème, et s'engage activement dans des initiatives environnementales, comme le programme « 1 % for the Planet » ; Dr. Hauschka, une marque de cosmétiques naturels et biologiques, suit un modèle de production saisonnier en cultivant et en récoltant les ingrédients selon les cycles naturels des plantes[12] ; Lush, une entreprise de cosmétiques faits à la main, a adopté une approche plus lente et plus responsable de la production et de la consommation. L'entreprise utilise des ingrédients naturels et éthiques, limite l'utilisation d'emballages, et s'efforce de réduire son empreinte carbone. Lush arrête également la production de certains produits à certaines périodes de l'année afin de respecter la saisonnalité des ingrédients et les capacités de production locales. Leur succès prouve que l'adoption de ces valeurs peut être bénéfique non seulement pour l'entreprise elle-même, mais aussi pour la société et la planète dans son ensemble, questionnant une fois de plus, le rôle des entreprises dans la transition socio-écologique.

Cependant, une approche critique met en lumière que la responsabilité sociale des entreprises (RSE) est, à bien des égards, une illusion qui masque et perpétue les déséquilibres du système socio-écologique actuel. En effet, l'application de la RSE peut être considérée comme une forme de « rituel de purification », où l'entreprise se donne l'apparence d'alignement avec des valeurs environnementales et sociales, tout en perpétuant dans la pratique des schémas économiques destructeurs. Il s'agit d'une forme d'auto-illusion, où l'entreprise et ses parties prenantes sont amenées à croire qu'elles agissent de manière bénéfique pour la société et l'environnement, alors que, en réalité, elles ne font que perpétuer les structures économiques existantes qui sont à la racine de la crise écologique. De plus, en mettant l'accent sur la notion de responsabilité, la RSE tend à renforcer l'imaginaire dominant d'un monde dans lequel les entreprises sont les principales forces de changement, et non pas les citoyens ou les communautés. Cela perpétue une vision du monde fondée sur l'individualisme et la concurrence, plutôt que sur la coopération et l'interdépendance.

En définitive, la RSE, telle qu'elle est actuellement mise en œuvre, sert à maintenir les imaginaires dominants qui sont en contradiction avec la réalité de l'urgence socio-écologique. Afin de réellement favoriser la transition vers une économie plus durable et équitable, il est nécessaire de remettre en question les fondements mêmes de notre système économique et de promouvoir des imaginaires alternatifs qui reflètent les impératifs de la durabilité et de l'équité. Les entreprises ont un rôle crucial à jouer dans ce processus, non pas en se contentant d'efforts de RSE superficiels, mais en adoptant une approche plus profonde et systémique qui remet en cause les structures et les pratiques économiques actuelles. Au risque, pour certaines, d'accepter de devoir disparaître au nom du bien commun…

Valeur étendue des produits

La notion de valeur étendue, quant à elle, cherche à évaluer la valeur produite tout au long du cycle de vie d'un produit ou d'un service, en prenant en compte non seulement les aspects financiers, mais aussi les impacts sociaux, environnementaux et culturels. Cette notion fondamentale englobe l'écoconception, la fabrication, le transport, la communication, la distribution, la promotion, l'achat, la consommation et le recyclage. En d'autres termes, elle s'intéresse au processus global et aux externalités qui en découlent[13]. L'importance de la valeur ajoutée étendue dans la transition vers des modèles économiques plus durables et équitables réside dans sa capacité à remettre en question les paradigmes traditionnels de la création de valeur et de la croissance économique. En intégrant les dimensions sociales, environnementales et culturelles dans l'évaluation de la valeur, ce concept encourage les entreprises et les individus à adopter des pratiques plus responsables et à réduire les impacts négatifs de leurs activités sur la société et l'environnement.

La prise en compte de la valeur étendue, associée à l'introduction d'un revenu universel minimum pour toute la population mondiale, pourrait potentiellement transformer la perception de la valeur des objets et influencer les choix de consommation en intégrant les impacts sociaux, environnementaux et culturels tout au long du cycle de vie d'un produit. Prenons l'exemple d'une canette de Coca-Cola et d'un iPhone. Dans le cas d'une canette de Coca-Cola, si l'on considère les coûts environnementaux et sociaux liés à la production des ingrédients, au transport, à la mise en canette et à la distribution, son prix réel pourrait être bien supérieur à celui affiché en magasin. Cela pourrait inciter les consommateurs à se tourner vers des alternatives plus durables et moins transformées, produites localement et ayant un impact moindre sur l'environnement et les communautés concernées. Quant à l'iPhone, si l'on prend en compte l'ensemble des coûts environnementaux et sociaux liés à l'extraction des matériaux rares, à la fabrication des composants, à l'assemblage, au transport et à la distribution, le prix de cet appareil pourrait être beaucoup plus élevé que le prix actuel. Cette prise de conscience pourrait pousser les consommateurs à privilégier des alternatives plus éthiques et durables, comme les smartphones reconditionnés ou les modèles conçus pour être plus facilement réparables et recyclables.

Les répercussions d'une telle transformation du rapport à la consommation sont difficiles à anticiper, parce qu'elles pourraient changer radicalement les comportements des individus. Car même si l'on observe une préoccupation socio-environnementale croissante chez une partie de la population, qui favorise des choix de consommation plus responsables et durables, on observe également que les magasins hard discount, tels qu'Action, connaissent un succès grandissant, ils permettent en effet de continuer à consommer à moindre coût, répondant à un besoin économique et offrant une accessibilité aux produits pour un large public[14].

Face à ce constat, envisager sa consommation à travers le prisme de la valeur étendue des produits peut sembler une entreprise futile, tant le capitalisme responsable s'impose comme le catalyseur majeur de la transition écologique et sociale. Ce dernier, bien qu'intégrant des critères de durabilité et d'éthique dans son fonctionnement, demeure profondément ancré dans une logique de croissance et de profit. Dès lors, la résistance s'impose non seulement comme une option pertinente, mais également comme une nécessité. Elle se manifeste par le biais de diverses formes, qu'il s'agisse de mouvements de consommateurs engagés, de boycott de certaines marques ou industries, ou encore de manifestations de résistance écologique. Parallèlement à cela, il devient impératif de remettre en question notre foi dans certaines institutions, notamment celles qui contribuent à la pérennité de l'ordre économique et social actuel. En défiant ces institutions, nous ouvrons la voie à l'émergence de nouvelles réalités, de nouvelles manières de concevoir notre rapport au monde et aux autres et, finalement, de nouvelles formes de résistance.

Cela dit, le défi est de taille. Il implique de naviguer entre les écueils de l'essentiel et du superflu, de repenser les modes de consommation et les valeurs qui les sous-tendent. Il s'agit notamment de questionner la premiumisation de la consommation, où qualité, éthique et durabilité deviennent des critères d'achat essentiels, mais potentiellement exclusifs. Dans ce contexte, comment concilier la volonté d'avoir une vie quotidienne qui ne repose pas sur la souffrance des autres ou la destruction de la planète, avec une réalité économique souvent contraignante ? Ce questionnement doit être au cœur de notre réflexion et de nos actions pour une transition socio-écologique juste et inclusive.

Holisme : vision globale et diversité culturelle

La valeur étendue nous amène également à considérer la question du partage et d'une meilleure redistribution des richesses produites par le marché : le holisme est ainsi la dernière notion dont nous avons besoin pour repenser le pacte sociétal. Il s'agit de reconnaître la contribution de tous les acteurs impliqués dans le cycle de vie d'un produit ou d'un service, et donc d'encourager une répartition plus équitable des bénéfices et des responsabilités. D'ailleurs, même certains géants du numérique commencent à intégrer de nouveaux modèles de redistribution dans leurs réflexions et leurs actions. Par exemple, OpenAI s'efforce de garantir que l'intelligence artificielle et d'autres technologies émergentes profitent à tous et ne concentrent pas la richesse et le pouvoir entre les mains de quelques-uns. Pour ce faire, l'organisation explore des approches pour partager les bénéfices issus de ses avancées technologiques, comme le revenu universel, tout en tenant compte des implications éthiques, sociales et environnementales de ses activités[15].

Enfin, et même peut-être avant tout, il est impératif d'adopter une vision mondiale plutôt qu'une vision occidentale et socialement située afin de valoriser les pratiques et les savoirs locaux, de promouvoir le dialogue et la coopération entre les cultures, et de concevoir un développement plus inclusif et équitable. Il est crucial de reconnaître que les défis associés à la transition socio-écologique ne concernent pas uniquement les classes supérieures et les sociétés occidentales, mais touchent également les populations les plus vulnérables et marginalisées du monde entier. En effet, les appels à réduire la production et la consommation peuvent sembler déconnectés des réalités et des aspirations de ceux qui commencent tout juste à profiter des fruits de la croissance économique et à accéder à un niveau de vie plus décent. Dans ce contexte, il est important de considérer les solutions globales et inclusives pour répondre aux défis posés par la transition socio-écologique. Par exemple, l'élaboration de politiques et de programmes qui tiennent compte des besoins et des droits des réfugiés climatiques est essentielle pour assurer la justice sociale et la solidarité internationale face aux conséquences du changement climatique.

De surcroît, nous devons également avoir confiance dans les capacités des populations non occidentales à trouver des alternatives et des modes de développement écologiques qui s'éloignent du modèle consumériste occidental. C'est le cas avec La Grande Muraille verte : il s'agit d'une initiative panafricaine visant à lutter contre la désertification et les effets du changement climatique en plantant une mosaïque d'arbres et de plantes résistantes à la sécheresse sur une bande de 8 000 kilomètres de long et 15 kilomètres de large à travers l'Afrique, du Sénégal à Djibouti. Ce projet a pour objectif de créer des emplois, d'améliorer la sécurité alimentaire et de renforcer la résilience des communautés locales face aux défis environnementaux[16].

Ces éléments, pris ensemble, esquissent les contours d'un nouveau contrat écosocial, pilier d'une vie bonne, dans lequel l'imaginaire collectif s'aligne avec les défis et enjeux majeurs de notre siècle. Il convient de souligner que nombre de ces éléments ne sont pas nouveaux, ils existent déjà : soit hors des contextes occidentaux, soit au sein de communautés ou d'initiatives alternatives qui cherchent à repenser les modes de vie dominants. En adoptant une perspective anthropologique, il est possible de constater que ces idées et pratiques ont souvent été négligées ou marginalisées, car elles ne correspondaient pas aux paradigmes dominants de l'économie de marché.

Face aux crises écologiques et sociales actuelles, ces alternatives trouvent une résonance nouvelle et une pertinence accrue, en particulier en raison de la remise en cause des modes de vie occidentaux et de l'évolution de la réglementation qui incitent à explorer de nouvelles références sociales et culturelles. Dans ce contexte, les pratiques et les savoirs locaux, longtemps méconnus ou dévalorisés, peuvent désormais être reconsidérés et réévalués pour leur potentiel à inspirer des changements plus profonds et durables.

Le scénario de la cohabitation

La révolution anthropologique, une fois opérée, engendrera une relation au monde singulièrement distincte de celle que nous expérimentons actuellement. Dans cette ultime section, nous allons explorer, à travers l'ethno-fiction, les potentialités qu'offre le scénario de cohabitation. L'ethno-fiction, c'est la mise en scène d'un ensemble de conjectures (technologiques, économiques, politiques, écologiques, anthropologiques), et de spéculations, qui s'appuient sur des travaux de recherche en sciences humaines et sociales, afin de proposer des univers (potentiellement) souhaitables (ou non) pour demain. L'ethno-fiction est une démarche scientifique et confidentielle qui, grâce à l'anthropologie, donne un cadre d'observation permettant de porter notre regard sur les signaux faibles, les microchangements de notre société. Il s'agit de prendre comme point de départ notre quotidien, pour nous projeter dans l'après. Le futur n'est pas prédictible en soi, mais l'imaginer ou en imaginer les divers possibles permet de percevoir différemment notre réalité tout en donnant un sens nouveau à nos actions qui, elles, conditionnent le monde dans lequel nous vivrons demain.

L'idée fondamentale ici est que la cohabitation, l'une des trois voies possibles que nous avons identifiées pour l'avenir avec l'effondrement et le délitement – et donc la plus stimulante et positive – pourrait se cristalliser dans l'acceptation et l'intégration de nouvelles contraintes structurelles, présageant une refonte des valeurs qui configurent nos sociétés. Cette réflexion nous rappelle certaines dynamiques observées dans des contextes historiques et géographiques variés, comme Zomia en Asie du Sud-Est ou l'Italie médiévale. Dans ces contextes, différentes structures sociales, économiques et politiques cohabitent sur un même territoire, créant des alliances entre elles et adaptant leurs pratiques à l'échelle locale. C'est ainsi qu'une structure techno-féodale fondée sur des relations de dépendance et d'allégeance pourrait coexister sur un même territoire avec une structure agraire basée sur la subsistance et une structure capitaliste axée sur l'échange et la profitabilité. Ces différentes structures ne sont pas en opposition, mais s'imbriquent, se complètent, voire s'alimentent mutuellement, pour créer un tissu social, économique et politique complexe et résilient. Dans cette configuration, le politique et les institutions ne disparaissent pas, loin de là. Au contraire, ils prennent de nouvelles formes et remplissent de nouvelles fonctions. Ils peuvent, par exemple, servir de médiateurs entre les différentes structures, faciliter les échanges et la coopération, ou encore promouvoir l'équité et la justice sociale. Cette vision polymorphe de l'organisation sociale, économique et politique nous invite à repenser notre manière de concevoir la transition socio-écologique. Plutôt que de chercher à remplacer un système par un autre, nous pourrions envisager la cohabitation et l'interaction de multiples systèmes, chacun apportant sa contribution à la résolution des défis auxquels nous sommes tous confrontés.

Des fragments de ce futur se dessinent déjà : une part croissante de la population embrasse des récits alternatifs à la vision dominante, s'efforçant de concilier leurs aspirations individuelles avec un idéal sociétal en mutation. Ce processus de cohabitation se voit toutefois complexifié par des réglementations actuelles qui semblent contredire les principes qu'elles ont elles-mêmes contribué à établir dans le passé. Dans un monde où les contraintes anthropologiques ne permettent plus l'opulence du siècle dernier, une question cruciale se pose : comment redéfinirons-nous les critères d'une vie bonne, épanouie et respectueuse des limites planétaires ?

Le scénario de cohabitation offre un champ d'opportunités infini. Il réside dans la capacité des sociétés à s'adapter, à intégrer diverses voies sociétales tout en refaçonnant les alliances pour répondre aux défis du présent. La coexistence de diverses cultures et approches de vie, avec leurs solutions et adaptations propres, peut engendrer une dynamique de transition qui surmonte l'illusion d'une abondance consumériste infinie. Tout comme différentes cultures peuvent coexister en complémentarité et interdépendance, la cohabitation de divers modèles de société pourrait stimuler l'innovation, favoriser l'échange d'idées et enrichir notre expérience collective. Dans ce contexte, le capitalisme ne disparaîtrait pas, mais ne serait plus le système dominant. Les individus pourraient choisir d'y adhérer ou non, en fonction de leurs convictions et besoins personnels.

Se projeter pour déconstruire notre réalité

Dans une perspective anthropologique, la cohabitation pourrait être envisagée comme le stade ultime d'une série de transformations sociétales, façonnées au travers de multiples épisodes de délitement et d'effondrements. Les structures sociales, politiques et économiques actuelles, fracturées et réassemblées au cours de ces périodes tumultueuses, finiraient par émerger sous une forme radicalement différente. Cette nouvelle cohabitation ne serait pas le produit d'une évolution linéaire, mais le résultat d'un processus discontinu, parsemé de crises et de renouvellements. L'organisation de la vie sociale et économique serait alors le reflet de ces blessures et cicatrices, une mosaïque de fragments issus de diverses structures de société, tissés ensemble dans un arrangement précaire mais durable.

Ainsi, les structures de cohabitation pourraient être perçues non pas comme le fruit d'un changement progressif, mais comme l'ultime incarnation de la résilience humaine face à une série d'épreuves dévastatrices. Dans cet ordre de pensée, chaque délitement ou effondrement ne signifie pas une fin, mais plutôt le préambule d'un nouveau chapitre de l'histoire de l'humanité. Par conséquent, envisager une société de cohabitation revient à imaginer diverses structures sociétales s'appuyant sur des modèles économiques distincts qui coexistent et collaborent. Dans cette vision, dix modèles peuvent être envisagés : le capitalisme responsable, le techno-féodalisme, l'économie circulaire, la décroissance, l'éco-communalisme, le post-agraire, le socialisme écologique, l'anarchisme écologique, la société résiliente et la symbiose écoculturelle :

1. **Le capitalisme responsable :** Cette structure cherche à concilier les objectifs de profit avec l'engagement envers les questions sociales et environnementales. Les entreprises adhèrent à des principes d'éthique, de transparence, de durabilité et de responsabilité sociale dans leur fonctionnement et leurs stratégies.
2. **Le techno-féodalisme :** Cette structure se caractérise par l'émergence de puissants acteurs technologiques qui assument des rôles traditionnellement dévolus à l'État. Ils détiennent et contrôlent d'importantes ressources numériques et technologiques, et exercent une influence considérable sur la vie économique et sociale.
3. **L'économie circulaire :** Cette structure vise à maximiser la réutilisation, le partage, la réparation, le recyclage et la régénération des produits et des matières premières dans un cycle fermé. L'objectif est de minimiser la production de déchets et l'utilisation de nouvelles ressources.
4. **La décroissance :** Cette structure critique la poursuite de la croissance économique comme objectif sociétal et propose à la place une réduction de la production et de la consommation en vue d'atteindre une société plus équitable et respectueuse de l'environnement.
5. **L'éco-communalisme :** Cette structure valorise l'équilibre entre communautés et environnement naturel, avec une emphase sur l'autonomie locale. L'extraction et la production

se basent sur des méthodes écologiques et la permaculture. La distribution et la consommation sont gérées localement, promouvant l'autosuffisance. Enfin, le recyclage et la réutilisation à l'échelle communautaire gèrent la fin de vie des produits, visant le zéro déchet et un faible impact environnemental. L'objectif est de créer des communautés durables et respectueuses de l'environnement.

6. **Le post-agraire :** Cette structure se caractérise par une société décentralisée, dans laquelle l'agriculture et la production locale jouent un rôle majeur. L'extraction et la production sont principalement basées sur des méthodes agroécologiques et durables. La distribution et la consommation sont centrées sur les circuits courts et les marchés locaux, et la fin de vie des marchandises est gérée par des processus de recyclage communautaire et de compostage.
7. **Le socialisme écologique :** Dans cette structure, les ressources et les moyens de production sont contrôlés par l'État et orientés vers des objectifs écologiques. L'extraction et la production sont planifiées et régulées pour minimiser l'impact environnemental. La distribution et la consommation sont gérées par des systèmes de rationnement et des quotas. La fin de vie des marchandises est gérée par des services publics de recyclage et de gestion des déchets.
8. **L'anarchisme écologique :** Cette structure repose sur l'autogestion et la décentralisation, favorisant la responsabilité individuelle et collective dans la gestion des ressources. L'extraction et la production sont basées sur des pratiques durables et écoresponsables.

La distribution et la consommation sont organisées autour de réseaux d'échanges et de coopératives locales. La fin de vie des marchandises est gérée par des initiatives communautaires de recyclage et de compostage.

9. **La société résiliente :** Cette structure met l'accent sur l'adaptabilité et la capacité des communautés à résister aux chocs économiques et environnementaux. L'extraction et la production sont orientées vers des pratiques durables et locales. La distribution et la consommation sont basées sur la diversification des sources et l'autosuffisance. La fin de vie des marchandises est gérée par des processus de recyclage et de réutilisation adaptés aux ressources locales.
10. **La symbiose écoculturelle :** Cette structure s'inspire des écosystèmes naturels pour créer des cycles de production et de consommation durables et régénératifs. L'extraction et la production sont basées sur des méthodes imitant les processus naturels, comme la biomimétique. La distribution et la consommation sont organisées autour de la circularité et de l'économie collaborative. La fin de vie des marchandises est gérée par des processus de recyclage et de régénération inspirés de la nature.

Dans un scénario de cohabitation à long terme, la gestion des biens et des ressources peut s'orienter vers une approche décentralisée et locale[1]. Les coopératives, les réseaux d'échange locaux et les initiatives communautaires deviennent alors des acteurs prépondérants. Les structures politiques se diversifient, en passant d'un contrôle centralisé à des formes de gouvernance plus distribuées, comme l'autogestion, la décentralisation et la subsidiarité, privilégiant l'adaptabilité, la résilience et la capacité à résister aux chocs économiques et environnementaux.

Dans ce contexte complexe, les systèmes de production et de consommation sont réorientés vers des principes écologiques, tels que l'agroécologie, la biomimétique, l'économie circulaire et la régénération inspirée de la nature[2]. Les chaînes d'approvisionnement évoluent vers des circuits courts, favorisant la simplicité volontaire, le partage et la réduction de la consommation[3].

Enfin, la fin de vie des biens est gérée par des processus de réparation, de réutilisation, de recyclage et de compostage, adaptés aux ressources locales et aux besoins des communautés. Cette projection d'une société de cohabitation suggère un futur où l'hégémonie du capitalisme est terminée, permettant une diversité des modèles économiques : l'harmonie entre ces différentes structures sociétales offre une réponse résiliente et adaptative aux défis environnementaux et sociaux contemporains[4].

À titre purement spéculatif, les dix modèles présentés dans le tableau ci-contre reflètent la diversité et la complexité des structures sociétales possibles, offrant une multitude de voies pour s'adapter aux défis environnementaux et sociaux actuels et futurs.

Par exemple, la structure de l'éco-communalisme implique une hiérarchie sociale basée sur la gestion et la possession des ressources naturelles. L'extraction et la production sont contrôlées par des élites locales, tandis que la distribution et la consommation sont régulées en fonction de la capacité des

Étape/Modèle de société	**Extraction**	**Production**	**Distribution**	**Consommation**	**Fin de vie**
Capitalisme responsable	Régulée	Éco-innovation	Commerce équitable	Responsable	Recyclage
Techno-féodalisme	Centralisée	Hiérarchisée	Contrôlée	Inégalitaire	Externalisée
Économie circulaire	Soutenable	Régénérative	Circulaire	Mutualisée	Upcycling
Décroissance	Limité	Réduite	Réduite	Simplicité volontaire	Réparation, réutilisation
Éco-communalisme	Locale	Artisanale	Réseaux locaux	Frugale	Compostage
Post-agraire	Mixte	Mixte	Mixte	Mixte	Mixte
Socialisme écologique	Planifiée	Démocratique	Coopératives	Équitable	Récupération
Anarchisme écologique	Durable	Autogérée	Coopératives locales	Partagée	Communautaire
Société résiliente	Locale	Diversifiée	Diversifiée	Autosuffisante	Adaptée
Symbiose écoculturelle	Biomimétique	Imitant la nature	Collaborative	Circulaire	Régénération

communautés à préserver l'environnement. La fin de vie des marchandises est gérée localement, avec une focalisation sur le compostage et le recyclage. Autre modèle, avec le techno-féodalisme, un concept qui existe déjà dans la littérature sociologique, et que nous avons abordé dans cet ouvrage. Il s'agit d'une structure dans laquelle les élites technologiques contrôlent les ressources et les infrastructures clés. L'extraction et la production sont alors automatisées et optimisées grâce aux technologies avancées. La distribution et la consommation sont gérées par des plateformes numériques, tandis que la fin de vie des marchandises implique des solutions technologiques pour le recyclage et la gestion des déchets.

Ces dix constructions sociétales tracent un riche et complexe paysage de possibles arrangements sociaux, offrant une multiplicité d'options pour répondre aux défis sociaux et environnementaux qui se dressent devant nous. Si le scénario de la cohabitation devient une réalité tangible, ce serait l'indication que le tabou carbonique a réussi à s'imposer, agissant comme le gardien de notre engagement vers une transition durable et respectueuse de notre environnement.

Redécouverte du modèle de société agraire

En guise de conclusion à notre réflexion, nous mettons en lumière le modèle post-agraire. Si j'ai choisi d'aborder le modèle agraire, c'est parce qu'il représentait encore la norme en Europe au milieu du siècle dernier et qu'il offre un cadre pertinent pour réinterroger les notions que nous avons explorées précédemment, telles que le travail, le temps libre et les loisirs. La société agraire permet également de reconsidérer notre rapport au foyer et au territoire, ainsi que la valeur attribuée aux biens et aux services de consommation. En effet, dans ce modèle, une partie de l'activité d'extraction et de production se fait à proximité de son lieu de vie, ce qui influence la manière dont nous percevons et valorisons les ressources locales. Le modèle agraire questionne également les nouvelles manières de croire, en mettant en lumière les représentations et les valeurs qui ont façonné les sociétés rurales traditionnelles.

Représentant une perspective intéressante pour envisager l'avenir, ce modèle offre un tremplin pour d'autres réflexions. Le post-agraire se démarque en se concentrant principalement sur l'agriculture pour répondre aux besoins alimentaires et économiques de la société. En se basant sur ce modèle, on envisage une société qui valorise l'autosuffisance alimentaire, le respect de la nature et l'implantation de systèmes de production durables. Il suggère une transition d'une production alimentaire industrielle vers une approche plus locale et respectueuse de l'environnement. Ce modèle alimente également une réflexion sur notre rapport à la nature, aux ressources naturelles et à la terre, tout en posant les bases d'une nouvelle éthique de consommation.

Il s'agit de faire le pas vers une économie qui ne se concentre pas uniquement sur la croissance et le profit, mais qui a également à cœur le bien-être de la communauté et la protection de l'environnement. La décroissance, la société résiliente et la symbiose écoculturelle illustrent bien cette philosophie. Cependant, ce qui retient véritablement notre attention est la création d'une structure sociétale qui, par un effet domino, révèle les impacts tangibles de ce changement de paradigme. Car notre focalisation se porte sur le foyer en tant que tel : un lieu de vie, d'échange et de création de valeurs, une unité fondamentale qui, au fur et à mesure de son adaptation à ce nouvel environnement économique et social, devient le miroir des transformations profondes de la société tout entière.

Principes de fonctionnement

Une société post-agraire est caractérisée par une organisation sociale et économique qui met en avant la propriété et l'exploitation de la terre, et où la majorité de la population travaille dans les activités agricoles. Les échanges économiques sont souvent limités et les rapports sociaux sont généralement structurés par les liens familiaux et les traditions communautaires[5]. La société agraire s'oppose donc à la société industrielle qui repose sur une économie de marché, une production industrielle, une urbanisation croissante et une mobilité sociale accrue.

Comme dans une société agraire, la vie quotidienne est étroitement liée aux cycles de la nature et aux activités liées à l'agriculture ; les moments de travail et de repos sont souvent dictés par les besoins de la terre et des animaux, ainsi que par les conditions climatiques. Cela implique que les loisirs ne sont pas considérés comme une catégorie à part entière de la vie, mais plutôt comme des moments de détente qui s'insèrent dans un quotidien rythmé par le travail et les activités liées à l'agriculture.

Les loisirs peuvent prendre la forme de moments de détente après une journée de travail intensif, de temps consacré à la famille et aux amis, ou encore de fêtes et de célébrations communautaires qui marquent les temps forts de l'année agricole. Dans ce contexte, les loisirs sont souvent perçus comme une forme d'équilibre entre les besoins de l'individu et les exigences de la communauté et de la nature. Ils ne sont pas considérés comme une fin en soi, mais plutôt comme un moyen de renforcer les liens sociaux, de favoriser le bien-être individuel et collectif, et de se reconnecter avec la nature.

Ces croyances, souvent ancrées dans un respect profond de la terre et des cycles naturels, offrent des pistes de réflexion pour repenser notre rapport à l'environnement et à la consommation dans un contexte de crise écologique. D'un point de vue anthropologique, on considère que les religions ont plusieurs fonctions dans une société. L'une d'entre elles est de fournir une explication du monde et de la place de l'individu dans celui-ci. Les religions servent également de support moral et éthique, en proposant des valeurs et des normes de comportement. Le choix d'une religion dans une société peut être influencé par plusieurs critères. Une société fortement centralisée favorisera l'émergence d'une religion monothéiste, avec un dieu unique qui exerce un pouvoir absolu sur les individus. À l'inverse, une société décentralisée favorisera l'émergence de religions polythéistes, où plusieurs dieux exercent des pouvoirs différents et sont souvent liés à des aspects de la nature ou de la vie quotidienne.

La société agraire et le polythéisme sont fréquemment associés, car la religion est souvent liée à la terre et à la nature[6]. Les dieux sont associés aux éléments naturels (eau, feu, terre, air) et aux cycles saisonniers[7]. Les nouvelles spiritualités ont également des liens avec la nature et la terre, car elles cherchent la plupart du temps à rétablir un lien plus direct avec l'environnement et à promouvoir une vie plus écologique. En ce sens, une société qui valorise la nature sera plus encline à adopter une religion qui valorise la connexion avec le monde naturel, tandis qu'une société plus urbanisée et technologique adoptera plus facilement une religion qui met l'accent sur la transcendance et la spiritualité individuelle.

Le hub domestique

L'anthropologue français Dominique Desjeux évoque le retour de ce modèle de société en Occident, encouragé par la crise de la Covid-19 et les confinements successifs, à travers la notion de « hub domestique » pour décrire les nouvelles fonctions anthropologiques du logement : travail, usages numériques, loisirs, etc.[8]. Si l'ensemble des activités d'un individu se déroulait à domicile, cela entraînerait sans aucun doute des changements significatifs dans la conception et l'utilisation des logements et des équipements de proximité. Les logements pourraient être conçus pour intégrer des espaces multifonctionnels permettant de travailler, de se détendre et de s'adonner à diverses activités. Les habitations pourraient également inclure, systématiquement, des espaces verts privatifs, tels que des terrasses ou des jardins, pour permettre la culture d'aliments frais et la détente en plein air. Les équipements de proximité devraient être repensés afin de favoriser les déplacements courts et l'organisation sociale à l'échelle d'une rue, d'un quartier ou d'une ville.

Mais s'inspirer des sociétés agraires ne signifie pas pour autant basculer dans un modèle de société exclusivement néopaysan ou new age, mais plutôt questionner les adaptations nécessaires aux modes de vie occidentaux. Une société post-agraire[9] en milieu urbain pourrait ainsi donner lieu à une réorientation des modes de vie et des modes de production vers des modèles qui cherchent à promouvoir la résilience environnementale, la participation citoyenne et la souveraineté alimentaire[10].

Les zapatistes au Mexique[11], les écovillages[12] et la communauté d'Auroville en Inde[13] constituent des exemples de communautés qui expérimentent de nouvelles formes de résilience et de durabilité. Dans les communautés zapatistes, le foyer est l'épicentre de la vie familiale et communautaire. Il devient un espace de production alimentaire par le biais de petits jardins et potagers, un espace d'éducation pour les enfants, et un lieu de rassemblement pour des réunions communautaires. Ces activités ancrent la vie quotidienne dans le foyer, en l'intégrant pleinement à l'économie locale et aux dynamiques sociales. Les écovillages, quant à eux, mettent l'accent sur l'autonomie et l'autosuffisance, ce qui implique que chaque maison ou logement joue un rôle actif dans la production de nourriture, d'énergie, et même dans le traitement des déchets. Le foyer devient alors un mini-écosystème intégré à l'ensemble de la communauté, où chaque activité quotidienne contribue au fonctionnement global de l'écovillage. Enfin, Auroville a été conçue comme un lieu où la vie quotidienne est étroitement liée à l'habitat. Les foyers y sont conçus pour être en harmonie avec l'environnement, intégrant par exemple des systèmes de récupération des eaux pluviales ou de production d'énergie solaire. Les résidents sont encouragés à cultiver leurs propres aliments et à participer à des projets communautaires, ce qui place le foyer au cœur de leurs engagements écologiques et sociaux.

Il est important de souligner que ces communautés ne sont pas exemptes de contradictions et de défis, tels que la tension entre l'autonomie et la coopération, les conflits internes et les difficultés à maintenir une connexion avec la société environnante. Par exemple, les communautés néorurales et les communautés de transition sont souvent confrontées à des défis liés à la gestion des ressources et à la tension entre les objectifs collectifs et les besoins individuels[14]. Malgré ces défis, ces expériences alternatives offrent des pistes de réflexion pour repenser nos modes de vie et nos structures sociétales dans un contexte de crise socio-écologique.

En définitive, en revisitant le modèle agraire et en nous projetant dans le scénario de la cohabitation, nous avons l'opportunité de mieux comprendre les transformations sociétales qui ont eu lieu depuis le milieu du XXe siècle et d'interroger les fondements de notre mode de vie actuel. Ce faisant, nous pouvons tirer des enseignements de cette société qui était plus proche de la nature et des cycles de la vie, et ainsi envisager des alternatives aux paradigmes consuméristes et environnementaux qui dominent aujourd'hui. Le modèle agraire, en tant que reflet d'un mode de vie différent, permet d'ouvrir de nouvelles perspectives pour repenser notre rapport au travail, au temps libre, aux loisirs, au territoire, et aux croyances, dans un monde en constante évolution.

*

Et si cette fin n'était que le début d'une nouvelle histoire de nos sociétés contemporaines ? Il est fascinant d'envisager la cohabitation entre un modèle post-agraire et le capitalisme responsable, ainsi qu'avec d'autres structures sociétales. Cette coexistence pourrait mener à des configurations complexes et hétérogènes, reflétant la diversité des expériences humaines et des aspirations culturelles.

Dès lors, le caractère hégémonique du capitalisme apparaît de plus en plus superflu. Il est essentiel de rappeler que rien ne nous oblige à accepter une vision du monde où le capitalisme sauvage est l'aboutissement inéluctable de l'évolution sociétale. L'histoire et la diversité des cultures actuelles nous enseignent que les systèmes sociaux sont dynamiques et ne sont pas nécessairement destinés à converger vers un modèle unique.

L'idée d'une cohabitation entre différents modèles socio-économiques semble de plus en plus pertinente à mesure que nous prenons conscience des limites et des dérives du capitalisme. Cependant, l'hostilité croissante du capitalisme à l'égard des alternatives et des contestations est inquiétante. Un symptôme marquant de cette hostilité est la répression croissante des défenseurs de l'environnement partout dans le monde.

Malgré ces défis, notre hypothèse – celle de l'émergence de systèmes hybrides – me semble utile à penser, afin d'entrevoir d'autres voies d'avenir. Certaines communautés pourraient adopter des pratiques agricoles durables et une organisation sociale plus décentralisée, tout en maintenant des liens économiques et commerciaux avec des entités capitalistes. Cela pourrait contribuer à une plus grande résilience et adaptabilité face aux défis environnementaux et sociaux, et créer un équilibre entre les besoins locaux et les impératifs économiques globaux.

Il est également possible d'imaginer l'existence de réseaux sociaux et économiques alternatifs qui fonctionnent en parallèle aux structures capitalistes dominantes. Ces réseaux pourraient inclure des communautés locales, des organisations de la société civile et des entreprises engagées dans la promotion d'une ou plusieurs structures de société. Ils pourraient favoriser l'échange de biens, de services et de connaissances entre leurs membres, tout en contribuant à la diversité et à la vitalité des sociétés dans lesquelles ils évoluent.

En fin de compte, nous sommes à une période cruciale de notre histoire, où nous avons l'opportunité de choisir le type de société dans lequel nous souhaitons vivre. Les enjeux sont énormes, mais l'espoir demeure. Nous avons la possibilité de construire un monde plus juste, plus durable et plus équitable, si nous avons le courage de repenser nos systèmes socio-économiques et de remettre en question l'hégémonie du capitalisme.

Et maintenant ?

Des sociétés et des mondes

Notre époque est marquée par une accumulation de contraintes de diverses natures. Pour y répondre de manière adéquate, il devient impératif de procéder à une digestion culturelle qui permettra d'attribuer du sens à ces contraintes, afin qu'elles ne soient plus perçues comme des obstacles, mais plutôt comme des vecteurs de transformation sociale et culturelle.

Ce processus de métabolisation culturelle implique l'émergence d'un nouveau tabou, le tabou carbonique. En tant que contrainte cardinale unifiant toutes les autres, celui-ci offre la perspective d'une refonte de nos systèmes de valeurs, facilitant la création d'une société résiliente et durable. Loin d'être une entrave, le tabou carbonique devient un outil de transformation, un guide vers une existence pacifiée avec le vivant et notre environnement.

De ce fait, l'anthropologie éclaire notre futur potentiel en démontrant la manière dont les sociétés peuvent intégrer et apprivoiser leurs contraintes dans une vision holistique. Les contraintes, paradoxales en soi, créent un champ des possibles, à condition que nous sachions les comprendre et leur attribuer du sens. Elles ne signalent pas une fin, mais annoncent plutôt l'aube d'une nouvelle ère, celle d'une société capable de convertir ses contraintes en forces et qui, guidée par le tabou carbonique, trace sa route vers une durabilité résiliente.

Ceci est l'invitation qui est lancée : voir au-delà des contraintes immédiates, donner du sens à notre condition humaine et œuvrer pour la construction d'une société où le tabou carbonique n'est plus perçu comme une entrave, mais comme une clé pour un avenir désirable.

J'exhorte à envisager une pluralité de configurations sociétales, permettant une transition équitable et durable. Pour cela, voici dix axes réflexifs fondamentaux pour esquisser les sociétés futures. Nous nous dirigeons vers une ère de sociétés caractérisées par leurs contraintes. Ce changement profond réoriente notre rapport au consumérisme et inaugure de nouvelles formes de résistance et d'organisation sociale. En scrutant ces configurations pratico-symboliques, nous pouvons enrichir notre compréhension de la transition vers une société décarbonée et participer de manière éclairée à son avènement. Il s'agit de rien de moins que l'invention collective d'une nouvelle réalité sociétale. Ces axes se conçoivent comme les fondations d'un nouveau paradigme sociétal, qui représente une interprétation non capitaliste de la roue des contraintes, afin de rendre caduques toutes les pratiques et croyances sur lesquelles repose pour l'instant notre société occidentale. Adopter ces piliers, c'est déconstruire l'idée qu'une seule trajectoire est envisageable pour l'avenir.

Manifeste NO CARBON : Les dix piliers de nos sociétés à venir

1. **L'éco-collectivisme :** Valorisons la coopération, la mutualisation des ressources et la création de communautés durables basées sur l'autogestion et les pratiques écologiques, afin de favoriser l'égalité sociale et la justice environnementale.
2. **La résilience communautaire :** Renforçons les capacités des communautés locales à s'adapter et à réagir aux changements environnementaux et sociaux en favorisant les réseaux d'entraide, l'éducation et la formation aux compétences écologiques.
3. **La techno-harmonie :** Intégrons les avancées technologiques de manière utile pour réduire notre consommation de ressources, la pollution et les inégalités socio-économiques.
4. **La symbiose culturelle :** Valorisons la diversité culturelle en encourageant l'échange de connaissances, de pratiques et de traditions entre différentes cultures pour construire des modèles de société durables et respectueux de l'environnement.
5. **L'éco-sagesse :** Apprenons des connaissances ancestrales et des traditions culturelles pour favoriser la transmission intergénérationnelle des savoirs et des pratiques durables, et construire des sociétés résilientes et harmonieuses.
6. **L'éthique planétaire :** Intégrons une perspective éthique et holistique dans la prise de décision pour aborder les enjeux

socio-écologiques, en considérant les impacts de nos actions sur les générations futures et les autres formes de vie.

7. **La bio-empathie :** Développons une connexion émotionnelle et empathique entre les êtres humains, non humains et la nature, en prenant conscience des impacts de nos actions sur l'environnement et les autres espèces.
8. **L'éco-émancipation :** Encourageons l'autonomisation des individus et des communautés pour participer activement à la transition socio-écologique, en favorisant la prise de conscience environnementale et l'engagement communautaire.
9. **La terra-équité :** Œuvrons pour un équilibre entre les besoins de l'humanité et ceux de la Terre, en répartissant équitablement les ressources et les opportunités entre tous les êtres vivants.
10. **La gouvernance éco-participative :** Impliquons directement les citoyens dans la prise de décision concernant les questions environnementales et socio-économiques, en favorisant un engagement actif et responsable dans la transition vers un mode de vie durable.

Alors que j'achève les dernières lignes de cet ouvrage, je réalise que je suis assaillie par davantage de questions qu'à son commencement. J'espère qu'il en va de même pour vous. L'anthropologie, en démantelant les rouages de la société, en éclairant les recoins obscurs de notre réalité tout en assemblant le puzzle d'une société future, stimule des réflexions qui perturbent notre routine et nos convictions, mais ouvre surtout le monde des possibles pour demain.

Au nom de notre futur, nous devons être prêts à être déstabilisés par ces réflexions. Car en rendant explicites les fondements de cette révolution anthropologique, nous faisons émerger cette dernière comme la réalité potentielle de demain.

NOTES

Avant-propos

1. La décroissance est un mouvement politique, économique et social qui prône une réduction volontaire et planifiée de la consommation et de la production, afin de préserver les ressources naturelles, protéger l'environnement et améliorer la qualité de vie.

2. Expression qui sert à définir une personne en révolte contre le conformisme bourgeois et la société de consommation.

3. https://laviedesidees.fr/Anthropologues-embarques.html

4. Sebastian Dieguez, *Croiver. Pourquoi la croyance n'est pas ce que l'on croit*, Paris, Eliott, 2022.

5. Guillaume Blanc, *L'Invention du colonialisme vert. Pour en finir avec le mythe de l'Éden africain*, Paris, Flammarion, 2020.

6. https://www.novethic.fr/actualite/social/droits-humains/isr-rse/green-colonialism-quand-les-droits-humains-sont-sacrifies-sur-l-autel-du-climat-151480.html

7. Philippe Descola et Alessandro Pignocchi, *Ethnographies des mondes à venir*, Paris, Seuil, 2022.

8. Le capitalisme responsable est une idéologie qui vise à faire rimer profitabilité économique et transition socio-écologique.

Introduction
Dans les recoins de notre société

1. Thomas Piketty, *Le Capital au XXIe siècle*, Paris, Seuil, 2013.

2. Stephen Hicks, Lucy Tinkler and Paul Allin. « Measuring subjective well-being and its potential role in policy : Perspectives from the UK office for national statistics », *Social Indicators Research*, n° 114 (2013).

3. https://www.ladn.eu/nouveaux-usages/rarefaction-des-ressources-faut-il-reinstaurer-les-tickets-de-rationnement/

PREMIÈRE PARTIE
La révolution anthropologique

1. Bruno Latour, *Où atterrir ? Comment s'orienter en politique*, Paris, La Découverte, 2017.

Perspectives anthropologiques

1. Marshall Sahlins, *Âge de pierre, âge d'abondance. L'économie des sociétés primitives*, Paris, Gallimard, 1976.

2. Jared Diamond, *Collapse : How Societies Choose to Fail or Succeed*, New York, Viking, 2004.

3. Clifford Geertz, *The Interpretation of Cultures*, New York, Basic Books, 1973.

4. Olivier Godard, *La Justice climatique mondiale*, Paris, La Découverte, 2015.

5. Sylvaine Bulle, « Il faut défendre la Zad de Notre-Dame-des-Landes », *Multitudes*, n° 62 (2016).

6. Arjun Appadurai *et al.*, *The Future as Cultural Fact : Essays on the Global Condition. Rassegna Italiana di sociologia*, vol. 14, n° 4, 2013, p. 649-650.

7. Bruno Latour, *Face à Gaïa. Huit conférences sur le nouveau régime climatique*, Paris, Les Empêcheurs de penser en rond, 2015.

8. Tim Ingold, *The Perception of the Environment : Essays on Livelihood, Dwelling and Skill*, Psychology Press, Londres, Routledge, 2021.

9. Anna Lowenhaupt Tsing, *Le Champignon de la fin du monde. Sur la possibilité de vivre dans les ruines du capitalisme*, Paris, Les Empêcheurs de penser en rond, 2017.

10. https://www.lemonde.fr/planete/article/2022/05/06/la-transition-ecologique-n-est-pas-amorcee-en-france-le-constat-severe-de-l-autorite-environnementale_6125083_3244.html

11. Soufyane Frimousse et Jean-Marie Peretti, « Les changements organisationnels induits par la crise de la Covid-19 », *Question(s) de management*, n° 29, 2020.

12. Pablo Servigne, Raphaël Stevens et Gauthier Chapelle, *Une autre fin du monde est possible*, Paris, Seuil, 2018.

13. Jean Gadrey, *Adieu à la croissance. Bien vivre dans un monde solidaire*, Paris, Les Petits Matins, 2012.

14. Philippe Bihouix, *L'Âge des low tech. Vers une civilisation techniquement soutenable*, Paris, Seuil, 2014.

15. Fanny Parise, *Les Enfants gâtés. Anthropologie du mythe du capitalisme responsable*, Paris, Payot, 2022.

16. https://www.lopinion.fr/economie/au-premier-trimestre-2023-un-record-de-326-7-milliards-de-dollars-de-dividendes-ont-ete-verses-aux-actionnaires-du-monde-entier

17. https://www.francetvinfo.fr/meteo/climat/climat-total energies-assigne-greenpeace-qui-accuse-le-groupe-de-sous-estimer-son-empreinte-carbone_5804861.html

18. https://www.liberation.fr/politique/legion-dhonneur-le-pdg-de-total-les-heros-dannecy-et-de-nombreux-anciens-ministres-distingues-20230714_ISXZVPOU4ZFDFIV556MMMK3R4Y/

19. https://www.novethic.fr/actualite/social/sous-traitance/isr-rse/patagonia-la-marque-porte-etendard-de-l-eco-responsabilite-accusee-d-exploiter-des-travailleurs-textiles-151586.html

20. Fanny Parise, *Les Enfants gâtés, op. cit.*

21. Elisabeth Kübler-Ross, *Questions and Answers on Death and Dying : a Companion Volume to on Death and Dying*, New York, Simon & Schuster, 2011.

22. Kari Marie Norgaard, *Living in Denial : Climate Change, Emotions, and Everyday Life*, Cambridge, The MIT Press, 2011.

23. Per Espen Stoknes, *What We Think About When We Try Not to Think About Global Warming : Toward a New Psychology of Climate Action*, White River Junction, Chelsea Green Publishing, 2015.

24. Laure Noualhat, *Comment rester écolo sans finir dépressif – éco-anxiété, solastalgie, dépression verte – Solutions pratiques pour se réconcilier avec la beauté du monde*, Paris, Tana, 2020.

25. Mary Douglas, *How Institutions Think*, Syracuse, Syracuse University Press, 1986.

26. Marcel Mauss, *Essai sur le don*, Paris, PUF, 1925.

27. George E. Marcus, « Ethnography in/of the world system : The emergence of multi-sited ethnography », *Annual Review of Anthropology*, 24(1), 1995.

28. Arjun Appadurai, « Disjuncture and difference in the global cultural economy », *Theory, Culture & Society*, 7(2-3), 1990, p. 295-310.

29. Marilyn Strathern, « Partners and consumers : making relations visible » *New Literary History*, 22(3), 1991.

30. Gregory Bateson, « The logical categories of learning and communication », *Steps to an Ecology of Mind*, 1972.

31. Claude Lévi-Strauss, *La Pensée sauvage*, Paris, Plon, 2014.

32. Billy Mollison et David Holmgren, *Permaculture One : a Perennial Agricultural System for Human Settlements*, Sister Creeks (Australie), Tagari, 1978.

33. Pierre Bourdieu, « Espace social et genèse des “classes” », *Actes de la recherche en sciences sociales*, 52(1), 1984.

34. Bruno Latour et Nikolaj Schultz, *Mémo sur la nouvelle classe écologique. Comment faire émerger une classe écologique consciente et fière d'elle-même*, Paris, Les Empêcheurs de penser en rond, 2022.

35. Nick Watts, Neil Adger, Paolo Agnolucci, Jason Blackstock, Peter Byass, Wenjia Cai *et al.*, « Health and climate change : policy responses to protect public health », *The Lancet*, 386(10006), 2015.

36. Aurélie Choné, Isabelle Hajek et Philippe Hamman, *Guide des humanités environnementales*, Villeneuve-d'Ascq, Presses universitaires du Septentrion, 2016.

37. Anna Lowenhaupt Tsing, *Le Champignon de la fin du monde. Sur la possibilité de vivre dans les ruines du capitalisme*, Paris, La Découverte/Les Empêcheurs de penser en rond, 2017.

38. Jean-Baptiste Fressoz et Fabien Locher, *Les Révoltes du ciel. Une histoire du changement climatique* xve-xxe *siècle*, Paris, Seuil, 2020.

39. Philippe Descola et Alessandro Pignocchi, *Ethnographies des mondes à venir*, Paris, Seuil, 2022.

40. David Graeber et David Wengrow, *Au commencement était… Une nouvelle histoire de l'humanité*, Paris, Les Liens qui libèrent, 2021.

41. https://www.lesechos.fr/politique-societe/emmanuel-macron-president/emmanuel-macron-previent-les-francais-de-la-fin-de-labondance-et-de-linsouciance-1783449

42. Julien Vidal, *2030 Glorieuses. Utopies vivantes*, Arles, Actes Sud, 2022.

43. Julien Devaureix, *Le monde change et on n'y comprend rien !*, Paris, First, 2023.

44. Vincent Liegey et Isabelle Brokman, *Sobriété (la vraie). Mode d'emploi*, Paris, Tana, 2023.

45. Tim Ingold, *The Perception of the Environment : Essays on Livelihood, Dwelling and Skill*, *op. cit*.

46. Andreas Malm, *Fossil capital : The Rise of Steam Power and the Roots of Global Warming*, Londres, Verso, 2016.

47. Arjun Appadurai, « Is homo hierarchicus ? », *Journal of the American Ethnological Society*, 1986.

48. Alain Deneault et William Sacher, *Paradis sous terre. Comment le Canada est devenu la plaque tournante de l'industrie minière mondiale*, Montréal, Écosociété, 2012.

49. Benoît Heilbrunn, *Peut-on consommer mieux ?*, Paris, First, 2021.

Capitalism Basterds

1. Peter L. Berger et Thomas Luckmann, *The Social Construction of Reality : A Treatise in the Sociology of Knowledge*, Palatine, Anchor, 1967.

2. Rosa Hartmut, *Accélération. Une critique sociale du temps*, Paris, La Découverte, 2005.

3. Yves Citton, *Pour une écologie de l'attention*, Paris, Seuil, 2014.

4. Sorti le 19 août 2009.

5. Pour le sociologue français Jean Viard, les individus cherchent désormais à consommer des expériences plutôt que des biens matériels.

6. James Suzman, *Work : A Deep History, from the Stone Age to the Age of Robots*, Londres, Penguin, 2021.

7. *Ibid.*

8. James C. Scott, *Homo domesticus. Une histoire profonde des premiers États*, Paris, La Découverte, 2021.

9. *Ibid.*

10. Benoît Hamon, *Ce qu'il faut de courage. Plaidoyer pour le revenu universel*, Paris, Équateurs, 2020.

11. Yann Moulier Boutang, « La lune de la grande démission, le doigt de la valeur-travail », *Multitudes*, (1), 2023.

12. Jean Baudrillard, *La Société de consommation*, Paris, Denoël, 1970.

13. Pierre Bourdieu, *La Distinction. Critique sociale du jugement*, Paris, Minuit, 1979.

14. Jean Viard, *Le Triomphe d'une utopie. Penser les voyages et les vacances*, Paris, L'Aube, 2021.

15. David Graeber, *Bullshit Jobs*, Paris, Les Liens qui libèrent, 2018.

16. Harmut Rosa, *Aliénation et accélération. Vers une théorie critique de la modernité tardive*, Paris, La Découverte, 2014.

17. Édouard Morena, *Fin du monde et petits fours. Les ultra-riches face à la crise climatique*, Paris, La Découverte, 2023.

18. Anne Lambert, *Tous propriétaires ! L'envers du décor pavillonnaire*, Paris, Seuil, 2015.

19. « La loi ZAN conduit à la fin du rêve pavillonnaire dans nos campagnes », *La Voix de l'Ain*, 29 avril 2023.

20. *Ibid.*

L'enjeu de notre siècle

1. Marcel Mauss, *Essai sur le don*, Paris, PUF, 1925, réédité en 2021 aux éditions Payot.

2. Pierre Bourdieu, *La Distinction. Critique sociale du jugement*, Paris, Minuit, 1979.

3. Claude Lévi-Strauss, *La Pensée sauvage*, Paris, Plon, 2014.

4. David Graeber, *Toward an Anthropological Theory of Value : The False Coin of Our Own Dreams*, Springer, 2001.

5. Arjun Appadurai, *The Social Life of Things : Commodities in Cultural Perspective*, Cambridge, Cambridge University Press, 1988.

6. Igor Kopytoff, « The cultural biography of things : commoditization as process », *The Social Life of Things : Commodities in Cultural Perspective*, 68, 1986.

7. Marcel Mauss, « Essai sur le don, Forme et raison de l'échange dans les sociétés archaïques », *L'Année sociologique* (1896/1897-1924/1925), 1, 1923, p. 30-186.

8. David Graeber, *Toward an Anthropological Theory of Value*, *op. cit.*

9. Tim Ingold, *The Perception of the Environment : Essays on Livelihood, Dwelling and Skill*, *op. cit.*

10. Odile Chanut, Claire Capo et Dominique Bonet-Fernandez, « De la mutualisation verticale à la mutualisation horizontale : les enjeux et les critères de choix logistiques des réseaux sélectifs contractuels », *Revue française de gestion industrielle*, vol. 30, 2011.

11. Mélanie McDonald, Daniel Normandin et Sébastien Sauvé, *L'Économie circulaire. Une transition incontournable*, Montréal, Les Presses de l'Université de Montréal, 2016.

12. https://www.vogue.fr/mode/article/guide-international-recycler-upcycler-dressing

13. François Morin, *L'Economie politique du XXIe siècle. De la valeur-capital à la valeur-travail*, Montréal, Lux, 2017.

14. Thorstein Veblen, *The Theory of the Leisure Class*, 1899. Trad. fr, *Théorie de la classe de loisir*, Paris, Gallimard, 1970.

15. David Graeber, *Toward an Anthropological Theory of Value*.

16. Marcel Mauss, « Essai sur le don. Forme et raison de l'échange dans les sociétés archaïques », art. cité.

17. Timothée Parrique, *Ralentir ou périr. L'Économie de la décroissance*, Paris, Seuil, 2022.

18. Serge Latouche, « La décroissance comme projet politique de gauche », *La Revue du MAUSS*, n° 34, 038-045, 2009.

19. Yohann Verger, « L'économie stationnaire du point de vue de la production jointe : le cas des bioénergies », in *Écologie politique vs écologie industrielle, quelles stratégies pour le développement durable ?* (colloque), Clermont-Ferrand, IUFM d'Auvergne, 2013.

20. Michel Crozier et Erhard Friedberg, *L'Acteur et le Système*, Paris, Seuil, 1977.

21. Pierre Bourdieu, *La Distinction. Critique sociale du jugement*, *op.cit*.

22. Chris J. Martin, Paul Upham et Leslie Budd, « Commercial orientation in grassroots social innovation : insights from the sharing economy », *Ecological Economics*, vol. 118, 2015.

23. Koen Frenken et Juliet Schor, « Putting the sharing economy into perspective », *A Environmental Innovation and Societal Transition*, vol. 23, 2017.

24. Giles Slade, *Made to Break : Technology and Obsolescence in America*, Cambridge, Harvard University Press, 2007.

25. David Parker, Chris K. Folland, Adam A. Scaife, Jeff Knight *et al.*, « Decadal to multidecadal variability and the climate change background », *Journal of Geophysical Research : Atmospheres*, vol. 112, D18, 2007.

26. Jouni Korhonen, Cali Nuur, Andrea Feldmann et Seyoum Eshetu Birkie, « Circular économy as an essentially contested concept », *Journal of Cleaner Production*, vol. 175, 2018.

27. Michael Lieder et Amir Rashid, « Towards circular economy implementation : a comprehensive review in context of manufacturing industry », *Journal of Cleaner Production*, vol. 115, 2016.

28. https://www.konbini.com/food/a-peine-lancee-deja-volee-la-vaisselle-en-plastique-de-mcdo-disparait-des-restaurants/

29. https://le13informe.fr/fast-foods-a-marseille-les-limites-de-la-vaisselle-reutilisable/

30. https://www.lepoint.fr/culture/michael-roch-la-nouvelle-voix-de-l-afrofuturisme-21-08-2022-2486905_3.php

31. Randolph A. Leising, Marcus J. Palazzo, Esther Sans Takeuchi et Kenneth J. Takeuchi, « A study of the overcharger Reaction of lithium-ion batteries », *Journal of Power Sources*, vol. 97, 2001.

32. https://www.amnesty.fr/responsabilite-des-entreprises/actualites/defi-produire-des-batteries-ethiques

Les fondements d'une nouvelle manière de faire société

1. Éric Bosserelle, « Guerres, transformation du capitalisme et croissance économique », *L'Homme & la Société*, 2008/4-2009/1 (n° 170-171).

2. Marian L. Tupy et Gale L. Pooley, *Superabundance : The Story of Population Growth, Innovation, and Human Flourishing on an Infinitely Bountiful Planet*, San Francisco, Cato Institute, 2022.

3. Pablo Servigne et Raphaël Stevens, *Comment tout peut s' effondrer. Petit manuel de collapsologie à l'usage des générations présentes*, Paris, Seuil, 2015.

4. Victor Court, *L'Emballement du monde. Énergie et domination dans l'histoire des sociétés humaines*, Montréal, Éditions Ecosociété, 2022.

5. Immanuel Wallerstein, « L'Occident, le capitalisme et le système-monde moderne », *Sociologie et sociétés*, vol. 22, n° 1, 1990.

6. Victor Court, *L'Emballement du monde, op. cit.*

7. Paul Pascon, « La formation de la société marocaine », *Bulletin économique et social du Maroc*, vol. 33, n° 120, 1971.

8. Muriel Rosemberg, « La géopoétique d'Édouard Glissant, une contribution à penser le monde comme Monde », *L'Espace géographique*, vol. 45, n° 4, 2016.

9. Philippe Descola et Alessandro Pignocchi, *Ethnographies des mondes à venir*, Paris, Seuil, 2022.

10. *Ibid.*

11. James C. Scott, *Zomia ou L'art de ne pas être gouverné*, Paris, Seuil, 2013.

12. Ce terme allemand se traduit en français par le mot furtivité.

13. Cynthia Fleury et Antoine Fenoglio, *Ce qui ne peut être volé. Charte du Verstohlen*, Paris, Gallimard, 2022.

14. *Ibid.*

15. Cours qui a été dispensé en 2006 à l'université Lumière Lyon 2.

16. Pascal Picq, *De Darwin à Lévi-Strauss. L'homme et la diversité en danger*, Paris, Odile Jacob, 2013.

17. https://www.courrierinternational.com/article/vu-du-royaume-uni-bienvenue-dans-la-permacrise-lere-de-la-crise-sans-fin

18. Pierre Rabhi, *La Convergence des consciences*, Paris, Le Passeur Éditeur, 2016.

DEUXIÈME PARTIE
Le tabou carbonique

Contraintes et tabou

1. Boris Wiseman, Lévi-Strauss, « L'inconscient et les sciences humaines », in *Freud au Collège de France* [en ligne]. Paris : Collège de France, 2018 (généré le 19 juillet 2023). Disponible sur Internet : <http://books.openedition.org/cdf/5732>.

ISBN : 9782722604971. DOI : https://doi.org/10.4000/books.cdf.5732.

2. Sigmund Freud, *Totem et tabou* [1913], Paris, Payot, coll. « Petite Bibliothèque Payot », 2001.

3. Claude Lévi-Strauss, *Les Structures élémentaires de la parenté*, Paris, Walter de Gruyter, 2009.

4. Mary Douglas, « Population control in primitive groups », *The British Journal of Sociology*, 17(3), 1966.

5. Emile Durkheim, *La Méthode sociologique*, Paris, Félix Alcan, 1912.

6. Fanny Parise, *Les Enfants gâtés. Anthropologie du mythe du capitalisme responsable*, Paris, Payot, 2022.

7. Marshall Sahlins, *Âge de pierre, âge d'abondance. L'économie des sociétés primitives*, Paris, Gallimard, 1976.

8. *Ibid.*

9. Rob Hopkins, *From What Is to What If : Unleashing the Power of Imagination to Create the Future We Want*, Chelsea, Green Publishing, 2019.

10. Jean Malaurie, *Les Derniers Rois de Thulé. Avec les Esquimaux polaires, face à leur destin*, Paris, Pocket, 1976.

11. Deborah Bird Rose, *Dingo Makes Us Human : Life And Land In An Australian Aboriginal Culture*, CUP Archive, 2000.

12. François Houtart, « La conférence mondiale des peuples sur le changement climatiques et les droits de la Terre-Mère ». *Mouvements*, 63, 2010. https://doi.org/10.3917/mouv.063.0082

13. Marie Forget, Martine Guibert, Silvina Cecilia Carrizo, (2018) « La territorialisation en Argentine des activités tournées vers l'exportation (mine, hydrocarbures, agriculture) : entre conflits et co-production socio-spatiale », *Cahiers d'Outre-Mer*, 71, 2018.

14. Peter Singer, *La Libération animale*, Paris, Payot, coll. « Petite Bibliothèque Payot », 2012.

15. Tom Regan, *Les Droits des animaux*, Paris, Hermann, 2013.

16. https://bonpote.com/decroissance-et-prejuges/

17. *Ibid.*

18. David Graeber, *Dette. 5 000 ans d'histoire*, Paris, Les Liens qui libèrent, 2013.

19. Alain Caillé, *Critique de la raison utilitaire. Manifeste du MAUSS*, Paris, La Découverte, 2013.

20. Tim Jackson, *Prospérité sans croissance. La transition vers une économie durable*, Bruxelles, De Boeck, 2010.

21. Kate Raworth, *La Théorie du donut. L'économie de demain en 7 principes*, Paris, J'ai lu, 2021.

22. Dominique Méda, « La nécessité d'une société post-croissance », *Humanisme*, 336.3, 2022.

23. https://usbeketrica.com/fr/article/peut-on-concilier-decroissance-progres

24. Émile Durkheim, *Les Formes élémentaires de la vie religieuse. Le système totémique en Australie*, Paris, PUF, 1912.

25. *Ibid.*

26. https://onpe.org/sites/default/files/livreblanc-te-equitable-pe-082019.pdf

27. Philippe Descola, *La Nature domestique. Symbolisme et praxis dans l'écologie des Achuar*, Paris, Les Éditions de la msh, 1986.

28. Arjun Appadurai, *The Social Life of Things. Commodities in Cultural Perspective*, Cambridge University Press, 1988.

29. Jules Dupuit, « De la mesure de l'utilité des travaux publics (1844) », *Revue française d'économie*, 10.2, 1995.

30. Alexis Martig et Francine Saillant, « Présentation : L'esclavage moderne : une question anthropologique ? », *Anthropologie et sociétés*, 41.1, 2017.

31. Jean Batou, « From plantation to plant : slavery, the slave trade, and the industrial revolution », *Cores, Peripheries, Globalization*, 2011.

32. *Ibid.*

33. *Ibid.*

34. Caroline Oudin-Bastide, « 4. Travail pour autrui et travail pour soi », *in* Caroline Oudin-Bastide (dir.), *Travail, capitalisme et société esclavagiste. Guadeloupe, Martinique (XVIIIe-XIXe siècle)*, Paris, La Découverte, 2005.

35. *Ibid.*

36. https://www.wwf.fr/champs-daction/climat-energie/transition-energetique

37. https://www.geo.fr/environnement/definition-terres-rares-scandium-yttrium-et-lanthanides-124433

38. https://ecoinfo.cnrs.fr/2010/08/06/les-terres-rares-quels-impacts/

39. https://theconversation.com/terres-rares-notre-ultra-dependance-a-la-chine-et-comment-en-sortir-125855

40. *Ibid.*

41. https://www.tresor.economie.gouv.fr/Articles/2022/03/29/l-australie-un-nouveau-leader-mondial-sur-le-secteur-des-terres-rares

42. https://consommations-et-societes.fr/2020-09-comment-en-est-on-arrive-au-consumerisme-daujourdhui/

43. « Pour une transition écologique juste. Voix citoyennes croisées », *Natures Sciences Sociétés*, 2015/1 (Vol. 23), p. 93-94. Une publication en libre accès. DOI : 10.1051/nss/2015009. URL : https://www.cairn.info/revue-natures-sciences-societes-2015-1-page-93.htm

L'anthropologie des contraintes

1. Les crises économiques exacerbent les inégalités de revenus et de richesse. Les personnes aux revenus les plus faibles sont souvent les plus touchées, ayant moins de moyens pour faire face aux retombées économiques.

2. Les crises peuvent également exacerber les contraintes sur les ressources. Que ce soit l'eau, l'énergie, la nourriture ou d'autres ressources essentielles, une crise peut mettre en évidence la finitude de ces ressources et les défis liés à leur distribution équitable.

3. En temps de crise sanitaire, comme la pandémie de Covid-19, les contraintes sur les systèmes de santé deviennent plus apparentes. Les infrastructures de santé peuvent être submergées, et les inégalités en matière de santé peuvent être exacerbées.

4. David Harvey, *Spaces of Neoliberalization : Towards a Theory of Uneven Geographical Development* (Vol. 8), Stuttgart, Franz Steiner Verlag, 2005.

5. Mary Douglas, Baron Isherwood et Richard Wilk, *The World of Goods*, Londres, Routledge, 2021.

6. Thorstein Veblen, *Théorie de la classe de loisir*, Paris, Gallimard, 1970.

7. Zygmunt Bauman, *Le Présent liquide. Peurs sociales et obsessions sécuritaires*, Paris Seuil, 2007.

8. Fanny Parise, *Les Enfants gâtés. Anthropologie du mythe du capitalisme responsable*, Paris, Payot, 2022.

9. Roland Barthes, *Mythologies*, Paris, Seuil, 1957.

10. Les *Mythologies* de Barthes sont une série d'essais qui analysent et déconstruisent les mythes et les symboles de la culture populaire française des années 1950. Ces objets, véritables totems, sont le reflet des dynamiques sociales et culturelles qui façonnent les valeurs et les aspirations des individus et des groupes sociaux.

11. Arjun Appadurai, « Theory in anthropology: center and periphery », *Comparative Studies in Society and History*, 28(2), 1986.

12. Guy Di Méo, « Richesse, pauvreté, inégalités : esquisse d'une géographie sociale du monde » (2016), in *Géographie humaine. Mondialisation, inégalités sociales et enjeux environnementaux*, Paris, Armand Colin, 2020.

13. Daniel Miller, *Consumption and Its Consequences*, Cambridge, Polity, 2012.

14. Seumas Miller, *Social action : A Teleological Account*, Cambridge, Cambridge University Press, 2001.

15. John Urry, « The 'System' of Automobility », *Theory, Culture & Society*, 21.4-5, 2004.

16. Allison Slater Tate, « Wait until 8th'movement asks parents not to give young kids smartphones », *Today.com*, 2017.

17. Richard Maxwell et Toby Miller, *Greening the Media*, Oxford, Oxford University Press, 2012.

18. Tendai Chikweche et Richard Fletcher, « "Rise of the middle of the pyramid in Africa" : theoretical and practical realities for understanding middle class consumer purchase decision making », *Journal of Consumer Marketing*, 31.1, 2014.

19. Stefan Gössling, Michael C. Hall et David B. Weaver, *Sustainable Tourism Futures : Perspectives on Systems, Restructuring and Innovations*, Londres, Routledge, 2009.

20. Masabumi Furuhata *et al.*, « Ridesharing : the state-of-the-art and future directions », *Transportation Research Part B : Methodological*, 57, 2013.

21. Benoît Heilbrunn, *Peut-on consommer mieux ?*, Paris, First Éditions, 2021.

22. Harold Wilhite *et al.*, « A cross-cultural analysis of household energy use behaviour in Japan and Norway », *Energy Policy*, 24.9, 1996.

23. Anthony Giddens, *Elements of the Theory of Structuration*, Londres, Routledge, 1984.

Une nouvelle ontologie

1. Sylvie Poirier, *Ontologies*, Paris, Anthropen, 2016.

2. Philippe Descola, *Par-delà nature et culture*, Paris, Gallimard, 2005.

3. *Ibid.*

4. Marc Bonomelli, *Les Nouvelles Routes du soi. En immersion chez les nouveaux spirituels*, Paris, Arkhê, 2022.

5. Anthony Cortes et Sébastien Leurquin, *L'Affrontement qui vient. De l'éco-résistance à l'éco-terrorisme ?*, Paris, Éditions du Rocher, 2023.

6. Fabian Scheidler, *La Fin de la mégamachine. Sur les traces d'une civilisation en voie d'effondrement*, Paris, Seuil, 2020.

7. Arjun Appadurai, *The Social Life Of Things : Commodities In Cultural Perspective*, Cambridge, Cambridge University Press, 1988.

8. Clifford Geertz, « La description dense. Vers une théorie interprétative de la culture », *Enquête. Archives de la revue Enquête*, 6, 1998.

9. Denny A. Ellerman et Barbara K. Buchner, « The european union emissions trading scheme : Origins, allocation, and early results », The University of Chicago Press, 2007.

10. Katia Genel, « Le biopouvoir chez Foucault et Agamben. » *Methodos. Savoirs et textes*, 4, 2004.

11. David Graeber, *Pour une anthropologie anarchiste*, Paris, Lux, 2018.

12. *Ibid.*

13. Niklas Luhmann, *Trust and Power*, Hoboken, John Wiley & Sons, 2018.

14. J. K. Gibson-Graham, *A Postcapitalist Politics*, Minneapolis, University of Minnesota Press, 2006.

15. Robert Deliège, *Anthropologie de la famille et de la parenté*, Paris, Armand Colin, 2005.

16. Le mouvement des micromaisons, parfois désigné par son nom anglais *tiny house movement*, est un mouvement social et architectural prônant la simplicité volontaire par l'habitation de petites maisons.

17. Fanny Parise, *Habiter et consommer le logement social : une approche stratégique de l'habiter des classes populaires et moyennes sous contraintes de pouvoir d'achat*, Université Sorbonne Paris Cité, 2015.

18. Ces liens sont abordés dans de nombreux ouvrages et rapports scientifiques, tels que « Habiter en ville au XXIe siècle » de Sylvie Landriève et Philippe Gervais-Lambony, ou « L'habitat participatif en France : Vers un changement de société » de Coralie Barbe et Christelle Cazaux-Kowalski.

19. https://hal. science/hal-03210288/document

20. Michel Maffesoli, *Le Temps des tribus. Le déclin de l'individualisme dans les sociétés postmodernes*, Paris, La Table ronde, 2019.

21. Alain Montandon, *Lieux d'hospitalité : hospices, hôpital, hostellerie*, Clermont-Ferrand, Presses de l'Université Blaise Pascal, 2001.

22. Bénédicte Manier, *Un million de révolutions tranquilles (Nouvelle édition augmentée)*, Paris, Les Liens qui libèrent, 2016.

23. Isabelle Fremeaux et John Jordan, *Les Sentiers de l'utopie*, Paris, La Découverte, 2011.

24. *Ibid.*

25. *Ibid.*

26. *Ibid.*

27. *Ibid.*

28. Filippo Furri, « Villes-refuge, villes rebelles et néo-municipalisme », *Plein droit*, 4, 2017.

29. *Ibid.*

30. https://ballad.club/

31. La classe créative est un groupe de personnes travaillant dans des domaines innovants et créatifs, tels que les arts, la science ou le design, Richard Florida, *Cities and the Creative Class*, New York-Londres, Psychology Press, 2004.

32. https://www.maddyness.com/2022/11/21/ballad-club-travail/

33. Steven Sutcliffe et Marion Bowman, *Beyond New Age : Exploring Alternative Spirituality*. Edimbourg, Edinburgh University Press, 2021.

34. Ivan Lafarge, « François Ruegg, La maison paysanne, histoire et mythe », *e-Phaïstos. Revue d'histoire des techniques/ Journal of the history of technology*, 4.IV-1, 2015.

35. Richard Florida, *Cities and The Creative Class*, *op. cit*.

36. Rebecca Hardin, « Présentation : à travers la forêt, vers une nouvelle anthropologie environnementale », *Anthropologie et sociétés*, 29.1, 2005.

37. Également appelé Jukai.

38. Bernard Stevens, « Éthique et suicide au Japon », *Revue philosophique de Louvain*, 2003.

39. https://www.slate.fr/story/117559/foret-japonais-suicides

40. Hilda Fernandez-Alvarez, « Aokigahara forest : An aesthetic space of residual surplus », *Lacan and the Environment*, 2021.

41. Au Japon, le suicide a une histoire complexe, avec des traditions telles que le « seppuku », qui était perçu comme un acte honorable chez les samouraïs. Aujourd'hui, le suicide est généralement lié à des problèmes de santé mentale, à l'intense pression sociale et professionnelle, et à l'isolement. Malgré les efforts de prévention, le taux de suicide reste élevé par rapport à d'autres pays, indiquant un défi persistant pour la société japonaise.

42. Anna Lowenhaupt Tsing, *Le Champignon de la fin du monde. Sur la possibilité de vivre dans les ruines du capitalisme*, Paris, La Découverte, 2017.

43. *Ibid.*

44. *Ibid.*

45. *Ibid.*

46. *Ibid.*

47. *Ibid.*

48. Charlène Chaupré-Berki, « Les “passeurs d'humanité” dans la vallée de la Roya : en marge de la société à la frontière franco-italienne », *Séminaire Ici Doc'Marges Socio-démographiques*, 2021.

49. « Cédric Herrou crée la première communauté Emmaüs paysanne », *La Croix*, 14 août 2019.

50. Alternatiba est un mouvement citoyen de mobilisation sur le dérèglement climatique.

51. https://reporterre.net/En-techno-manif-avec-Alternatiba-La-danse-est-un-outil-de-lutte

52. https://reporterre.net/La-reforme-des-retraites-un-non-sens-ecologique

53. « Face à l'urgence climatique, ces scientifiques “radicalisés” qui choisissent la désobéissance civile », *L'Express*, 19 octobre 2022.

54. https://scientistrebellion.com/

55. Michael Hardman *et al.*, « Guerrilla gardening and green activism : Rethinking the informal urban growing movement », *Landscape and Urban Planning*, 170, 2018.

56. James C. Scott, *Weapons of the Weak : Everyday Forms of Peasant Resistance*, Londres, Yale University Press, 1985.

57. James C. Scott, *Zomia ou l'Art de ne pas être gouverné*, Paris, Seuil, 2013.

58. Margot Verdier, *Le Commun de l'autonomie. Une sociologie anarchiste de la zad de Notre-Dame-des-Landes*, Paris, Du Croquant, 2021.

La diffusion des contraintes et les nouvelles routines quotidiennes

1. Nancy Bocken, Karen Miller et Steve Evans, « Assessing the environmental impact of new circular business models », *Proceedings of the « New Business Models » – Exploring a Changing View on Organizing Value Creation*, Toulouse, France 1, 2016.

2. Paola Passafaro *et al.*, « A psychosocial analysis of citizens' orientations towards sustainable urban mobility : Overview of results from 10 years of research in Italy (and abroad) », Conference : EDRA (Environmental Design Research Association) 50, Sustainable Urban Environments, New York, 2019.

3. João Graça, Maria Manuela Calheiros et Abílio Oliveira, « Attached to meat ?(Un) Willingness and intentions to adopt a more plant-based diet », *Appetite*, 95, 2015.

4. Douadia Bougherara, Gilles Grolleau et Naoufel Mzoughi, « Buy local, pollute less : What drives households to join a community supported farm ? », *Ecological economics*, 68.5, 2009.

5. Mimi Sheller, « From spatial turn to mobilities turn », *Current sociology*, 65.4, 2017.

6. Anne Clerval, *Paris sans le peuple. La gentrification de la capitale*, Paris, La Découverte, 2016.

7. https://bonpote.com/les-10-mensonges-les-plus-courants-sur-la-voiture-en-france/#2_Ce_sont_les_pauvres_qui_utilisent_le_plus_la_voiture

8. Tim Ingold, *The Perception of the Environment : Essays on Livelihood, Dwelling and Skill*, Londres, Psychology Press, 2000.

9. Arjun Appadurai, *The Social Life of Things : Commodities in Cultural Perspective*, Cambridge, Cambridge University Press, 1988.

10. Pierre Bourdieu, « Habitus, code et codification », *Actes de la recherche en sciences sociales*, 64.1, 1986.

11. Edward Palmer Thompson, « The moral economy of the english crowd in the eighteenth century », *Past & present*, 50, 1971.

12. *Ibid.*

13. Manuel DeLanda, « Deleuzian social ontology and assemblage theory », *Deleuze and the Social*, 2006.

14. *Ibid.*

TROISIÈME PARTIE

La fondation d'un nouvel imaginaire

Un monde sans carbone mais pas sans marketing

1. Notamment au cours de recherches anthropologiques menées dans le cadre de financements privés.

2. Jean-Marc Lehu, « Haine du marketing : analyse d'une relation consumériste ambivalente », *La Revue des sciences de gestion*, 6, 2011.

3. David Graeber, *La Fausse Monnaie de nos rêves*, Paris, Les Liens qui Libèrent, 2022.

4. Bernard Cova, « La main visible des marchés. Une histoire critique du marketing », *Revue française de gestion*, 48.304, 2022.

5. Pierre R. Dasen, « Développement humain et éducation informelle », *Pourquoi des approches interculturelles en sciences de l'éducation*, 2000.

6. « Pub : les poulets qui dansent font grincer des dents », *Le Parisien*, 3 novembre 2009.

7. *Ibid*.

8. « "Suicide food" : ces emballages au contenu "fun" et coloré qui veulent faire oublier la souffrance animale », *La Dépêche du Midi*, 2 août 2022.

9. Fanny Parise, *Les Enfants gâtés. Anthropologie du mythe du capitalisme responsable*, Paris, Payot, 2022.

10. https://adetem.org/produit/adetem-factory-2022/

11. https://www.lsa-conso.fr/les-gestes-barrieres-des-opportunites-pour-les-marques-d-hygiene, 369748

12. https://www.lvmh.fr/actualites-documents/actualites/lvmh-offre-100-000-flacons-de-gel-hydroalcoolique-au-secours-populaire-francais-pour-soutenir-son-operation-journees-bonheur/

13. « Saint Laurent, Balenciaga, Promod, Lacoste : ces grandes marques fabriquent des masques », *Nice Matin*, 7 mai 2020.

14. *Cf*. Partie 1.

15. Fanny Parise, *Les Enfants gâtés*, *op. cit*.

16. « Patagonia hands company over to planet Earth », *The New York Post*, 15 septembre 2022.

17. « Patagonia founder gives away the company to fight climate change », *The New York Times*, 14 septembre 2022.

18. La marque de produits Unilever a lancé des publicités pour sa gamme « Love Beauty and Planet », mettant en avant des ingrédients naturels, des emballages recyclables et la protection de l'environnement. Les visuels incluent des forêts luxuriantes et des animaux en bonne santé pour souligner leur engagement vers une transition socio-écologique : https://fr.fashionnetwork.com/news/Cosmetiques-unilever-s-engage-pour-le-bien-etre-animal-et-l-environnement,1074116.html

19. https://business.ladn.eu/avis-experts/ecoluxe-luxe-engage-durable-ethique-nouveaux-axes-brand-content/

20. « Un défilé de mode dans le désert ? Pourquoi luxe et sobriété ne font pas bon ménage », *L'Obs*, 11 août 2022.

21. Edward Evan Evans-Pritchard, The Nuer, *A Description of the Modes of Livelihood and Political Institutions of a Nilotic People*, Oxford, Oxford University Press, 1940.

22. Bronislaw Malinowski, *Argonauts of the Western Pacific : An Account of Native Enterprise and Adventure in the Archipelagoes of Melanesian New Guinea*, Londres, Routledge, 2002.

23. Elsie Worthington Clews Parsons, *Pueblo Indian Religion*, vol. 1, Lincoln/Londres, Universityof Nebraska Press, 1939.

24. https://www.strategies.fr/focus/les-15-special-ecologie

25. https://www.novethic.fr/actualite/environnement/climat/isr-rse/l-ombre-climatique-un-concept-utile-pour-evaluer-la-pertinence-de-nos-actions-150816.html

26. Pablo Servigne et Raphaël Stevens, *Une autre fin du monde est possible*, Paris, Seuil, 2018.

27. Yves Cochet, *Devant l'effondrement. Essai de collapsologie*, Paris, Les Liens qui libèrent, 2019.

28. https://www.francetvinfo.fr/meteo/climat/ici-je-suis-pret-on-a-rencontre-yves-cochet-l-ex-ministre-de-l-environ-

nement-qui-se-prepare-au-jour-ou-tout-s-ecroulera_3557789.html

29. https://www.ladn.eu/entreprises-innovantes/redirection-ecologique-business-model-anthropocene-origens-medialab/

30. *Cf.* Partie 2.

31. Dick Hebdige, *Sous-culture. Le sens du style*, Paris, La Découverte, 2021.

32. *Cf. Partie 2.*

33. Laurence Davis, « Social anarchism or lifestyle anarchism : An unhelpful dichotomy », *Anarchist Studies*, 18.1, 2010.

Les imaginaires occidentaux de la transition

1. Film de Steven Spielberg sorti en 2002.

2. Thomas Michaud, *L'Innovation entre science et science-fiction* (Vol. 10), Londres, ISTE Group, 2017.

3. https://usbeketrica.com/fr/article/les-robots-de-compagnie-creeront-l-illusion-de-se-soucier-de-nous

4. Steven M. Nolt, *The Amish : A Concise Introduction*, Rhode Island, JHU Press, 2016.

5. Donald B. Kraybill, *The Riddle of Amish Culture*, Rhode Island, JHU Press, 2001.

6. Jiménez Escobar et Kelly Johanna, « La configuration des territoires des peuples en isolement "volontaire". Controverses sur les modes de production de connaissances, les modes de contact et les modes de gestion », *Revue d'anthropologie des connaissances*, 6.6-2, 2012.

7. Vishvajit Pandya, *Above the Forest : A Study of Andamanese Ethnoanemology, Cosmology, and the Power Ritual*, Oxford, Oxford University Press, 1993.

8. Fanny Parise, « "Cultural anthropology, animism, and industrial innovation processes : The case of the "animal language", myth », *Science, Technology and Innovation Culture*, 3, 2018.

9. https://amazonies-spatiales.fr/

10. H. Holden Thorp, « ChatGPT is fun, but not an author », *Science* 379.6630, 2023.

11. Don Tapscott et Alex Tapscott, *Blockchain Revolution : How the Technology Behind Bitcoin is Changing Money, Business, and the World*, Londres, Penguin, 2016.

12. Cédric Durand, *Technoféodalisme. Critique de l'économie numérique*, Paris, La Découverte, 2020.

13. Shoshana Zuboff, *The Age of Surveillance Capitalism : The Fight for a Human Future at the New Frontier of Power*, Londres, Profile books, 2019.

14. Guy Standing, *The Precariat : The New Dangerous Class*, Londres, Bloomsbury academic, 2011.

15. Yochai Benkler, *The Penguin and the Leviathan : How Cooperation Triumphs Over Self-Interest*, Londres, Currency, 2011.

16. Mariana Mazzucato, *The Value of Everything : Making and Taking in the Global Economy*, New York, PublicAffairs, 2018.

17. Fred Turner, *Aux sources de l'utopie numérique. De la contre-culture à la cyberculture, Stewart Brand, un homme d'influence*, Paris, C & F, 2012.

18. Anna Lowenhaupt Tsing, *Friction. Délires et faux-semblants de la globalité*, Paris, La Découverte, 2020.

19. « Intelligence artificielle. Au Kenya, l'enfer des petites mains précaires de ChatGPT », *Courrier international*, 19 janvier 2023.

Vers de nouveaux paradigmes et au-delà

1. David Graeber, *Dette. 5 000 ans d'histoire*, Paris, Les Liens qui libèrent, 2013.

2. https://www.ladn.eu/entreprises-innovantes/redirection-ecologique-business-model-anthropocene-origens-medialab/

3. https://www.lavie.fr/actualite/ecologie/la-station-de-ski-de-metabief-envisage-la-fin-du-ski-alpin-80197.php

4. https://reporterre.net/Capitalisme-les-impasses-de-la-redirection-ecologique

5. Arturo Casas, « Sobre la inestabilidad funcional del discurso poético en el nuevo espacio público », *La poesía actual en el espacio público*, Orbis Tertius, 2015.

6. Anna Lowenhaupt Tsing *et al.*, *Arts of Living on a Damaged Planet : Ghosts and Monsters of the Anthropocene*, Minenesota, University of Minnesota Press, 2017.

7. Alexandre Monnin, « Les “communs négatifs”. Entre déchets et ruines », *Études*, vol. 9, 2021.

8. Laurence Allard, Alexandre Monnin et Nicolas Nova (sous la dir.), *Écologies du smartphone*, Latresne, Le Bord de l'eau, 2022.

9. Sherry Turkle, *Life on the Screen*, New York, Simon and Schuster, 2011.

10. Keith Hart, *Formal Bureaucracy and the Emergent Forms of the Informal Economy*, Wider Research Paper, 2005.

11. Arjun Appadurai, *Modernity at Large : Cultural Dimensions of Globalization*, vol. 1, Minenesota, University of Minnesota Press, 1996.

12. Claude Lévi-Strauss, *La Pensée sauvage*, Paris, Plon, 2014.

13. Istvan Csicsery-Ronay Jr, « “What do we mean when we say”, Global Science Fiction ? Reflections on a new nexus », *Science Fiction Studies*, 39.3, 2012.

14. Ursula K. Le Guin, « European SF : Rottensteiner's Anthology, the Strugatskys, and Lem », *Science Fiction Studies*, vol. 3, 1974.

15. Octavia E. Butler, *La Parabole du semeur*, Paris, Les Poches du diable, 2020.

16. Eduardo Kohn, *How Forests Think : Toward an Anthropology Beyond the Human*, Berkeley, University of California Press, 2013.

17. « Michael Roch, la nouvelle voix de l'afrofuturisme », *Le Point*, 21 août 2022.

Les bases d'un nouveau contrat sociétal

1. Delphine Destoumieux-Garzón *et al.*, « The one health concept : 10 years old and a long road ahead », *Frontiers in veterinary science*, 5, 2018.

2. Paulo C. Simões-Lopes., Marta E. Fabián et João O. Menegheti, « Dolphin interactions with the mullet artisanal fishing on southern Brazil : a qualitative and quantitative approach », *Revista Brasileira de Zoologia*, 15, 1998.

3. Hussein A. Isack et H-U. Reyer, « Honeyguides and honey gatherers : Interspecific communication in a symbiotic relationship », *Science*, 243.4896, 1989.

4. Elinor Ostrom, *Governing the Commons : The Evolution of institutions for Collective Action*, Cambridge, Cambridge university press, 1990.

5. Elinor Ostrom, « The Challenge of common-pool resources », *Environment : Science and Policy for Sustainable Development* 50.4, 2008.

6. Robert A. Young et Robert H. Haveman, « Economics of water resources : a survey », *Handbook of Natural Resource and Energy Economics* 2, 1985.

7. https://www.un.org/regularprocess/sites/www.un.org.regularprocess/files/2011859fwoaiivoliiweb.pdf

8. https://viacampesina.org/fr/

9. https://www.fairmondo.de/

10. Carlo Petrini, *Slow Food : The Case for Taste*, New York, Columbia University Press, 2003.

11. David Graeber, « Consumption », *Current anthropology*, 52.4, 2011.

12. https://www.drhauschka.fr/

13. Benoît Heilbrunn, *Peut-on consommer mieux ?*, Paris, First, 2021.

14. « "On achète utile et inutile… et c'est pas cher" : ces Français conquis par les magasins Action », *L'Obs*, 5 avril 2023.

15. https://ai. brightness. agency/transformer_stream

16. Fabrice Ouedraogo, *Pluralisme juridique et gestion des ressources naturelles : approche anthropo-juridique de la*

Grande Muraille verte au Burkina Faso, Limoges, Université de Limoges, 2023.

Le scénario de la cohabitation

1. Thomas Homer-Dixon, « States, scarcity, and civil strife in the developing world », Princeton, Princeton University Press, 2006.
2. William McDonough et Michael Braungart, « Design for the triple top line : New tools for sustainable commerce », *Corporate Environmental Strategy*, 9.3, 2002.
3. Ivan Illich, Luce Giard et Vincent Bardet, *Énergie et équité*, Paris, Seuil, 1973.
4. Donald AR George, Brian Chi-ang Lin et Yunmin Chen, « A circular economy model of economic growth », *Environmental modelling & software*, 73, 2015.
5. Silvy Jaglin et Alain Dubresson (sous la dir.), *Pouvoirs et cités d'Afrique noire. Décentralisations en questions*, Paris, Karthala, 1993.
6. Le terme « polythéiste » renvoie à une société qui reconnaît l'existence de plusieurs dieux ou divinités plutôt qu'un dieu unique. Historiquement, de nombreuses cultures ont été polythéistes, comme les civilisations grecque, romaine, égyptienne et celte, entre autres.
7. Claude Albagli, *L'Économie des dieux céréaliers. Des lois de l'autosuffisance alimentaire*, Paris, L'Harmattan, 1985.
8. Philippe Moati et Dominique Desjeux, *La Consommation sous contrainte. Les leçons de la crise Covid-19*, Paris, EMS, 2022.
9. Voir chapitre 2.
10. Hugo Carton *et al.*, *Petit Traité de résilience locale*, vol. 206, ECLM, 2015.
11. Gilles Cormier, « La rébellion des sans-visage : analyse de l'émergence du mouvement zapatiste au Chiapas (Mexique) », *Sociologie et sociétés*, 36.1, 2004.
12. Marco Silvestro, « Les écovillages comme stratégie holiste de développement durable et d'économie sociale »,

Pratiques solidaires dans la relation d'échange : Monographie d'initiatives au Québec, 2005.

13. La communauté d'Auroville, fondée en 1968 en Inde, a pour objectif de créer une ville universelle où les habitants vivent en harmonie avec la nature et les uns avec les autres. Les habitants pratiquent l'agriculture biologique, la permaculture et l'élevage de bétail, Chloé Maurel, « Auroville, une cité utopique en Inde », *M@ gm@*, 10.3, 2012.

14. Catherine Rouvière, *Retourner à la terre. L'utopie néo-rurale en Ardèche depuis les années 1960*, Rennes, PUR, 2015.

TABLE

AVANT-PROPOS 9
INTRODUCTION. *Dans les recoins de notre société* 17

PREMIÈRE PARTIE
La révolution anthropologique

Perspectives anthropologiques 25
La transition n'a pas commencé 26
Quand le système craque 27
Le bouleversement qui vient 29
Du déni à l'acceptation : une population aux prises avec le défi socio-écologique 31
L'anthropologie : le hors-champ de notre quotidien 34
L'émergence de nouvelles perspectives sociétales 38

Capitalism Basterds 51
Un monde du travail en mutation 54
Vers la fin des classes de loisirs ? 57
Travail, consommation et loisirs 58
Le privilège carbone 59
Le défi de la régulation 61

L'enjeu de notre siècle 65
La nouvelle valeur des choses 65
La valeur d'hier n'est plus celle de demain 66
Maintenir le capitalisme et réduire les externalités anthropologiques négatives 70
Penser la radicalité 73
La contrainte économique et le meilleur des mondes consuméristes 77
L'impact concret des modèles économiques sur notre monde 78
L'imposition inégale des contraintes structurelles 82

Les fondements d'une nouvelle manière de faire société 87
La fin d'un modèle unique 87
L'effondrement 89
Le délitement 90
La cohabitation 92
Et si le capitalisme n'était qu'une option parmi d'autres ? 94

DEUXIÈME PARTIE

Le tabou carbonique

Contraintes et tabou 103
La fonction psycho-anthropologique du tabou 105
Les penseurs du tabou 105
Les trois types de tabous anthropologiques 107
Les fondements du tabou carbonique 109
La fin d'une société du tout illimité 110
Un monde sans croissance mais pas sans progrès 113
L'émergence d'un nouveau paradigme.......... 119
Rendre visible l'invisible 119

La force humaine déléguée 124
Et si on ne pouvait plus déléguer ? 126

L'anthropologie des contraintes 131
Subir ou se distinguer ? 132
Les objets de nos contraintes 137
Changer n'est pas si simple 147

Une nouvelle ontologie 151
Ontologie globale 151
Les sociétés de la contrainte 159
La crise de confiance envers le système 162
S'émanciper du système : les rites de mise à mort du capitalisme 172
Faire société autrement 181
Résister et désobéir 182
La liberté sans l'État ? 184
Lutter contre toute forme de domination 187

La diffusion des contraintes et les nouvelles routines quotidiennes 191
Accumulation des contraintes et renversement conceptuel 192
Processus de diffusion des contraintes 194
Les dix grands freins à l'instauration du tabou carbonique 198

TROISIÈME PARTIE

La fondation d'un nouvel imaginaire

Un monde sans carbone mais pas sans marketing 211
Le chaos de mes désirs 213
Le marketing du chaos 214
Vers un marketing au service du chaos ? 217
Façonner les imaginaires publicitaires : le luxe en première ligne 220

L'idéologie NO CARBON, préalable au tabou carbonique 223
Capitalisme responsable, redirection écologique et collapsologie 225
Prémisses anarchiques 228

Les imaginaires occidentaux de la transition..... 233
Régression et technosolutionnisme : faire moins ou faire plus ? 235
Exploration spatiale : faire ailleurs 237
Révolution numérique et humaniste : faire pareil mais en pire 241

Vers de nouveaux paradigmes et au-delà 247
L'illusion du changement 247
Se décentrer malgré tout 250
Redirection capitaliste 250
Pensées d'ailleurs, le renouveau du regard éloigné 255

Les bases d'un nouveau contrat sociétal 261
Éco-évolution : interdépendance et co-évolution 262
Coopérativisme : communs et coopération... 265
Synchronicité : rythme et conscience 267
Valeur étendue des produits 271
Holisme : vision globale et diversité culturelle.. 274

Le scénario de la cohabitation 277
Se projeter pour déconstruire notre réalité... 280
Redécouverte du modèle de société agraire.. 286
Principes de fonctionnement 288
Le hub domestique 290

ET MAINTENANT ? *Des sociétés et des mondes* 295
Manifeste NO CARBON : Les dix piliers de nos sociétés à venir 297

NOTES 301

pca
cmb
édition pré-presse
livres numériques

44400 Rezé

IMPRIM'VERT®

Achevé d'imprimer
en septembre 2023
par Corlet Imprimeur
14110 Condé-en-Normandie

Dépôt légal : septembre 2023
N° d'imprimeur : 23080343
Imprimé en France